저자만 되는 완벽한(?) 학습법은 가라
독자도 되는 영어 공부법

저자만 되는 완벽한(?) 학습법은 가라
독자도 되는 영어 공부법

지은이 우공이산연구소
디자인 편집부

펴낸이 김승호
펴낸곳 주식회사 우공이산
        경기도 고양시 일산동구 중앙로 1305-30 삼성마이더스 221호
발행일 2018년 10월 1일 1판 1쇄
        2019년 2월 1일 1판 2쇄
등록번호 제396-2009-000012호
대표전화 031 908 5030
팩스 031 908 5026
홈페이지 www.ugongisan.com
커뮤니티(카페) http://cafe.naver.com/talpi
ISBN 979-11-86796-28-3 03190
책값은 뒤표지에 있습니다.

Copyright ⓒ 주식회사 우공이산, 2010
◆ 이 책은 저작권법에 의해 보호 받고 있습니다.
◆ 파본은 구입하신 서점에서 교환해 드립니다.
◆ 교재 관련 문의 031 908 5030 / engtalpigood@naver.com
◆ 일반 문의는 카페에 부탁드립니다.

저자만 되는 완벽한(?) 학습법은 가라

독자도 되는
영어공부법

우공이산연구소 지음

우공이산

/

제발, 엔간히들 하시죠?

/

독자도 되는 영어 공부법, 이 제목은 한 리뷰어로부터 시작되었습니다.

"이 책으로 영어를 마스터 한 사람은 저자著者밖에 없는 것 같아요."

어떤 공부법 책에 붙은 리뷰입니다. 영어를 정복시켜 주겠다고 약속한 수많은 저자분들, 지금 어디에 계십니까? 지난 수십 년간 수백 권의 방법론이 나왔습니다. 한때 200만 명이 환호한 공부법도 있었습니다. 이름만 대면 알 만한 수많은 저자들은 한결같이 말합니다.

'내가 배운 방법입니다.', '나와 지인의 경험이에요.', '나의 노하우를 알려줄게요.', '2~3개월이면 놀라운 경험을 할 수 있어요.', '3주면 들려요.', '2주면 영어가 돼요.', '이렇게 하면 당신도 영어 천재가 될 수 있어요.'

그 2~3주도, 두세 달도 이미 오래전에 지나갔습니다. 완벽(?)하다는 그 방법은 몇 년이 지나도 독자들을 구원하지 못합니다. 그사이 그들은 사라져 보이지 않습니다. 그리고 다시 어디선가 새로운 저자가 나타납니다. 다시 주장합니다. '제 방법으로 해 보세요. 진짜 됩니다.' 이들도 이내 사라집니다. 한국 영어 70년사의 악순환입니다.

'저자<u>는</u> 되었다'는 새 공부법들이 표지만 갈아입고 오늘도 독자를 유혹합니다.

영어 시장에는 사과가 없습니다. 붕어빵에 앙꼬가 빠져도 머리를 숙입니다. 세상의 이치가 마땅히 그러한데 수백 시간을 허비하게 하고도 미안해하지 않습니다. 적극적으로 A/S를 해야 함에도 독자들 곁에 저자는 없습니다. 광고판에서만 친절한 '그들', 독자들이 모이는 것은 달가워하지 않습니다.

저자의 노하우(?)는 왜 독자들에게 이전되지 않는 걸까요? 그냥 우연일까요? 누군가 되었다면 다른 사람도 되는 게 과학의 인과因果입니다. 아무도 안 된다면 그건 우연이 아닙니다. 숨겨진 필연입니다. 천칭이 진실이 아닌 거짓으로 기운 것입니다.

이제, 독자도 되는 공부법인지 증명하라 하십시오. 증명한 다음에 주장하라 하십시오. 학생들 보기 부끄럽지 않냐 하십시오. 제발, 엔간히 좀 하라 하십시오. 영어 시장, 복마전입니다. 독자들도 책임이 있습니다. 시장market에 '염치'를 기대하지 마십시오. 더는 방치하지 마십시오.

❖ 영어탈피 가족들에게 감사드립니다. 특히 심층 인터뷰에 응해주신 수앤유 님, NewBrand 님 고맙습니다. 더욱더 발전하는, 더 다가가는 영어탈피가 되겠습니다.

우공이산연구소

프롤로그 prologue
영어 꼭 성공하고 싶습니까?

공부에 중독되라

공부란 게 그렇습니다. 아무리 도구와 방법이 괜찮아도 나를 이기지 못하면 결과가 부실합니다. 공부할 때 복병이 무엇인가요? 졸음이나 잡생각, 피로감 이런 것들이죠? '영어책을 끝까지 본 게 영어탈피가 처음이다.' 이런 분들이 꽤 많습니다. 복병들을 물리쳤다는 얘기죠.

공부도 일종의 일입니다. 스트레스가 동반됩니다. 스트레스는 곧 졸음과 피로감, 잡념으로 이어집니다. 이 녀석들, 누구에게나 공공의 적입니다. 화끈하게 퇴치하는 방법 없을까요? 여러분은 어떻게 물리치나요?

알코올중독자는 알콜홀릭 alcoholic 입니다. '-holic'이 들어간 단어가 또 있죠. 일 중독자입니다. 일벌레라고도 하는데 워커홀릭 workaholic 입니다. 무엇에의 '중독', 이 중독만큼 강력한 것도 없습니다. 공부에 중독되는 것, 그것이면 복병 퇴치를 할 수 있지 않을까요?

책을 펴면 피로감, 졸음이 몰려오지요? 이유야 어찌 됐든 두뇌가 스트레스를 받고 있다는 시그널signal입니다. 그런데 스트레스 없는 공부가 있을 수 있나요. 견디고 감당해야 합니다. 귀찮지만 동행해야 합니다. 유병장수처럼 말이죠. 스트레스를 받는 것은 공부가 되고 있다는 증거이자 신호입니다. 영어탈피를 하는 이유가 치매 예방을 위해서라는 분들도 계십니다. 공부할 때의 스트레스는 청색 신호라는 얘기죠.

　책을 폈을 때 머리가 멍해지고 눈꺼풀 위에 졸음이 앉는 현상, 다들 경험해 보셨을 것입니다. 진짜 몸이 피곤할 때만 이런 현상이 생기던가요? 그렇지 않습니다. 사실, 이런 현상은 '모처럼 의지를 다진 주인'인 여러분을 '두뇌'가 잠깐 시험하는 것입니다. 두뇌가 장난을 치는 것이죠.

　실제로 몸이 피곤해서가 아닙니다. 주인의 평소 습관을 알기 때문에 시험에 들게 하는 것이죠. 따라서 두뇌의 못된 간계에 넘어가지 마십시오. '이까짓 것도 못 이기면 할 수 있는 게 뭐가 있겠어?' 이렇게 강하게 밀어붙이면 됩니다. 긴 시간도 아닙니다. 초반 10분~30분 정도만 버텨주면 됩니다. 그러면 고분고분해집니다.

　담배를 끊는 데 드는 시간은 일주일 남짓이라고 합니다. 일주일이면 몸에 있던 니코틴이 배출되는 것이죠. 그 시간을 버티면 일단은 금연 성공의 길로 접어들 수 있습니다. 일주일이면 되는 그 시간을 못 이겨낸다? 글쎄요, 그러면 안 되겠죠. 하루 한두 시간 공부하는 것도 힘들어하는 사람들이 많습니다. 물론 일이 바빠서지요. 그러나 시간이 있는데도 안 하는 사람도 그만큼 많습니다. 공부 안 하는 습관에 중독이 되어 있어 그렇습니다.

도박, 술, 담배 모든 중독에서 벗어나는 방법, 단칼에 끊는 것입니다. 중독과의 전면전을 선포하고 강하게 밀어붙이는 것입니다. 공격이 최선의 방어라는 말은 여기서도 예외 없이 통합니다. 졸음, 피로감, 잡념을 극복하는 것, 그 최선의 방법도 '공부 안 하는 습관'에서 과감히 탈피하는 것입니다. 중독의 대상을 바꾸는 것입니다. 이제, 공부에 중독됩시다.

두뇌와 투쟁하라, 타협하라

'공부'를 정의해 볼까요? 사전적으로 따지면 재미가 없습니다. 이렇게 정의하겠습니다. 공부란, 난해하게 생각되던 것이 더 이상 난해하지 않은 쉽고 당연한 것으로 느껴지게 하는 행위. 또 비논리적으로 느껴지던 것들이 논리적인 것으로 받아들여지게 하는 행위. 어떠세요. 맞는 것 같습니까? 공부는 그러한 과정이 있기 때문에 스트레스를 동반합니다. 공부가 다 되면 스트레스는 자연히 사라집니다.

수학문제를 풀 때도 안 풀리면, 또 내 수준을 현저히 넘는 난이도로 느껴지면 머리가 멍해집니다. 그러나 이미 풀어 봤던 것을 다시 풀 때는 그런 현상이 없습니다. 이미 난해하게 생각됐던 것이 난해하지 않은 상태로 받아들여져서입니다. 사실 지금은 풀 수 있는 이 문제도 처음에는 난해했습니다. 극복해낸 것입니다. 공부는 이런 과정의 연속입니다.

이제는 두뇌를 이해해 봅시다. 몸이 천근만근 되어 들어왔어도 게임기 앞에 앉으면 피로를 잊고 빠져듭니다. 재밌어서라고 생각할 수도 있지만 그보다는 익숙해서 그렇습니다. 편해서 그렇습니다. 재미가 좀 덜해도 머리가 멍해질 정도로 피로감을 주는 게임은 없지요. 그런데 공부할 때는 급 피로감을 호소합니다. 왜 그럴까요? 못된 두뇌가 정말 간계를 부리는 것일까요? 그렇게 볼 수도 있지만 그렇게만 보면 졸음과 피로감을 효과적으로 이겨내기 힘듭니다. 잘 이겨내려면 채찍과 당근을 절묘하게 사용해야 합니다. 두뇌와 주인은 투쟁과 타협이 필요합니다.

졸음이나 피로감이 생기는 이유는 두뇌가 적극적으로 주인인 여러분을 보호하려고 하기 때문입니다. 공부도 스트레스입니다. 스트레스 없는 안전한 상태로 유지하고자 하는 것입니다. 공부하지 않으면, 일하지 않으면 스트레스는 자연히 해소 됩니다.

사실은 두뇌가 주인의 인생을 망치기 위해 잔꾀를 부리는 것이 아니라, 신진대사를 원활하게 하기 위해 나름 노력을 하는 것이지요. 두뇌가 이끄는 대로 졸거나 딴 생각을 하면 피로는 금방 사라집니다. 따라서 두뇌는 죄가 없습니다. 이런저런 핑계로 '해야 할 일'을 회피하는 주인에게 잘못이 있는 것이죠.

두뇌는 잘 다스리면 됩니다. 공부 안 하게 꼬드기는 나쁜 녀석으로 봐도 좋고, 주인 보호에 열심인 보디가드로 봐도 좋습니다. 어떻게 보든 두뇌는 날뛰는 야생마로 취급하십시오. 잘 길들이면 됩니다.

두뇌 스스로, '어차피 꼬드겨도 내 주인은 깡이 좋아서 멈추지 않을 거야. 개겨 봤자 나만 손해야.', '아, 이 정도 스트레스로는 죽지도 병들지도 않는구나.' 이렇게 느끼도록 해야 합니다. 엄살 떨 틈을 주지 않고 강하게 밀어붙이면 됩니다.

다른 고상한(?) 방법을 쓸 필요 없습니다. 고상한 방법들은 보통 핑계와 구실의 전조인 경우가 많습니다. 자기 합리화를 가리는 베일입니다. 공부 잘하는 사람은 졸음이 오면, '얘가 또 시작이네. 두뇌 너, 나한테는 안 통한다고 했지?!' 더 강하게 밀어붙여버립니다.

　그러나 너무 강하기만 하면 부러질 수도 있습니다. 채찍만 댈 게 아니라 당근도 주어야 합니다. 지혜로운 주인은 선택과 집중에 강합니다. 고작 물 한 병 주고서 42.195km를 강요하면 결과는 녹다운입니다. 다시는 안 하려고 합니다. 두뇌와 의논이 필요합니다. '두뇌 친화적'이라는 단어가 바로 주인과 두뇌의 타협점입니다.

　이 타협 지점에는 무엇이 놓여 있을까요? 잘 맞춤 된 도구와 방법론입니다. 영어든 수학이든, 또는 어떤 것이든 준비를 잘 해두고 일을 시켜야 합니다. 잘 설계된 도구와 그것을 효과적으로 이용할 수 있도록 하는 구체적인 방법론이 제공되어야 합니다. 두뇌의 연산 방식과 괴리되지 않는 두뇌 친화적인 교재가 필요합니다. '영어탈피'가 여러분께 그러한 도구이기를 바랍니다.

마침표를 찍는 습관을 들여라

아무리 기름진 밭과 좋은 농기구가 있어도 게으른 농부의 밭은 풀만 무성합니다. 각성이 필요합니다. 좋은 멘토를 만나고 좋은 책을 만나도 모두가 성공하는 것이 아닙니다. 주인이 스스로를 다스리지 못하면 그 집 두뇌는 한심한 야생마일 뿐입니다. 잠이 오면 자고, 놀고 싶으면 놀고, 사람들이 눈살을 찌푸려도 제 맘대로입니다. 시시때때로 주인을 시험하고 희롱합니다. 자존심 상하는 일입니다.

그런 두뇌를 만든 건 바로 나입니다. 자성自省은 없이 연장 탓, 세상 탓, 남 탓만 하니 두뇌가 얕잡아 볼밖에요.

    등산을 하다 보면 숨이 턱에 차는 깔딱고개를 만납니다. 완만한 능선을 탈 때는 상쾌하기만 했는데, 가파른 비탈을 만나면 5분도 안 되어 마음이 바뀝니다. 당장이라도 주저앉고 싶고 오르기를 포기하고 싶습니다. 그렇지만 참고 10분만 더 가면 또다시 편한 능선이 나옵니다. 몇 차례 그러다 보면 정상에 서고, 절경이 눈에 들어옵니다.

    중도 하차도 습관입니다. 완주를 해 본 경험이 별로 없어서입니다. 마침표를 찍는 습관을 들이십시오. 엄살을 피우느냐 아니냐일 뿐 깔딱고개에서는 누구나 숨을 헐떡거립니다. 공부도 마찬가지입니다. 스트레스를 만나면 공부가 돼 가는 청색 신호로 여기십시오. 이를 회피하는 것은 무지입니다. 마침표, 누구나 찍을 수 있습니다.

여러분이 길을 찾을 때, 그 길에 있겠습니다. 함께 가요 우리!

2018년 9월에
우공이산연구소 드림

독자 추천사 1

수앤유 님

홍콩 여행을 다녀온 후, 영어를 배우고 싶어졌습니다. 어느 나라를 가든 모든 것을 나 스스로 해결하고 싶었습니다. 그때 TV에서 선전하는 패턴 영어 인강을 알게 되었습니다. 처음에는 아는 게 하나도 없으니까 재미있었습니다. 그런데 거기서 하는 말이 '단어를 한 번에 다 외우려고 하지 말고 하나씩 습득하면서 외우라'는 것입니다. 그 말을 들으니 '모든 상황에서 단어를 하나씩 습득하려면 도대체 몇 년이 걸릴까?'라는 의문이 들었습니다.

2017년 새해가 밝기 전이었습니다. 인터넷에서 영어 단어 암기법을 열심히 찾아봤습니다. 그때 영어탈피를 알게 되었습니다. 유튜브에 영어를 잘하는 원리와 구체적인 방법이 올려져 있었습니다. 영상을 보면서 확신이 들었습니다. 전부 다 제가 원하던 방식이었습니다. 모든 것이 와닿았습니다.

그리고 다른 곳은 홈페이지만 있지 따로 의견을 나눌 수 있는 공간이 없었지만, 영어탈피는 달랐습니다. 영어탈피는 카페에서 영어탈피 관계자와 회원들이 함께 소통할 수 있는 구조였습니다.

같은 방법으로 공부하는 사람들이 서로 진도도 공유하고 응원도 했습니다. 회원들이 카페에 후기를 쓰면 그것을 누구나 볼 수 있었습니다. 저도 후기를 여러 차례 썼습니다. 후기들을 읽으면 많은 도움이 되었습니다.

영어탈피는 관계자가 모든 질문에 답변해줍니다. 카페에 들어갈 때마다 진실된 답글 하나하나에 많은 감동을 받았습니다. 모두 좋은 성과를 낼 수 있도록 열정적으로, 또 책임감 있게 상담해 줬습니다. '이런 열정이 있는 곳이라면 믿고 같이 갈 수 있겠다'는 생각을 했습니다.

이제껏 책 한 권을 마무리해 본 적이 없었습니다. 기초가 워낙 없던 터라 영어탈피를 완전히 내 것으로 만들겠다는 생각으로 시작했습니다. 꼭 완주하고 말겠다는 다짐을 했습니다. 기대를 하고 열심히 진행했습니다.

영어탈피는 학습 방법이 정해져 있습니다. 부푼 마음을 안고 영어탈피를 진행했습니다. 초반에는 결과가 눈에 띄지 않았습니다. 중반 정도 진행하니까 그때부터 효과를 직접 느낄 수 있었습니다. 그래서 점점 더 확신을 가질 수 있었고 끝까지 마칠 수 있었습니다.

영어탈피의 강점은 자기가 투자한 만큼 얻어갈 수 있다는 점입니다. 하루 2시간보다는 4시간, 그보다는 6시간, 이렇게 투자한 시간만큼 비례해서 마치는 개월 수가 줄어듭니다. 빨리 얻고 싶으면 더 많은 시간을 쓰면 됩니다. 그 결과는 절대로 거짓말을 안 합니다. 제 경험상 그렇습니다.

같은 시간을 다른 방법에 투자하고 노력했을 때와 비교하면 상상 이상으로 많이 얻어갈 수 있습니다. 어디서부터, 무엇부터 시작할지 모르고 방황하던 때에 영어탈피는 저에게 정말 행운이었습니다. 단어도 1천 개쯤 알았을까요, 거의 아는 게 없었습니다. 듣기와 말하기는 상상도 할 수 없었습니다.

그랬던 제가 지금은 영어로 된 다양한 콘텐츠를 즐기고 있습니다. 즐겁게 영어책을 읽고, 수많은 영상을 보게 되었습니다. 특히 스피킹도 잘 돼서 외국인들과 몇 시간이고 대화할 수 있게 되었습니다. 꿈만 같던 것들이 현실이 되었습니다. 이렇게 되는 데 1년 조금 더 걸렸습니다.

이제 더 넓은 세상에서 꿈꾸던 공부를 할 계획입니다. 영어탈피를 운 좋게 일찍 알았습니다. 조금이라도 더 젊을 때 기회를 잡은 것이 큰 행운인 것 같습니다. 이 방법을 연구하고 만들어 주신 우공이산연구소에 감사를 드립니다. 저와 같은 산증인이 더욱 많아지기를 기대합니다.

스마트폰으로 QR코드 여는 방법

NAVER

❶ 네이버나 DAUM 어플을 연 후, 검색창 오른쪽의 ◉ 을 누르세요.
❷ QR코드를 스캔하세요.
❸ 영상이 나오면 재생하세요.

수앤유 님과의 영어 대화

· 영어탈피 시작 전 : 토익 200점대
· 영어탈피 13개월 + 실전 훈련 2개월 = 영어 마스터 총 1년 3개월 소요

- 영어 대화 듣기 -   - 심층 인터뷰 듣기 -

➡ 유튜브에서 '수앤유'를 검색해도 됩니다.

수앤유 님과의 영어탈피 심층 인터뷰

· 영어가 된 후 좋아진 게 무엇인가요?
· 영어탈피를 몇 개월 정도 하였나요?
· 영어탈피 학습 후 얼마 만에 눈, 귀, 입이 트였나요?
· 영어탈피를 진행한 과정을 설명해 주세요.
· 시작 전에 단어, 독해, 문법, 회화는 어떤 수준이었나요?
· 시작 전의 토익 점수 또는 고등학교 때 성적은 어땠나요?
· 영어탈피 외에 따로 영어 공부를 한 적이 있나요?
· 영어탈피를 통한 발음 공부는 어땠나요?
· 영어탈피 공부 전후의 실력 변화를 체감하나요?
· 3단계 실전 훈련은 어떻게 하였나요?
· 유학이나 어학연수 없이 정복한 순수 국내파인가요?
· 토익 600~900점대는 영어 마스터에 얼마나 걸릴까요?
· 영어탈피는 처음에 어떻게 알게 되었나요?
· 영어 정복에 있어 어휘력의 중요성을 어느 정도로 보나요?
· 업체들의 광고·선전에 대해 어떻게 생각하나요?
· 영어탈피로 공부 중인 후배들에게 해 주실 조언이 있나요?

독자 추천사 2

NewBrand 님

　　영어탈피가 벌써 5년이 됐다니 믿기지 않는다. 2015년, 공무원 시험을 준비하면서 유튜브로 영어탈피를 처음 만났다. 영상을 보면서 '이거다 싶었다' 그래서 선택했다. 영어탈피의 핵심은 '모든 단어는 단 하나의 뜻만을 가진다.'는 것이다. 지금 생각해도 무릎을 치게 하는 깨달음이다. 너무나 당연하였는데 한국식 교육을 받아 온 나는 그 틀을 깨기가 너무 힘들었다.

　　영어탈피 보라색 책을 받고 많은 양에 압도당했다. 한편으론 '이 사람들 정말 제대로 만들었다.' 싶었다. 열심히 공부했다. 단어를 70%쯤 알고 있던 터라 1단계는 짧게 하고 바로 2단계로 넘어갔다. 2단계에 순수 420시간 정도가 걸렸다. 강하게 밀어붙여 1~2단계를 5개월 만에 끝냈다. 많은 시간이었다. 그래서였을까? 완료 후기가 당시엔 잘 보이지 않았다. 포기하지 않으려고 진행 후기를 종종 올리기도 했다. 하지만 지금 생각해 보면 외국어를 익히는 시간치고는 결코 긴 시간이 아니다.

　　영어탈피 카페가 큰 힘이 되었다. 3년 전 그때만 해도 영어탈피는 많은 공격을 받았다. 사기라느니 말이 안 된다느니 여러 시도(?)가 있었다. 그때마다 이곳은 정말 조목조목 반박과 설명을 했다. 내가 아는 바로는 단 한 번도 회피하지 않았던 것 같다. 심지어 토론을 상대에게 제안했다. 그러나 상대방 쪽에서 거절한 것으로 기억한다.

　카페 회원들의 질문에도 정말 자세하게 답변해주었다. 내 질문에도 그랬다. 글에서 진정성을 느낄 수 있었다. 너무 힘이 됐고 그렇게 영어탈피를 마칠 수 있었다. 다 마치고 나자 자신감이 붙었다. 정말 영어가 될 것 같았다. 끝이 보였다. 그렇게 나는 공무원 수험 생활을 접었다.

　영어의 끝을 보고 싶었다. 이 기회가 아니면 힘들 것 같았다. 그래서 원어민과 실전 훈련을 할 수 있는 학원에 등록했다. 처음부터 리스닝은 잘 되었다. 2개월쯤부터는 스피킹도 자유로워지기 시작했다. 영어를 듣고 말하는 전 영역에 자신감이 생겼다. 실제로 말도 잘하게 되었다.

　호주로 떠났다. 영어를 너무 쓰고 싶었다. 기회가 닿아 현지에서 세일즈를 하게 되었다. 처음 1~2주는 적응 기간이 있었다. 가끔 몇몇 특이한 억양 말고는 의사소통에 아무런 어려움이 없었다. 외국에서 오래 산다고 영어가 되는 게 결코 아니라는 걸 많이 느꼈다. 모든 일이 그렇듯 스스로 시간을 많이 투자해야 한다. 개인적으로 그 방법이 영어탈피라고 생각한다.

　영어탈피는 여러 면에서 나에게 터닝포인트가 되었다. 너무너무 감사한다. 영어만이 아니다. 다른 관점으로 미래를 보게 되었다. 어떤 일이든 할 수 있다는 자신감이 생겼다. 솔직히 사람들이 영어탈피를 알지 못했으면 하는 이기적인 마음도 있었다. 그만큼 좋았다. 나만 알고 싶은 그런 보물 같은, 그런 거였다. 하지만 낭중지추라고 아무리 숨긴들, 영어탈피를 사람들이 알게 되는 것을 피할 수 없을 것 같다.

다들 알겠지만, 한국에는 너무나 많은 영어학원, 공부법이 있다. 영어탈피가 홍보 없이 책 만들기와 카페 운영만으로 이런 치열한 시장에서 5년 동안 살아남은 건 분명 이유가 있다. 현재 영어탈피는 팟빵 팟캐스트 위주로 소통을 하고 있는데 유튜브를 더했으면 좋겠다. 팟캐스트는 마니아적인 측면이 강해서 스펙트럼이 좁다고 생각한다. 영어탈피의 역량은 충분하다. 반드시 좋은 결과가 있을 것이다.

NewBrand 님과의 영어 대화

· 영어탈피 시작 전 : 토익 800점대
· 영어탈피 5개월 + 실전 훈련 2개월 = 영어 마스터 총 7개월 소요

　　－ 영어 대화 듣기 －　　　　－ 심층 인터뷰 듣기 －

➡ 유튜브에서 '뉴브랜드'를 검색해도 됩니다.

NewBrand 님과의 영어탈피 심층 인터뷰

· 시작 전에 단어, 독해, 문법, 회화는 어떤 수준이었나요?
· 시작 전의 토익 점수 또는 고등학교 때 성적은 어땠나요?
· 영어탈피를 몇 개월 정도 하였나요?
· 3단계 실전 훈련은 어떻게 하였나요?
· 영어탈피 학습 후 얼마 만에 눈, 귀, 입이 트였나요?
· 유학이나 어학연수 없이 정복한 순수 국내파인가요?
· 진행 과정을 자세히 들려주세요.
· 영어탈피를 통한 발음 공부는 어땠나요?
· 전치사, 관사 학습은 어땠나요?
· 자연스럽게 문장 구조의 규칙성이 체화되던가요?
· 영어탈피 공부 전후의 실력 변화를 체감하나요?
· 업체들의 광고·선전에 대해 어떻게 생각하나요?
· 토익 600~900점대는 영어 마스터에 얼마나 걸릴까요?
· 학원과 독학 중 무엇이 본질이던가요?
· 학교 영어 교육에 대해 한 말씀해 주세요.
· 영어가 된 후 좋아진 게 무엇인가요?
· 영어탈피로 공부 중인 후배들에게 해 주실 조언이 있나요?

ContentS

머리말/ 제발, 엔간히들 하시죠? 006
프롤로그/ 영어 꼭 성공하고 싶습니까? 008
독자 추천사1/ 수앤유 님 014
수앤유 님과의 영어 대화 017
수앤유 님과의 영어탈피 심층 인터뷰 017
독자 추천사2/ NewBrand 님 018
NewBrand 님과의 영어 대화 021
NewBrand 님과의 영어탈피 심층 인터뷰 021

① 빠르고 쉬운 길? 되는 길부터!
It's time to do something.

공부법은 소설이 아니다, 팩트에 기반하라 028
불신의 해소는 결과로 하는 것이다 034
사과의 상실, 뻔뻔함의 일상화, 피해 보는 건 소비자 037
기적을 남발하는 시장, 도둑은 호갱이 키운다 042
소요 시간 단축/ 노련한 목수는 연장 탓을 한다 045
소요 시간 단축/ 출발선이 다르다, 요행을 바라지 마라 046
소요 시간 단축/ 1년씩이나? 아니, 고작 1년밖에다 050
소요 시간 단축/ 소요 시간은 단축될 수 있는 게 아니다 051
빠르고 쉬운 길? 우선 되는 길부터 찾아라 055
영어 공부법을 쓸 자격, 그대 진정 있는가? 060
토익 700, 마침표를 찍어라, 6개월만 달려라 063
영어의 지위, 달라지지 않는다 066
영어, 한국에서 배울까 현지에서 배울까? 068

영어 안 하면 안 될까? 안일한 생각 마라 072
멈춤은 핑계와 변명을 남기고 전진은 진화와 해방을 부른다 076
영어 교과서, 교과서 아니다 078
길거리에서 외국인에게 말 걸지 마라 079
도구는 매뉴얼을 만났을 때 꽃을 피운다 082
회화란 무엇인가? 생활영어, 여행영어 그거 회화 아니다 086
토익은 기술이 아니다 095
가랑비에 옷 젖지 않는다, 공부는 선택과 집중이다 099

2 파를 심고 가꿔라
First, let's lay the groundwork.

씨앗으로는 파전 못 부친다, 파부터 길러라 106
영어탈피는 도구다, 썩 괜찮은! 106
영어탈피는 실사구시다 108
단어는 언어의 뼈와 살이다 110
직독직해, 직청직해 한국어는 되는데 영어는 안 된다? 111
끔찍했던 한때, 그리고 격세지감 117
영어탈피 제1법칙 | 단어 뜻이 여러 개면 각 뜻마다 별개의 단어로 익혀라 121
세상의 어느 누구도 A의 뜻은 뭐, 뭐, 뭐, 뭐 이러지 않았다 121
단어장도 나름 종류가 여러 개다 126
아빠 깜지가 싫어요! 나도 싫단다 129
너, 다리 밑에서 주워 왔어 131
사전은 놓아줘라, 얘는 죄 없다 137
한국어, 어원 따져 배웠나? 진부한 얘기는 이제 그만! 141
영어탈피의 구성과 특징 144
한국어에 대한 의존을 최소화하라 144
뜻은 딱 하나씩만 공부하라, 기본 뜻으로 묶으란 말 절대 아니다 148

철자가 같아도 뜻이 다르면 모두 별개의 단어로 분산시켜 익혀라 152
콜럼버스의 달걀 161
영어탈피 제2법칙 | 단어, 반드시 문장과 함께 익혀라 163
직독직해, 직청직해가 되려면 예상 능력이 필요하다 163
말하기와 쓰기도 예상 능력이 핵심이다 166
어휘력의 정의/ 단어와 문법은 한 몸이다, 떼어 내지 마라 167
영어탈피 권장 학습 방법 172
공부는 단계를 나눠서 하라 172
영어탈피 제1단계 | 우선 단어 왕이 돼라, 준비 운동이다 175
개미와 베짱이를 다시 읽자 175
영어탈피 제1단계 진행 방법 178
담임 선생님은 왜 출석을 부를까? 출결 확인? 그거 아니다 178
책 전체를 하나의 주기로 반복하라 187
영단어 편애하지 마라, 어느 구름에서 비 내릴지 모른다 193
한국어 의존증, 이것만은 주의하라 196
우선순위 단어장, 그거 우선순위 아니다 198
영어탈피 제2단계 | 직독직해, 직청직해, 영작을 완성하라 206
어휘력의 완성은 문장 구사력이다 206
영어탈피 제2단계 진행 방법 208
2단계 전반전 | 모든 예문을 이해할 수 있는 상태로 만들자 208
2단계 후반전 | 모든 예문을 영작하자 212
나무도 보고 숲도 봐라, 그래야 모두를 정의할 수 있다 214
펼쳐 놓기와 반복하기, 문장의 규칙성을 파악하라 219
'영어를 배운다'의 정의, 그 실체는 무엇인가 221
영어와 한국어는 공통점이 90%다 224
영어와 한국어의 차이점은 10%, 그것만 알자 228
해석문이 기계적이면 흡수를 방해한다 231
구동사, 숙어도 일반 단어의 우선순위를 따라라 233

예문이 부실한 책은 버려라, 두뇌는 압축을 싫어한다 234
시험만 잘 보면 됩니다 / 고뤠요? 237
리스닝과 스피킹 무엇이 더 어렵나 241

3 파전을 부치자
Now, explore!

영어탈피 제3단계 | 유창해지자 244
"고생했어." 쓰담쓰담 244
제2단계를 마치면 어느 수준이 되나 245
3단계 필수 과정 | 생명체와의 교감, 반드시 하라 250
3단계 병행 과정 | 놀면 뭐 하나, 재미있는 건 다 하라 256
갓난아기에게 날개옷을 입히지 마라 267
3단계의 의의, 아끼다 똥 된다 272

4 더
Food for thought

실전에서 발음은 어느 정도 신경 써야 하나 278
영어식 사고의 실체, 그것이 알고 싶다 284
독해와 듣기는 번역체가 아니라 마음체다! 289
영어, 학원과 독학 무엇이 중헌가! 292
속편 미리보기 301
영어탈피 시리즈 소개 304

He who wishes to fly must first learn to stand, walk, run, climb, and dance.
날기를 원하는 자, 우선 서고 걷고 달리고 오르고 춤추는 법을 배워야 한다.

 장

빠르고 쉬운 길? 되는 길부터!
It's time to do something.

공부법은 소설이 아니다, 팩트에 기반하라

5년 전 이맘때쯤 영어탈피 카페가 처음 만들어졌습니다. '영어탈피'라는 책을 내고 유튜브에 '영어 잘하는 법'이라는 강의를 올린 후 1년쯤 되었을 때였습니다. 강의가 제법 반향이 컸습니다. 100만 명 넘게 조회했으니까요. 지금까지도 '좋아요'가 10명 중 9명 넘게 꾸준히 유지되고 있습니다.

저희는 처음부터 독자들과 소통을 해야 한다고 생각했습니다. 무언가를 주장했다면 책임 있는 태도를 보여야 했습니다. 만약 방법론이 틀렸다면 그 피해는 고스란히 독자들이 보게 됩니다. 피해를 끼칠 일이 아니었습니다.

현재도 그렇지만 당시에도 가장 빠르고 진솔한 소통 창구는 카페였습니다. 그렇게 영어탈피 카페가 2013년에 만들어졌습니다.

독자는 곧 소비자입니다. 소비자는 영리하고 냉정합니다. 호갱이 되는 것을 반길 사람은 없습니다. 소비자가 모여드는 카페는 뭔가를 주장하는 사람들의 무덤이 되는 경우가 흔합니다.

2000년대 초반에 공전의 히트를 쳤던 책이 있습니다. 국내에서만 200만 명(매경이코노미 2004.08.12)이 이 방법으로 영어 정복을 꿈꿨습니다. 이 책의 저자는 다음과 같이 말했습니다.

"나의 노하우를 그대로 실천만 하면, 어떤 외국어도 제2의 모국어 수준까지 만들 수 있다. 그 나라에 가서 살지 않아도 될 뿐만 아니라, 짧으면 6개월, 넉넉잡아 1년이면 된다. 토익이나 토플 같은 건 문제조차 아니게 된다."

영어 방법론의 고전(?)이 된 이 책은 K라는 한 여성을 등장시키고, 그가 저자의 노하우에 따라 아주 짧은 시간에 유창한 영어 사용자가 되는 과정을 그립니다. 한국 사람 누구나 다 이 K처럼 될 수 있다는 희망을 줍니다. 저자는 책을 마치며 K의 근황을 전합니다.

"그녀는 지금 외국인 회사의 한국 지사에서 근무하고 있다. 탁월한 영어 솜씨 때문에 지사장이 본사와의 연락 업무를 맡겼다고 한다. 가끔 열리는 고급 사교 파티에 지사장이 파트너로 데리고 갔는데 그곳에서 만난 외국인들과 친하게 지내게 된 것도 소중한 수확이라고 한다."

엄청난 영어 공부의 붐이 일었습니다. 곧 몇 개의 카페가 만들어졌습니다. 수많은 사람들이 카페로 몰려드는 건 당연지사였습니다. 같은 도구와 방법으로 같은 꿈을 꾸는 사람들이 모이는 공간, 공간 그 자체만으로도 큰 의미였습니다. 그런데 그중 한 카페로부터 한 통의 전체 메일이 날아옵니다.

"카페를 닫습니다."

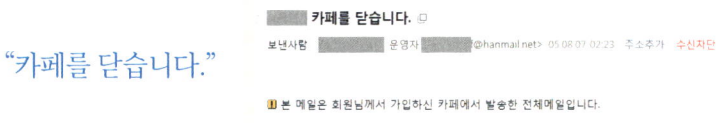

사람들이 시키는 대로는 하지 않고 '안 된다'는 불평만 늘어놓는다는 것이었습니다. 영어가 안 되는 이유를 방법 때문이

아니라 학습자들 탓으로 돌린 것입니다. 아무튼 이 카페는 그 후 초라하게 역사 속에 묻혔습니다.

사람들은 K가 누구인지 궁금했습니다. 저자가 말하는 노하우의 직접(?) 수혜자인 K의 사례를 자신의 미래로 보았습니다. 저희도 나중에 해당 출판사에 진위를 확인해 보았습니다. "K는 세상에 없는 허구, 설정된 인물이다"라는 답변을 받았습니다. 최근에 저자가 운영하는 커뮤니티에도 K에 대해 문의를 드렸습니다. "K가 완전히 허구의 인물은 아닙니다. 실제로 나로부터 노하우를 전수 받았고, 그 과정이 책에 수록되어 있습니다. 다만 소설적 재미를 위한 설정이 들어가 있어서 K와 관련된 모든 스토리가 사실은 아닙니다."

답변이 애매합니다. 당시에 K의 존재 여부는 뜨거운 감자였습니다. 그럴 수밖에 없었습니다. 카페 폐쇄의 근본 원인은 이렇습니다. 제2, 제3의 수많은 K가 계속 나와야 하는데 그렇지 못한 것입니다. 소비자들의 기대를 충족시켰다면 설사 책 속의 K가 꾸며내진 인물일지라도 이 방법론은 나름의 의미를 가집니다. 그 K 하나로 끝나지 않고 제2, 제3… 제10만의 K가 계속 생길 것이기 때문입니다. 따라서 시킨 대로 안 한 사람이 아니라 시킨 대로 한 사람들이 반란(?)을 일으켰다고 보는 것이 사리에 맞습니다.

이 책은 1년 만에 속편이 나왔습니다. "왜 K처럼 안 되나요?" 이런 수많은 아우성에 답을 해 줘야 했던 것 같습니다. 저자는 또다시 자신의 공부법을 강조합니다. '오로지 듣기만 해도 말문이 트인다'라는 제목 아래 다음과 같이 말합니다. "이론적으론 어른들도 오로지 듣기만 하면 말문이 트일 수 있다. 실제로 그런 경험을 한 사람을 만난 적이 있다. 그는 고향으로 돌아가 몇 달 동안 농사를 지으며 지냈는데, 그때 일본 라디오 방송을 하루 종일 귀에 꽂고 살았다. (내용을 모르는 방송을 소리만 들었는데) 그랬더니 어느 날 갑자기 방송 내용이 쑤욱 들어오더라는 거다. 도저히 믿을 수 없었던 나는 그에게 일본말을 해 보라고 했다. 유창했다."

오로지 소리만 듣고 일본어를 정복했다는 그 사람, 그는 실존할까요, 허구일까요? 또다시 궁금증을 돋웁니다. 이번에도 소설적 재미를 위해 설정했다는 말씀을 할까요? 아니면 사실이라고 주장을 할까요. 이 저자께서는 극도로 특이한 경험을 하고 있습니다. 일본어맨, 그의 사례는 벼락을 맞을 확률로 보입니다. 그리고 그런 사람을 만날 확률은 벼락을 두 번은 맞아야 하지 않는지.

"이 책에 다시 K가 등장한 것은 소설적 재미를 위한 설정이다." 속편에서 한 말씀입니다. 이 말씀, 전편에서 먼저 해야 했습니다. 분명히 밝혔어야 합니다. 200만 명이 시작하기 전, 그 당시에 했어야 합니다.

이분의 책도, 그리고 지금 보고 계신 이 책도 장르는 교육서입니다. 허구를 기반으로 하는 소설이 아닙니다. 사실을 기반으로 하지 않으면 저희 책도 여러분께 아무 의미가 없습니다. 설사 도움이 되는 책이라도 사실관계를 분명히 하지 않고 소설처럼 설정하는 것은 바람직하지 않습니다.

지금 다루는 이 책, 어떤 책인지, 저자가 누구인지는 밝히지 않겠습니다. 하지만 오히려 밝히지 않는 것이 무례가 아닌가 싶기도 합니다. 이 저자께서는 "비판의 대상이 된 사람들과 조직체들에게는 이해를 바란다. 건강한 사회에는 비판문화가 살아 있어야 하기 때문이다." 이렇게 말씀을 하셨습니다. 전적으로 동의합니다.

방송사마다 토론 프로가 있습니다. 정치, 경제, 사회 전 영역이 토론 주제가 됩니다. 그러나 주제로 선정되지 않는 대표적인 것이 있습니다. 바로 '신은 존재하는가?'와 같은 종교 토론이 대표적입니다. 개인적 '믿음'이 중요하기 때문입니다. 특히 후폭풍이 무섭습니다. 사회 분열을 초래할 수 있습니다. 득보다는 실이 큽니다. 각 개인의 자유와 믿음의 영역으로 남겨둘 필요가 있어 보입니다.

'영어 잘하는 방법'에 대한 토론은 어떨까요? '한국의 영어 교육의 문제점', 이런 것도 금단의 주제일까요? 그렇지 않습니다. 안 하는 게 이상합니다. 선전하고 광고하는 대로 사줄 것이 아니라 더욱 비판적인 시선으로 바라봐야 합니다. 시간과 비용의 사회적 소모가 너무 큽니다.

소비자와 소통하는 카페, 누구라도 호기롭게 시작할 수는 있습니다. 그 안에서 논리를 펴고 주장을 이어나갈 수도 있습니다. 그러나 그 주장은 공감을 얻을 만큼의 근거가 분명해야 합니다. 거기다 무엇보다 일정 시간이 지나면 그 주장은 결과로서 현실에 모습을 드러내야 합니다. '나는 이렇게 해서 됐으니 너도 그렇게 해 봐.' 이런 식으로 '저자의 사적 경험'을 노하우라고 말하는 시대는 지났습니다.

"이 방법으로 한두 달 만에 입이 뻥 뚫리는 놀라운 경험을 했다!"
"단어? 안 외워도 된다."
"억지로 뭘 할 필요 없다. 자연스럽게 된다."

그간 이런 저자들은 수없이 많았습니다. 이제는 사용자인 독자가 영어가 되는 결과를 들고 와야 합니다. 속도 차이는 사람이 다르고 환경이 다르기 때문에 생길 수 있습니다. 그러나 다소 늦더라도 주장자인 저자가 됐다는 그 방법으로 '소비자도 되는 결과'를 보여야 합니다.

요즘도 유명한 영어 상품들이 많습니다. 그러나 소비자와 직접적인 소통을 하는 곳은 거의 없습니다. 자기들이 일방적으로 내보내는 홈페이지에서만 '후기'가 넘쳐날 뿐, 소비자들이 자유롭게 소통하는 공간에서의 후기는 없습니다.

소비자의 눈은 수만, 수십만, 수백만입니다. 그리고 결과에 극도로 민감합니다. 결과를 책임질 정도의 확신이 없다면 카페는 자칭 전문가들에겐 고통의 공간일 뿐입니다. 비겁해도 만들지 않고 버티는 게 살아남는 길이고, 대부분이 그 길을 갑니다.

카페는 입소문 마케팅의 최강 도구입니다. 돈 한 푼 들지 않습니다. TV나 포털에 수십억을 쏟아부어 광고를 하면서도 클릭 한두 번이면 되는 카페는 개설하지 않습니다. 피드백이 두려워서일까요? 감당이 안 되어서일까요? 소비자의 권리를 주장하십시오. 양방향 소통의 길을 열라 하십시오. 그렇지 못하다면 소극적 저항이라도 하십시오. 제일 유명한 곳이 제일 소통을 안 하는 것 같습니다. 그렇다면 여러분도 외면하십시오.

불신의 해소는 결과로 하는 것이다

카페를 만들고 영어탈피 독자들을 한 분 한 분 받았습니다. 다행히 반응은 좋았습니다. 카페를 가입할 때 보면 질문이 있습니다. '유튜브에 있는 소개 영상은 보셨나요? 소감이 어떠십니까?' 답변들이 예상보다 더 좋았습니다.

"충격 그 자체"
"정말 획기적"
"바로 이거다"
"제대로 된 영어 교육"
"내가 원하던 방법"
"감동"
"새롭고 신선"
"눈이 확 트임"
"놀랍다"
"대박"
"공감 만땅"
"상상 이상"
"영어 학습의 신세계"

열에 아홉 이상이 좋다고 호응한 것이라 어쩌면 이런 호평은 당연할 수도 있겠습니다. '좋아요'가 있으면 '싫어요'도 있게 마련입니다. 이 반응과는 다르게 저희를

'사기꾼' 취급을 하는 사람도 있었습니다. 요행을 바라지 말고 정직하게 공부하라는데, 그런 곳에 '사기'라는 단어를 붙이는 것, 정말 의아했습니다. 전문가를 자처하며 입에 담지 못할 육두문자로 저희를 비난했습니다. 그 정도가 너무 지나쳐서 이분은 결국 법적인 절차를 거쳐야 했습니다.

비난한 이유가 궁금하실 수 있겠습니다. 아주 상식적이고 단순한 것에서 비롯된 것입니다. 그리고 아주 중요한 명제입니다.

"여러분, 모든 영단어는 두 가지 이상의 뜻을 가지지 않고 단 하나의 뜻만을 가집니다. 따라서 뜻이 여러 개인 것으로 보이는 단어도 익힐 때는 각각 별개의 단어로 공부해야 합니다."

이 말씀을 드린 것이었습니다. 이에 90%가 '쇼킹하다', '해답을 찾았다'라고 호평을 하였습니다. 그러나 10%는 절대로 받아들일 수 없는, 그런 터무니없는 주장으로 취급한 것입니다.

자, 이 책을 읽고 계시는 여러분, 여러분은 어떻게 생각하십니까? 영단어는 하나의 단어가 여러 뜻을 가지고 있다고 생각하십니까? 충분히 그렇게 생각할 수 있습니다. 한국의 70년 영어 교육이 그러했으니 그럴 만도 하지요. 역설적으로, 그런 환경에서 살았기 때문에 저희 강의를 듣고 '충격을 받았다'라는 각성의 폭도 컸던 것 같습니다.

저희는 더 이상 주장을 하지 않습니다. 5년쯤 되었으면 이제는 결과로만 증명하면 될 뿐입니다. 적어도 지금은 저희가 말씀드린 '모든 단어는 유일한 뜻만을 가진다.'는 명제는 전반적으로 통용되고 있어 보입니다. 상식인데 고정관념이 깊었던 것이죠.

빠르면 6개월여, 또는 1년여 만에 영어가 되는 분들, 이 명제를 기반으로 만들어진 저희 영어탈피로 성공하신 분들입니다. 이 교재로 1만5천 단어도 어렵지 않게 외워내시죠. 결과가 말하기 때문에 더는 이 명제로 분란이 생길 수가 없습니다.

카페가 만들어진 지 얼마 안 된 2014년 어느 날이었습니다. 카페 회원 중 한 분께서 긴 글을 올렸습니다. 내용 일부입니다.

"영어탈피에서 주장하는 이론도 틀린 것이 없고 이전보다 어휘력이 확실히 월등해진 것은 사실이나 본격적인 의사소통을 위해 그 이상의 수준으로 넘어가는 데에는 문제가 있지 않은가요? - 중략 - 시험 성적 같은 거 말고, 정말로 언어의 4영역 읽기, 듣기, 말하기, 쓰기에서 답답함을 느끼지 않고 그래도 어느 정도 자유롭다는 걸 느끼는 그런 수준 말입니다."

영어탈피를 시작한 지 8개월쯤 돼서 한 말씀입니다. 당연히 궁금해할 만한 내용입니다. 그렇지요. 진짜 영어가 된다는 주장을 했으면 지켜야 합니다. 그것을 증명해 보이라는 말은 소비자로서 응당 할 수 있는 얘기입니다.

지금은 영어탈피도 전면적으로 개정이 되어 공부하기가 더 쉬워졌습니다. 당시에는 아무래도 덜 여문 상태였기에 초창기 이용자들이 고생을 좀 더 하셨죠. 개인 쪽지로도 상담을 해주던 터라 이분의 고충은 알고 있었습니다. 이십 대였는데, 이 나이의 최대

고민은 취업이죠. 뭔가 제대로 된 무기가 필요할 때였던 것 같습니다. 그게 영어였겠고요. 요령으로 따는 토익 점수 얼마가 아니라 진짜 영어 실력을 뽐내어 당당하게 원하는 곳을 들어가고 싶어 하신 것 같습니다. 믿고 꾸준히 해 보라고 말씀드렸습니다. 그렇게 묵묵히 정진하셨습니다. 그러던 어느 날 근황을 적어주시더군요.

"투자 시간 약 1년으로, 별도의 시험공부 없이 토익 970점, 오픽은 최고레벨을 달성했습니다. 점수 인증 가능합니다. 하지만 시험 점수는 숫자에 불과합니다. 저는 읽고 듣고 말하고 쓰는 데 있어 기본기를 갖추었기 때문에 제 의사를 원어민과 소통하는 데 있어 별 어려움이 없습니다."

후기를 남겨주신 분들이 많이 계시지만, 영어탈피 초창기에 있어 가장 기억에 남는 분입니다. 지금은 외국계 회사에서 일하신다고 합니다. 어디에 계시든 무엇을 하시든 늘 건승하길 기원합니다.

사과의 상실, 뻔뻔함의 일상화, 피해 보는 건 소비자

／

이 책은 5년 전에 나올 수도 있었습니다. 사실 그때 출판하려고 했습니다. 그러나 그만두었습니다. 중요 대목만 유튜브로 강연해드리고 정식 출판은 계속 미뤘습니다. 그때나 지금이나 영어를 배우는 방법에 대한 기조는 달라진 게 없습니다. 미룬 데는 두 가지 이유가 있습니다.

먼저, 저희가 아직 부족했습니다.

1천 통의 탐스러운 수박을 얻으려면 1천 그루의 수박 덩굴을 잘 길러 내야 합니다. 그러기 위해선 기름진 밭과 거름, 튼튼한 농기구에 양질의 씨앗이 준비되어야 합니다. 밭과 씨앗이 있어도 무작정 뿌려버리면 안 됩니다. 밭갈이부터 비료 주기, 모종 심기, 덩굴 순지르기 같은 경작 방법을 속속들이 알아야 합니다. 그렇지만 방법을 박사급으로 알아도 땀 흘려 일할 생각을 안 하면 말짱 도루묵이죠. 게으른 농부는 기름진 땅을 황무지로 만들 뿐입니다.

영어를 효과적으로 배우기 위해서도 이 같은 조건들이 충족되어야 합니다. 우선 잘 설계된 도구가 있어야 합니다. 다음으로 도구를 잘 이용하는 방법도 알아야 합니다. 거기에 노력이 덧붙여져야 합니다. 노력은 여러분의 몫입니다. 그리고 도구와 그 도구를 이용하는 방법을 제공하는 것은 저희의 몫입니다.

영어탈피는 도구입니다. 영어탈피는 5년 전에 나왔던 1세대 영어탈피와 작년부터 나오기 시작한 2세대 영어탈피로 나눠집니다. 2세대 영어탈피는 1세대 영어탈피를 대폭 개선 발전시킨 것입니다.

지나고 보니 1세대 영어탈피는 내용이 많이 어려웠습니다. 그게 아쉬웠습니다. 10년 동안 영어 교육을 받았으니 '그래도 어느 정도는 기초가 있겠지…'라는 추정이 곧 패착이었습니다. 카페에서 독자들을 계속 관찰한 결과, 기초가 너무 없었습니다. 더 쉬워져야 했습니다.

다시 초심으로 돌아가 독자들의 수준을 고려하여 도구와 방법을 다시 설계할 필요가 있었습니다. 2년쯤 소요가 되더군요. 그 결과 훨씬 빠른 성과를 낼 수 있게 되었습니다. 사실 긴 추천사를 써주신 두 분 모두 1세대 영어탈피로 공부한 분들입니다. 충분히 좋은 성과를 내어 준 교재이지만, 설계자인 저희로서는 아쉬운 부분이 있었습니다.

이 책 출판을 미룬 두 번째 이유는, 저희는 '그들'과 조금 다르고 싶었기 때문입니다. 저희의 방법론이 나오는 데는 그간에 나온 무수히 많은 '그들'이 제시한 방법론들의 허점이 있었기 때문입니다. '영어 공부법'을 쓴 사람은 수백 명이 넘습니다. 미국 가서 영어만 배워오면 그것이 자격인 양 자신의 경험을 내세워 방법론 책을 펴냈습니다.

저희는 '그들'의 그것들을 열심히 검토했습니다. 미국만 가면 영어가 돼서 돌아옵니다. 저희도 마찬가지지만 '그들'도 다들 그랬습니다. 나이 먹어 유학을 가도 영어는 자연스럽게 배워집니다. 배워졌다는 그 자체는 팩트입니다. 그리고 배워지는 원리가 있다는 것도 팩트입니다. 그런데 그 경험을 알려주는 그간의 무수히 많은 '그들'의 책들로 영어가 된 경우는 거의 눈에 띄지 않습니다.

시중에는 확인되지 않은 결과를 성과인 양 선전하는 곳만 보일 뿐입니다. 전문가 행세를 하는 유명인들에서부터 대학교수, 학교 선생님들까지 수만 명의 '그들'이 있었지만, 결과로서 보여준 사람은 사실상 없습니다. 그래서 오늘도 누군가가 새(?) 영어 공부법 책을 내면 불티나게 팔립니다. 해결된 적이 없었기 때문입니다.

책은 정식 출판물입니다. 상당한 공신력을 가집니다. 인쇄기를 돌아 찍혀 나온 출판물은 그 자체로서 독자의 시간과 노력을 지배할 수 있습니다. 저희는 우리 상품일지라도 명백한 결과로 입증되지 않는 한 '정식 방법론'이라고 포장할 수 없었습니다. 아무리 연구를 많이 했고 확신을 가졌어도 그럴 수 없었습니다. 그래서 차선으로 택한 것이 유튜브를 통한 강의였습니다. 지금 이 책의 제목은 '독자도 되는 영어 공부법'이지만, 5년 동안 가제 '영어를 탈피하다'로 세상에 나갈 때를 기다려 왔습니다.

영어 정복의 길을 안다는, 그래서 알려준다는 수많은 '그들'. 그래서 너도나도 책을 쓴 그들께 한 말씀드리고 싶습니다. 자신의 노하우(?)를 밝히는 것은 좋은 일입니다. 그러나 그 노하우가 책이라는 옷을 걸치고 나왔을 때는 소비자에 대한 책임이 따릅니다. 좋은 결과를 주었다면 찬사를 받습니다. 그러나 소비자의 비용과 시간을 허비하게 했다면, 환불은 못 해주더라도 그에 따른 사과가 있어야 합니다. 하다못해 변명이라도 해야 합니다. 그래야 아무런 결과도 내지 못하는 영어 상품들이 선전의 힘만 믿고 활개 치지 못합니다.

그런데도 누군가는 활개 치고 싶겠지요? 활개 치고 싶으면 적어도 제대로 연구하는 선순환 구조가 생기게 해야 합니다. 방법론 책을 쓴 수많은 '그들'이 있습니다. 책을 쓴지 수십 년이 지난 분들도 계시고 2~3년이 지난 분들도 계십니다. 이제 '그들'은 실제 사용자들이 낸 그 결과를 토대로 정식으로 마무리 말씀을 해야 합니다.

착공했다면 준공을 해야 합니다. 볼썽사납게 콘크리트만 부어 놓고 내버려 둘 일이 아닙니다. 결과가 객관적으로 만족스럽다면

"모두 이 방법으로 하십시오.", 성과가 없다면 "죄송합니다. 제 방법을 사용하지 마십시오." 이렇게 말씀해야 합니다. 눈 가리고 아웅 하듯이 슬쩍 피할 일이 아닙니다. 노하우(?)라는 것을 전수한 자의, 그로부터 금전적 이익을 얻은 자의 최소한의 사회적 양심입니다. 이래야 영어 교육과 영어 교육 시장에서 악순환의 고리가 끊어지고 선순환이 시작됩니다.

피아노를 샀습니다. 그런데 소리가 안 납니다. 어찌시겠습니까? 방에 자리나 차지하게 두시겠습니까? 지금껏 영어 방법론들이 그랬습니다. 영어를 가르치는 분들이 그랬습니다. 영어를 배우려면 노력은 필수입니다. 그러나 도구나 방법의 하자로 인한 이유가 더 중대하다면, 말해야 합니다. 제대로 된 방법론이 아니면 제발 함부로 나서지 말라고. '여러분이 영어가 되었다는 그 경험담' 말고, 여러분이 쓴 책을 보고 영어가 되었다는 소비자의 경험담을 보이라고. 나아가, 소비자와 소통하는 카페 하나 운영하지 않는 자칭 영어 전문가는 제발 눈앞에 보이지 말라고. 먹튀가 다른 게 아니라, 소비자를 피하는 것, 그게 바로 먹튀라고.

증명되지 않은 도구와 방법론들이 활개를 침으로써 너무 많은 사람들이 피해를 보고 있습니다. 최근엔 부쩍 학습 기간 줄이기 광고가 늘었습니다. 저자가 2개월 만에 회화가 되는 놀라운 경험을 했다는 책, 황당하지만 이 정도는 약과입니다. 거의 날마다 포털의 메인 광고창을 차지하는 업체들이 정말 가관입니다. 한 업체가 '3주 만에 영어가 들려요!' 이러니까 이에 질세라 다른 업체가 '2주 만에 영어가 돼요'라는 광고 문구를 답니다.

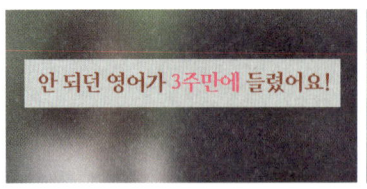

주변에서 그런 경험을 한 사람을 보신 적 있습니까? 상식적으로 납득은 가십니까? '그들'은 전혀 수긍할 수 없는 것을 덮어놓고 던지고 봅니다. 이렇게 막 던져도 소비자들이 받아 줘서 그러는 걸까요? 알다가도 모를 일입니다. 왜들 이럴까요? 매의 눈으로 실사구시 하십시오. 실사구시는 '사실에 토대를 두어 진실을 보는 것'입니다. 그래야 합니다.

기적을 남발하는 시장, 도둑은 호갱이 키운다

카페 운영을 오랫동안 하다 보면 이른바 소비자들의 니즈needs를 알게 됩니다. 그중 하나가 소요 시간 단축이죠. 시중의 업자들도 너무나 잘 알고 있는 마케팅 포인트입니다. 그래서 선전 광고마다 전가의 보도처럼 쓰는 말이 '쉬운 길, 빠른 길을 알려 주겠다'입니다.

"하루 6문장만 하라"
"300문장 또는 500문장만 외워라"

"8주 또는 3주 완성"
"OO일의 기적 체험"
"단 한 달 만에 토익 950점"

유학 가서 영어를 배워도 2~3년은 해야 빛을 볼 수 있습니다. 그런데 한국에서는 아무나 '기적'을 입에 올립니다. 그렇게 하면 영어가 돼서가 아닙니다. 그렇게 말해야 상품이 팔리기 때문입니다.

'1,000문장만 외우세요!' 이런 상품이 있습니다. 그런데 이런 정도의 부담도 못 견디겠다는 사람들이 있다 보니 '500문장만 외워라, 그러면 영어가 된다!' 이런 식의 밑도 끝도 없는 주장이 나옵니다. 여러분이 듣고 싶어 하는 말을 해줄 뿐인 진정성 0%의 수사修辭인 것이죠.

있을 수 없는 일이 일어날 때 기적miracle이라는 말을 씁니다. 너도나도 다 되면 그것은 기적이 아닙니다. 그래서 무엇을 주장하는 사람은 '기적'이라는 말을 쓰는 데에 신중해야 합니다. 상식이 있다면 민망해서도 쓰기 어려운 말입니다.

'기적'은 사이비 종교 단체 같은 곳에서나 들을 수 있는 말입니다. 그런데 영어 시장에서는 그런 기적을 너무 쉽게 말합니다. 책임질 일 따위는 생각지 않습니다. 기적은 보통 신神에 의해 행해진다고 여겨집니다. 그런 신(?)이 영어 시장에는 너무나 많습니다. 그러나 영어가 됐다는 기적을 본 사람들은… 있던가요?

1+1은 2입니다. 1+1이 100이 되면 좋겠지만 현실에서는 2일뿐입니다. 100이 되기는커녕 1+1이 2도 되지 못하고 1에 머물 때도 있습니다. 특히 공부가 그렇습니다. 아무리 엄마가 아이에게 공부하라고 채근해도 저 스스로 하지 않으면 발전이 없습니다.

어른이라도 하는 둥 마는 둥 하는 공부는 2가 되기는커녕 알고 있던 1도 잊혀질 수 있습니다.

'그들'은 쉬운 길, 빠른 길, 놀면서 하는 길을 얘기합니다. 1+1이 기적적으로 100이 될 수 있다고 억지를 부립니다. 근거도 없고 합리성도 없는 이 억지에 너무나 많은 사람들이 힘없이 넘어갑니다. 나이와 성별, 지성을 가리지 않습니다. '쉽다', '빠르다', '놀듯이 한다', 이 한심한 수사의 힘이 이토록 강력합니다.

연구자라는 말을 듣고 싶지만, 저희도 파는 자입니다. 이런 말이 목젖까지 올라올 때도 있습니다. 파는 사람들 입장에서는 버리기 아까운 덫이자 미끼입니다. 그러나 이 말을 쓰는 순간, 결과로 승부하지 않는 '그들'과 똑같아집니다. 저희를 믿고 공부하는 분들을 피해자로 만듭니다.

소요 시간을 단축하고 싶은 것은 자연스러운 희망이긴 합니다. 영어탈피로 공부하여 상당한 수준까지 도달한 분들의 현재 실력과 사연을 팟캐스트나 유튜브를 통해 소개해드리고 있습니다. 1시간 정도 당사자분들과 영어로 이른바 프리토킹을 하고 있습니다. 이 책에서는 그중, 수앤유 님과 NewBrand 님을 대표적인 사례로 소개해드리겠습니다. 추천사도 부탁드렸는데 흔쾌히 써주셨습니다. 감사합니다.

수앤유 님은 기초가 거의 없는 상태에서 1년 3개월 만에 귀와 입을 텄습니다. 상승 폭이 정말 컸습니다. 기초가 없는 분들에게 희망을 주셨습니다. NewBrand 님은 토익 800점대에서 시작했습니다. 영어탈피 5개월, 원어민 학원 2~3개월을 해서 같은 결과를 내었습니다. 두 분 모두 순수 국내파입니다.

　기초 여부에 따라 소요 시간은 두 배 차이가 났습니다. 그러나 사실 두 분 모두 엄청 빠른 결과를 낸 것이죠. 그런데도 많은 분들이 더 빠른 결과, 더 쉬운 결과를 기대합니다. 이런 현상과 이런 태도에 대해 한 말씀을 드려야겠습니다.

소요 시간 단축 | 노련한 목수는 연장 탓을 한다

　소요 시간을 단축하는 조건은 세 가지입니다. 영어 정복의 조건이기도 합니다.

　① 도구와 방법이 좋을수록 빠르다.
　② 선행 학습이 되어 있을수록 즉, 기초가 있을수록 빠르다.
　③ 목적이 분명하고 근성이 있으며 꾸준해야 빠르다.

　소요 시간 단축, 우선 도구와 방법이 좋아야 합니다. 그런데 명색이 영어 공부법을 알려준다면서 분명한 도구조차 제시하지 않습니다. 무턱대고 공부할 수는 없습니다. 과학적이고 체계적으로 잘 만들어진 교재는 필수입니다.

　교재가 구비되려면 전문가가 붙어야 합니다. 오랜 시간을 준비해야 합니다. 영어탈피만 해도 5년 넘게 교재를 만들고, 계속 개선하고 있습니다. 도구가 좋아지면 결과도 더 좋아지기 때문입니다. 2장에서는 이 도구 '영어탈피'에 대해 구체적으로 다룰 것입니다.

맞춤 도구도 제공하지 않으면서 '이렇게 하면 영어가 됩니다'하는 것은 공염불입니다. 예컨대 자신의 노하우라는 것을 실현할 구체적인 도구는 제공하지 않으면서, '영영사전을 봐라, 영어 뉴스를 들어라, 온종일 영어만 생각해라, 드라마나 영화를 봐라, 팝송을 따라 불러라, 이태원에 가서 원어민을 만나라…' 이런 얘기를 한다면 정말 답답할 노릇입니다. 도구를 잘 갖추고도 개인적인 상황 등, 실패의 변수가 많은데 도구마저 없거나 엉성해서는 성공의 확률은 반의반의 반도 안되게 됩니다.

아무튼 영어를 마스터하기 위해서는, 도구와 방법이 좋아야 합니다. 도구를 영어탈피로 할 것인지 아니면 다른 것으로 할 것인지는 선택 사항입니다. 다만 선택이 잘못되면 도달 자체를 할 수 없거나 시간이 오래 걸리거나 엄청나게 고생하게 됩니다. 잘 알아보고 선택하십시오.

소요 시간 단축 |
출발선이 다르다, 요행을 바라지 마라

소요 시간을 단축하는 두 번째 조건은 '자신의 현재 수준이 어느 정도냐'입니다. 수앤유 님과의 인터뷰입니다.

진행자: 학교 다닐 때 영어는 좀 하신 편이었나요?

수앤유: 부끄럽지만 제가 영어에 관심이 하나도 없어서 영어랑은 담을 쌓고 살았습니다.

진행자: 그러셨군요. 영어탈피 하기 전에 공인 시험 있잖아요. 이런 것들을 보신 적 있나요?

수앤유: 토익을 보라고 해서 보기는 했는데, 제 '신발 사이즈'가 나왔어요.

진행자: 하하하 (죄송합니다). 그게 몇 점이죠? 정확히, 그러니깐 신발 사이즈면 300점 이하인가요? 300 정도인가요?

수앤유: 260인가 그랬어요. 그것도 다 그냥 찍어서 나온 거예요.

    어려운 말씀인데 정말 솔직하게 답해 주셨습니다. 사지선다형 시험이기 때문에 확률적으로 25%니까 '찍었다'는 말씀이 맞겠습니다. 그런데 지금은 상당히 영어를 잘하십니다. 단어는 약 2만 개 정도 아십니다. 이렇게 기초 없이 시작했기 때문에 본인의 기쁨도 크고, 도구와 방법을 제안한 저희의 보람도 큽니다. 이 책을 읽으면서, '아… 나보다도 더 기초가 없었구나. 그런데 나는 지금 뭐지?' 이런 생각을 하실 수도 있겠네요.

    NewBrand 님은 공무원이 되기 위해 영어탈피를 시작했습니다. 언젠가 시험 문제를 풀어달라고 해서 '기출문제'를 풀어드린 적이 있습니다. 당시에는 닉네임이 스마일87 님이었죠. 영어를 마스터 한 후에 닉네임을 바꾸셨습니다. 삶의 지평을 넓힌다는 의미에서였다더군요. 실제로 공무원의 길은 접고 호주에서 잘 사시다 최근에 귀국했다 합니다.

NewBrand 님은 영어탈피를 시작했을 때 공부가 어느 정도 되어 있는 상태였습니다. 토익이 800점대는 나오는 수준이었죠. 하지만 말로써 영어가 되는 상태는 아니었습니다. 영어탈피는 1단계와 2단계 학습 과정이 있습니다. NewBrand 님은 1단계 단어 과정은 거의 생략하고 바로 2단계 문장 과정으로 넘어가서 5개월 정도를 공부하셨습니다.

한 분은 기초가 없었기에 영어탈피를 1년 정도, 다른 한 분은 기초가 있었기 때문에 5개월 정도가 소요됐습니다. 이후 각각 2개월 정도 원어민 접촉을 했습니다. 그렇게 귀를 뚫고 입을 텄습니다. 이렇게 한 분은 총 1년 3개월 정도, 다른 한 분은 총 7개월 만에 영어를 마스터했습니다.

실감이 안 날 수 있겠습니다. 이 두 분의 결과는 유학을 가서 영어를 배운 입장에서 보면 살짝 짜증이 날 정도의 엄청난 성과입니다. 미국에 유학을 가는 경우 보통 2~3년 정도는 해야 이 정도 실력이 됩니다. 귀 트고 입 여는 것이 현지에 간다고 쉽게 그냥 되는 것이 아닙니다.

하루 16시간 눈을 뜨고 있겠죠? 시시때때로 스마트폰을 봅니다. 수업도 열심히 듣고, 과제도 합니다. 친구를 만나 수다도 떱니다. TV도 보고 영화도 봅니다. 이 모든 것에 영어로 노출되어 있습니다. 16시간 중 아무리 적게 잡아도 10시간은 영어로 사는 것이죠. 그렇게

2~3년은 해야, '아, 이제 영어가 좀 되는구나!' 이렇게 느낍니다. 7천 시간에서 1만 시간은 써야 영어를 배울 수 있습니다.

    NewBrand 님과 수앤유 님은 700~1,500시간 정도 걸렸다고 생각하면 얼추 맞습니다. 상상이 안 가시나요? 지금 미국에 계신 분들, 그곳에서도 영어탈피로 공부합니다. 현지에 있다고 영어가 자동으로 되는 게 아닙니다. 잘 설계된 교재로 열심히 해야 영어가 됩니다.

    비용은 얼마나 들까요. 학교마다 다르지만 생활비를 포함하여 1년 평균 6~7천만 원 정도는 씁니다. 수앤유 님과 NewBrand 님은 영어탈피에 각각 몇만 원쯤 썼습니다. 원어민 만남에는 100~200만 원 정도 들었습니다. 시간과 비용, 비교 자체가 무의미하지요?

    배우는 곳이 국내냐 현지냐가 중요한 것이 아닙니다. 집중적으로 제대로 공부하느냐 아니냐가 관건입니다. 그만큼 도구와 방법의 힘이 큽니다. 학교가 정상적으로 교육을 했다면 의무교육만으로 다들 영어가 될 수 있었습니다.

    소요 시간은, 기초가 전혀 없다면 1년 정도는 생각하고 시작하십시오. 기초가 어느 정도 있다면, 예컨대 토익 점수가 600점~900점쯤 된다면 영어탈피를 5~6개월 하고 원어민 접촉을 2개월 정도 생각하면 됩니다. 학교 점수가 60~70점 이상일 때도 같습니다.

소요 시간 단축 |
1년씩이나? 아니, 고작 1년밖에다

　소요 시간을 단축하는 마지막 조건입니다. 공부하는 목적을 분명히 해야 합니다. 간절하다고 자기 최면을 걸어야 합니다. 하다못해 우대받는 미래의 모습이라도 상상하십시오. 근성 있게 밀어붙이는 사람은 못 이룰 것, 많지 않습니다.

　기초부터 시작해야 했던 수앤유 님은 1년 넘게 걸렸습니다. 같은 사례를 놓고도 '1년씩이나' 걸렸다고 생각하는 사람이 있습니다. 고작 1년 남짓에 이런다면 어떤 도구를 써도 성공하지 못합니다. 자신의 노력 부족보다는 연장 탓, 남 탓하기 일쑤입니다.

　경쟁 사회다 보니 일명 '자기계발서'라는 책들이 잘 팔립니다. 100만 명이 이 책을 읽었다 치면, 과연 다들 자기 계발에 매진할까요? 많은 사람들이 실천하지 않고 또 다른 그럴싸한 자기계발서를 찾아다닙니다. 잘 되지 않는 원인이 내 안에 있는데 외부에서 남 탓하듯이 찾습니다. 작심삼일이라는 말이 그냥 나온 게 아닙니다.

　반면, '우와, 1년밖에 안 걸렸다는 말이야?' 이렇게 생각하는 분도 계십니다. 이분들은, '대체 하루에 몇 시간을 공부했기에 1년밖에 안 걸린 거지?' 이런 관심과 함께 확인에 들어갑니다. "아, 3시간을 하셨다고요?", '흠~ 그럼 난 6시간씩 밀어붙이면 반년이면 된다는 얘기군!' 이렇게 진취적인 사고를 합니다. '새 기록을 세우고 말겠다'며 전의를 불태우는 것이죠.

소요 시간 단축 |
소요 시간은 단축될 수 있는 게 아니다

사람들은 늘 소요 시간 단축에 관심을 가집니다. 사실, 소요 시간은 단축되는 게 아닙니다. 영어탈피가 1세대에서 2세대로 넘어가면 도구가 발전된 그 양만큼 단축되지만, 2세대 영어탈피를 기준으로 하면 단축된 게 아니라 필요한 만큼의 시간이 들 뿐입니다. 자, 묻겠습니다.

"하루 6문장만 하라"
"300문장 또는 500문장만 외워라"
"8주 완성"
"OO일의 기적 체험"

이런 종류의 책들의 공통점이 있습니다. 쉽고 빠르게 끝낼 수 있다는 것이 그것입니다. 쉽다는 것은 차치하고 빠르게 끝냈다고 했을 때, 그 끝낸 결과, 그 실체는 무엇일까요? NewBrand 님이나 수앤유 님처럼 영어가 잘 될까요? 그럴 리가 있겠습니까? 그런 것이라면 이 책을 읽으실 필요가 없습니다. 너도나도 서점에 가서 '50일 완성' 같은, 그런 책으로 공부하면 되지요.

그런 식으로 공부하면, 허술하게 공부한, 딱 그만큼만 남습니다. 하루 6문장을 공부하는 것, 하나 마나 한 행동이죠. 500문장을 외운다? 외국인이 한국어 500문장을 외운 결과, 딱 그만큼입니다.

8주 만에 완성 또는 80일 만에 기적을 맛본다? 공부는 노력한 기간이 곧 실력입니다. 말해 무엇 하겠습니까? 이런 현실성 없는 제목 짓기는 이제 사라질 때도 되었습니다. 사실상의 소비자 기만행위입니다.

소요 시간을 단축하려 하지 마십시오. 소요 시간은 다 써야 결과로 남습니다. 이런 종류의 도구들은 소요 시간이 단축되는 것이 아니라, 의미 있는 성과로 남지 않는, 해도 그만 안 해도 그만일 뿐입니다. 소요 시간은 단축될 성질의 것이 아닙니다. 정해진 소요 시간을 다 쓸 수가 없다면, 이뤄질 목표점, 성과를 줄이는 것만 가능합니다. 자, 목표 수준을 정해 봅시다.

|목표수준1| 수앤유 님이나 NewBrand 님만큼 이루고 싶으신가요? 말도 되고 고득점도 얻는 길입니다. 어휘력도 1~2만 단어는 거뜬합니다. 대학도 잘 들어갈 수 있습니다. 좋은 회사로의 입사가 보장됩니다. 승진에 있어 업무 능력도 인정받을 수 있습니다. 대신 소요 시간은 단축되지 않습니다. 기초가 없다면 수앤유 님만큼의 시간을 써야 합니다. 기초가 있다면 6개월 정도만 열심히 하면 됩니다.

|목표수준2| 이 두 분만큼은 안 돼도 기본적인 의사소통이 가능한 정도를 원하십니까? 영어탈피 교재도 종류가 여러 가지입니다. '영어탈피 첫걸음편'과 '어린이 영어탈피'를 하면 웬만한 수준은 되실 수 있습니다. 소요 시간은 3분의 1 정도면 됩니다. 대신 원어민 접촉은 2개월보다 훨씬 더 많이 하셔야 합니다. 아울러 나중에 보강 공부를 더 해야 합니다.

|목표없음| 이도 저도 아닌 그런 영어 공부를 필요로 하십니까?

500문장만 외워라, 8주만 공부해라, 이런 식의 책에 수록된 것을 내 것으로 하는 것을 말합니다.

"이거 얼마입니까?"
"택시 타는 곳이 어디죠?"
"저는 이것으로 주문하겠습니다."

수앤유 님이 영어탈피를 만나기 전에 야OO라는 패턴영어 인강을 들었다죠. 거기서 이런 것들을 배웠답니다. 영어가 안 되던 그때 홍콩 여행을 갔습니다. 자, 영어를 써 볼까요? "이거 얼마입니까?"라고 물었답니다. 상인이 얼마라고 대답을 했겠죠? 그다음은 어떻게 됐을까요? 네, 대화는 그것으로 종료되었습니다.

몇몇 패턴을 외운다. 실용 문장 500개를 외운다. 이런 식으로 해서는 상대의 말을 알아들을 수가 없습니다. 그런 상태에서 어떻게 대화가 되겠어요. 회화라는 것은, 우선 상대의 말을 알아들을 수가 있어야 합니다. 말을 받아 계속 이어갈 수가 있어야 합니다.

수앤유: Actually I've been to Hong Kong and Macau before. (Oh, okay) Yeah, it was my second time. The trip. So, yeah. Before… The, the first time I went to Macau was kinda short, like four days and it was, it was like, a guided tour. (Mmhmm.) Yeah. Um.. And this time, I think this time was better than before. (You didn't have a guide with you, did you?) Yeah, I didn't. I didn't want a guide. And I just looked it up a little. _수앤유 님과의 영어 대화에서

일방적으로 외운 질문을 던지는 것을 회화로 오도하는 상품들이 있습니다. 이런 경우는 소요 시간을 따지는 것 자체가 무의미합니다. 회화로서 가치가 없는 것을 '완성'이라는 이름을 붙여 내놓는 것은 언어도단입니다. 그렇게 쓰는 시간은 버려지는 것일 뿐입니다. 나중에 다시 정식으로 공부를 해야 합니다.

영어 공부에서의 소요 시간은 각자 스스로 정하는 것입니다. 어떤 목표를 이룰 것이냐가 곧 소요 시간의 바로미터입니다. 유창한 수준을 바라면 [목표수준1]을 선택하면 됩니다. 유창하지는 않지만 그런대로 써먹을 수 있을 정도를 기대한다면 2번을 선택하면 됩니다.

하루 10분, 또는 하루 30분, 아니면 하루 6문장만 외우면 영어가 된다고 선전하는 곳의 문을 두드리고 싶으십니까? 문 앞에 서는 순간 호갱 인증입니다. 그런 식으로는 천재도 영어 안 됩니다. 자신을 AI(인공지능)라 생각하시나요? 그런 상품을 선택하는 순간 영어와는 더 멀어집니다. 저희는 독자이자 소비자인 분들과 늘 카페에 함께 있습니다. 저희가 '2주 완성', '50일의 기적 체험' 이런 말과 행동을 하면, 카페는 얼마 지나지 않아 폭파될 것입니다. 소비자에게 장난치는 곳을 가만둘 사람들은 호갱 외에는 없습니다.

'거짓은 진실을 덮을 수 없다'는 말이 있습니다. 무척 중요한 말입니다. 그러나 이 말을 곱씹어 보십시오. 이 말이 왜 나왔을까요? 이 말은, 그간 '거짓'이 '진실'을 예사로 덮고 있었다는 말입니다. 호갱은 일이 벌어지고 나서 후회하는 사람입니다. 증명되지 않은 곳이 내미는 손을 잡으려 하지 마십시오. 손이 아니라 덫일 수 있습니다.

내가 정한 목표가 그만한 소요 시간을 필요로 하면 감수하십시오. 선택했다면 근성을 가지고 밀어붙이면 됩니다. 그것이 바로 성공으로 가는 최단코스입니다. 쉽게 빠르게 끝날 수 있다는 곳을 가장 멀리하시기 바랍니다. 남의 집 담, 누구나 넘을 수 있습니다. 그러나 넘지 않습니다. 넘을지 몰라서가 아닙니다. 예사로 넘는 사람을 도둑이라 합니다. 도둑은 잡아야지, 왜 털리고 삽니까?

빠르고 쉬운 길? 우선 되는 길부터 찾아라

노력 없이도 놀면서 쉽고 빠른 길이 있다면 얼마나 좋을까요. 카페에 오시는 분들, 기초가 있는 분들 많지 않습니다. 어쩌다 토익 점수가 700 정도 되는 분만 보여도 반가울 정도죠. 고등학생들은 죄다 EBS 수능특강에 빠져 있습니다. 대학생들은 족집게 토익 학원에 목을 매고 있죠. 기초 없이 되는 것이 없는데도 '빠르고 쉽다는' 그물로 속수무책으로 빨려 들어갑니다.

쉽고 빠른 길, 이 말은 '기적'이라는 말과 어울립니다. 그만큼 마약성이 있습니다. 그런데요, 쉽고 빠른 길을 찾고 있는 여러분, 먼저 영어가 되는 길은 찾았나요? 영어를 정복할 수 있는 길, 그중에서 쉽고 빠른 길을 찾아야 하지 않나요? 되는 길도 아닌 길을 걸으면서 신기루를 오아시스로 착각하고 있지는 않나요? 친구끼리 나누는 두 대화를 보도록 하겠습니다.

A: 야, 너 그 영어 상품 알아?
B: 어떤 거?
A: 쉽게 할 수 있다는 거.
B: 아, 나도 들었어. 우리 그거 하자.

대화가 참 간단하죠? 이런 식으로 별생각 없이 고르는 분들이 정말 많습니다. 과연 이렇게 선택된 길이 빠르고 쉬운 길이 될까요? 정말 위험한 길을 너무 무턱대고 걷습니다. 다음 대화를 보겠습니다.

A: 야, 너 그 영어 상품 알아?
B: 어떤 거?
A: 쉽게 할 수 있다는 거.
B: 아, 나도 들었어. 근데 되기는 하는 거래?
A: 응, 정해진 대로 꾸준히만 하면 영어가 된대. 증명된 방법이고 증인도 있어.
B: 아, 그래. 우리 함께 하자.
A: 근데, 하루 2시간 정도는 꾸준히 할 마음가짐이 필요해.
B: 그거야 당연한 거 아냐? 6개월, 1~2년 안에 된다면, 그거야 뭐.

어떤 대화가 상식적이고 합리적으로 느껴지나요. 앞 대화는 너무 엉성하지 않습니까? 몇 달은 그냥 허비하는 태도입니다. 최소한 두 번째 대화 정도는 되어야 합니다. 쉽다, 빠르다 이전에 '되는 방법이다', '되지 않는 방법이다'부터 살펴야 합니다.

앞 대화처럼 선택하는 분들을 탓할 수만도 없기는 합니다. 되는, 그러니까 되었다는 방법을 경험한 적이 없으니 그럴 만하다는 얘기입니다. 죄다 안 되는 방법만 있었으니 되는 방법에 대한 판단이 가능하지 않을 거라는 것이죠. 보통은 쉽고 빠르다는 선전을 보면, 그 말이 곧 '되는 방법'인 양 착각을 하게 됩니다. 무언가에 의지는 해야겠기에 알고도 속아준다는 말이 더 맞겠습니다. 과거에 실제로 되는 그런 증명된 방법이 단 하나라도 있었다면, 대화의 형식은 달랐을 것입니다.

요즘에도 끊임없이 영어 방법론 책이 나오고 있습니다. 보통은 '이렇게 하면 원어민처럼 영어가 됩니다' 이런 식이죠. 그런데 특이한 책이 있더군요. 요약하면, '어차피 직독직해(독서), 직청직해(리스닝), 원어민 발음은 불가능하니까, 500문장쯤 배워서 밖으로 뱉어내는 것으로 만족하세요.' 이런 주장입니다. 콩글리시로 만족하라는 거죠. 그러나 영어는 중간이 없습니다. 영어가 대화로써 되느냐 아니냐만 있을 뿐입니다.

조금 살펴보겠습니다. 나이 먹은 사람은 듣기와 읽기 어차피 안 될 테니 포기하라? 영어 뉴스, 미국 드라마 보지 말고 말을 뱉어내는 데만 집중하라? 능동적 말하기의 중요성을 강조하는 것은 좋습니다. 그러나 대화라는 것은 내 말만 뱉어서 되는 문제가 아닙니다. 상대의 말을 알아들을 조건(어휘력, 문장 구사력, 발음 등)이 형성되어 있어야 합니다.

미드(미국 드라마)나 CNN 뉴스 같은 것을 처음부터 잘 들을 수는 없습니다. 영어탈피 과정으로 보면 3단계에서 할 일입니다. 무슨 일이든 순서와 때가 있습니다. 그 타이밍을 잘 잡고, 맞게 실천하는 것이 필요합니다. 그러나 자극적인 선언이나 문구로 억지스러운 주장은 지양할 필요가 있습니다.

자극적인 주장을 하면 많은 관심을 받습니다. 고생을 별로 안 한다거나, 족집게처럼 콕 집어 '다 필요 없고 딱 이것만 하세요.' 이러면 위로가 됩니다. 조금만 해도 당장 콩글리시라도 된다고 하면 싫을 사람 없습니다. '영어가 안 되는 건 당신 때문이 아니에요.' 이렇게 위로받으면 좋지 않습니까? 그런데 그게 마케팅이라면…, 돌고 돌아 시간은 훨씬 더 걸립니다. 몇만 원 돈이 문제가 아닙니다.

마케팅에 휘둘리고 있지는 않은지 항상 경계하시기 바랍니다. 휘둘리는 느낌이 들면 '내가 왜 그런지' 통찰해 보십시오. '포기할 건 포기하자'라는 말에 빠져들고 있지는 않은지, '쉽다', '간단하다'는 미사여구에 무너지고 있지는 않은지 말이죠. 저희의 이 책도 그런 눈으로 보시기 바랍니다. 매의 눈은, 이럴 때 사용하십시오.

수앤유 님도 따지고 보면 영포자 중 한 분이셨습니다. '영포자'라는 어감이 좀 그렇네요. 정중히 양해 부탁드립니다. 아무튼 지금은 영어 꽤 잘하십니다. 발음도 좋습니다. '한국어를 읽듯이 읽는' 직독직해는 이미 영어탈피를 공부하는 과정에서 해결이 되었습니다. 저희와의 영어 대화에서 알아듣지 못해서 되묻는 경우가 거의 없습니다. 그만큼 리스닝 실력도 좋다는 얘기입니다.

나이 들면 어차피 해도 안 된다? '되는 방법'을 제시할 능력과 자신이 없으면 '저는 대안이 없습니다.' 이렇게 실토하면 됩니다. 그게 맞습니다. "영어탈피는 쉬운 방법이에요?"라고 묻는다면 "기초가 있으면 쉽고 전혀 기초가 없으면 고생을 조금 더 하셔야 합니다. 대신 근성 있게 하시면 누구라도 '되는 방법'입니다. 유학을 다녀오는 것보다 빠릅니다." 이렇게 답변 드립니다.

더 쉽다, 덜 쉽다는 말은 '공부하면 영어가 되는' 곳에서 나눌 얘기입니다. 일단 성공을 할 수 있는 상황에서 더 쉬운 것, 덜 쉬운 것을 따질 일입니다. 어차피 해도 안 되는 방법을 놓고 공부가 쉬운지 아닌지를 따지는 것은 물고기 없는 호수에서 미끼만 갈아 끼우는 격입니다.

얼마나 빨리 끝낼 수 있는지의 관심도 '되는 방법' 안에서 의미가 있습니다. 기초가 없으면 좀 더 걸리고 기초가 있으면 빨리 끝납니다. '되는 도구와 되는 방법' 안에서 다뤄질 얘기입니다. '쉬운 길'만 찾으면 곧 '영포자의 길'로 갑니다. '해볼 만한 길' 정도가 딱 좋습니다. 머리가 아닌 몸을 움직이면 됩니다.

저희 영어탈피는 '되는 도구와 방법'입니다. 저희가 설계했지만, 증명은 독자들께서 해 준 것입니다. 얼마나 더 빨리 끝낼 수 있을까? 그 기록은 저희가 아니라 여러분이 경쟁적으로 깨고 있습니다. 1년에서 10개월로, 8개월로, 6개월로…. 되는 방법일 때는 모든 게 가능해집니다. 얼마 전에 토익을 치렀다는 한 분의 추천사입니다.

"광고의 홍수 속 '어떻게 공부해야 원하는 결과를 얻을 수 있을까?' 고민하다 올해 영어탈피를 만나고 방학 3개월 동안 2-3단계까지 진행했습니다. 개강을 하고 취업 준비에 치이다 보니 잠깐 영어탈피와 멀어졌습니다. 그러나 영탈족이 중간에 실패하고 결국 돌아가는 곳은 또 영어탈피죠. 저도 그랬습니다. 결국 한 번 경험한 영탈족이라면 종착역은 항상 다시 영어탈피라는 것."_ purplewaves 님

영어 공부법을 쓸 자격, 그대 진정 있는가?

저희는 하는 일이 공부법 연구라 '그들'이 써내는 온갖 방법론들을 읽어 봅니다. 영어탈피가 나오기 전에 집중적으로 수백 권을 검토했죠. 그리고 여전히 루틴routine처럼 관심을 가집니다. 중고서점에 가보면 예전에 출판된 '방법론' 책들이 지금도 팔리더군요. 저희야 연구 때문에 봐야 하지만 독자들께서는 이미 실패로 귀결된 책들에 미련을 둘 필요가 없습니다.

시중의 방법론 책을 오랜 세월 보다 보면, 과연 '그들'이 방법론을 말할 자격을 갖추었는지가 궁금합니다. 이름 있는 유명 강사인가, 대학교수인가, 유학은 다녀온 사람들인가, 서울대 정도는 나왔는가, 이런 부질없는 스펙을 말하는 것이 아닙니다. 그런 사람들이 아직까지 영어 교육을 주도했고, 결국 실패의 결과만 남겼습니다. 결과적으로 입증한 적도 없고 증인도 없으니 자격이 애초에 없었다고 할 수 있습니다.

오히려 자격을 갖춘 사람들은 다른 곳에 있습니다. 한국에서 '영어 공부는 이렇게 해야 성공합니다.'라는 말을 자신의 경험을 들어 할 수 있는 사람은 유명인 '그들'이 아니라, 우리 회원 모두가 지켜봤던 수앤유 님, NewBrand 님 등입니다. 특히 기초 없이 출발한 수앤유 님이 대표적입니다.

방법론이라는 것은, 주장하는 그 사람만이 아니라 다른 사람에게도 같은 성과가 나타날 수 있을 때 비로소 의미를 가집니다. 방법론 책을 내는 사람들은 십중팔구는 영어가 된다는 공통점이 있습니다. 수앤유 님도 지금은 그중의 한 분이 되었습니다.

　수앤유 님과 '그들'과는 차이점도 존재합니다. 유명인이냐 아니냐가 아닙니다. 오히려 수앤유 님이 '여러분, 저처럼 공부하세요. 그러면 영어가 됩니다.' 이런 책을 낼 자격이 있다는 점입니다. 어떤 도구를 이용해서, 어떤 구체적인 진행 방법으로, 얼마 동안 공부하면 되는지를, 있는 그대로만 전달하면 됩니다. 소요 시간의 차이는 각자의 기초 수준과 근성 등의 개인적인 차이만 고려하면 됩니다. 어떻게든 결과를 볼 수 있습니다.

　그러나 '그들'은 누구 한 사람 예외 없이 결과를 내지 못했습니다. 그 이유가 있습니다. 영어를 하지 못해서가 아닙니다. 자신이 영어를 할 수 있게 된 내부적인 원리를 과학적으로 분석해 내지 못하였기 때문입니다. 그 원리를 객관화시켜 현실화해 내는 능력이 없었다는 말입니다. '저는 이렇게 공부했습니다. 그러니 여러분도 이렇게 공부하세요.'라고 말하지만, 실제로 자신에게 영어가 스며든 진짜 과정은 그게 아니었던 것입니다. 자신의 경험과는 다른 엉뚱한 말을 책에서 하고 있었던 것입니다.

　출판사마다 영어가 되는 유명인을 섭외하여 방법론 책을 내지만, 결국 그 결과는 '저자 자신만 되고 독자는 되지 않는 이상한 방법론'이 되고 맙니다. 비과학적 방법론은 소비자의 시간과 비용에 피해만 안기고 맙니다. 진짜 자격은, 모국어 능력이 갖춰진 사람에게 외국어 능력이 발현되도록 하는 그 원리를 파악할, 객관적으로 입증해낼 능력이 있느냐 아니냐에서 갈립니다.

한국의 영어 교육, 그리고 그 시장에 전문가는 없었습니다. 스펙만 있었습니다. 파는 자만 가득했습니다. 두뇌의 인지적 활동인 공부에 대한 본질적인 이해가 있어야 했습니다. 그것이 결여된 상태에서 한 개인의 특정 '경험'을 과학적인 근거도 없이 일반화시키면 안 되었습니다.

그에 반해 수앤유 님은 영어가 되는 원리에 대해 자세히 설명을 듣고 시작했습니다. 그 원리에 의해 구성된 도구를 이용하였고, 그 도구를 설계한 저희의 학습 지침을 충실히 따라 진행하였습니다. 수앤유 님은 다른 이에게 긴 말씀을 하지 않아도 됩니다.

누구라도 가능하고, 아무도 피해를 보지 않을 그런 책을 쓸 자격은 제2의, 제3의, 제10만… 미래의 수앤유님들, 바로 여러분입니다. 여러분의 후기가 곧 최고의 영어 공부법 책이 될 것입니다. 수앤유 님이 책을 써도, 저희가 책을 써도 이 책이 곧 그 책이 되는 것입니다. 누가 써도 같은 책이 되는 것, 바로 진정한 공부법입니다. 영어의 왕도, 영어 성공 메커니즘은 결국 한 길로 귀결될 테니까요.

저희는 5년이 지난 오늘에서야 '이제 겨우 영어 공부법 책을 낼 최소한의 자격을 얻었다.' 이렇게 생각합니다. 쉬운 길, 빠른 길을 말하기 이전에, '되는 길'을 제시할 정도에 이르렀기 때문입니다.

마음 같아서는 제목에 '독자도 되는 마지막 영어 공부법'이라고, 이렇게 '마지막'을 넣고 싶었습니다. 영어 공부법이 계속 '미지의 세상'에 있는 것은 너무 사회적 소모가 큽니다. 제발 마지막이 되었으면 합니다. 그러나 저희 또한 완전무결할 수는 없겠지요. 그래서 빼기로 했습니다.

토익 700, 마침표를 찍어라, 6개월만 달려라

수앤유 님의 후기와, 그 실력 테스트, 1시간의 심층 인터뷰는 반향이 꽤 컸습니다. 인터뷰 내용도 아주 구체적이었지만 영어 실력이 기대 이상이었습니다. 발음까지도 세련된 느낌이랄까요? 저희도 깜짝 놀랐습니다. 유학이나 어학연수 한번 없이 순수 국내파로 이룬 결실이었습니다.

처음에 수앤유 님이 알았던 단어는 고작 1천~1천5백 개 수준이었습니다. '어린이 영어탈피'에 수록된 단어가 1,800개입니다. 그러니 얼마나 적게 알고 계셨는지를 알 수 있습니다. 이 상태에서 1년 3개월 만에 상당한 수준이 되셨습니다. 몸소 영어탈피를 경험한 입장이기에 몇 말씀을 더 여쭤봤습니다.

"수앤유 님, 만약 토익이 600점은 되셨거나, 아니면 반에서 중위권 이상이셨다면, 지금처럼 잘하게 되는 데 얼마나 걸릴 것 같나요?" 기초가 있다면 어느 정도면 영어탈피를 이용해 영어 정복이 가능하겠냐는 질문입니다. "6개월 정도면 가능했을 것 같아요." 이렇게 답변을 주었습니다. 물론 이는 NewBrand 님을 비롯해 많은 분들이 증명하고 있습니다.

이 말씀을 드리는 이유가 있습니다. 600점부터 많게는 900점 넘는 분들 계시죠? 고등학생이라면 반에서 중상위 정도는 되는 분들입니다. 이분들은 6개월 정도만 공부하면 상당한 수준으로 발전할 수 있습니다. 국내에 300만~400만 명은 될 것입니다. 여기에 해당하는 분들 많으시죠? 모두 영어가 금방 될 분들입니다.

　토익 공부하는 분들, 대개는 취직 준비용이죠. 700~800점만 만들어 놓으면 이력서를 낼 정도는 됩니다. 토익 점수를 보는 것, 진짜 영어 실력을 따지기 위함일까요? 아닙니다. 어차피 영어가 안 된다는 것은 채용자도 다 압니다. 그저, 성실하게 일할 사람인지 아닌지를 보는 것이죠. 농땡이나 치는 직원을 위한 책상은 없습니다.

　토익 700도 못 만들어 온 사람은 최소한의 노력도 안 하고 사는 사람으로 여겨집니다. 토익 900점 이상을 뽑는 곳 별로 없죠? 700이나 900이나 영어가 안 되기는 마찬가지입니다. 지원자격을 900 이상으로 해놓으면 도리어 좋은 인재를 놓칠 가능성만 커지는 것이죠. 그래서 토익은 영어 실력을 보기보다는 성실도 측정을 위한 하한 자격 정도로 보는 게 좋습니다. 면접장에 들어가는 것까지만 허락되게 하는 용도죠.

　면접 때 토익 점수를 묻게 되면 아마 기겁하실 것입니다. 그다음 말이 이것이니 말이죠.

　"자, 김 군, 이제 영어로 대화 좀 나눠 볼까?"

　요령으로 만든 점수가 탈락의 비수로 꽂히는 순간입니다.

　"자네 뭔가, 토익 900, 이 점수 꼼수로 딴 것인가? 우리 회사도 꼼수로 들어올 생각이었나? 자네는 무언가를 진심으로 해본 적이 있는가?"

　얼굴이 벌게지고 가슴이 철렁 내려앉는 좌절을 경험합니다. '나도 나름대로 고생해서 따온 점수인데…' 요령으로 진실을 통과하는 것은 면접장 앞까지라는 것을 실감합니다. 눈물이 핑 돕니다.

반대의 상황도 있습니다. 유창하게 영어를 해 보입니다. 군계일학이 됩니다.

"오, 자네 영어 어디서 배웠나?"

"네, 한국에서 독학으로 배웠습니다."

성실함은 기본, 실력까지 인정받게 됩니다. 당연히 채용 1순위입니다. 진실로 이뤄낸 실력의 힘이 빛을 발하는 순간이죠. '영어 능통자 우대', 우대받을 만하니 우대하겠죠? 인사고과 즉, 승진에도 유리합니다.

토익 700점만 넘어도 6개월이면 영어가 되는 시대가 열렸습니다. 700점도 각자 고생해서 쌓은 기초입니다. 실력을 썩히지 마세요. 6개월만 제대로 해 보시기 바랍니다. 구차하게 면접장 앞에서 쫄 필요 없습니다. 영어 면접을 즐기세요. 영어를 무기로 사용하세요. 제대로 인정받고 대우받는 길이 있는데, 왜 실력 개발을 멈추고 있나요? NewBrand 님의 생각도 들어 봤습니다. 특히 토익 600 이상인 분들 주의 깊게 보십시오.

진행자: 그러면 아까 말씀하신 것처럼, 토익이 예를 들어서 600에서 900점대가 되는 분들, NewBrand 님도 이 경우죠. 고등학생이라면 반에서 상위권 학생이라면, NewBrand 님이 하셨던 것처럼 영어탈피 5개월, 그리고 원어민이랑 말 트는 연습 2개월 정도 하면 영어가 될까요?

NewBrand: 같은 기간이라도 어느 정도의 시간을 쓰느냐에 따라서 다르긴 하겠지만, 전 할 수 있다고 생각을 해요. 지나고 보니까 그게, 하기 전에는 '이게 될까?'라는 생각이 들었는데, '사람이 연습을 하고 올바른 방법으로 하면, 안 되는 게 더 이상한 거 같다'는 생각이 들어요. 당연히 되는 거라 생각해요.

진행자: 혹시 이 기간보다 더 빨리도 가능하다고 보시나요?

NewBrand: 더 많은 시간을 쓰면 되지 않을까요? 가능하겠죠. 사람에 따라 다를 테니까요. 근데 기간의 차이는 있겠지만 누구나 다 되는 게 포인트 아닐까 싶어요.

영어의 지위, 달라지지 않는다

토익 점수 올리는 것은 누구나 가능했습니다. 하지만 영어가 되는 것은 유학생이 아니면 어려웠습니다. 아직까지는 그랬습니다. 이런저런 방법을 다 써 봐도 영어가 되지 않는 세상이었습니다. 그러니 진짜 영어를 배울 엄두를 내지 못했습니다.

너도나도 안 되니 변별 수단은 토익 점수뿐이었습니다. 그러니 진짜 영어는 하지 못해도 상관없이 살 수 있었습니다. 회사에서 탓하지도 않습니다. 그러니 진짜 영어의 필요를 느끼지 않아도 됐습니다. 어제까지는 그랬습니다.

그러나 시대가 변했습니다. 영어탈피는 벌써 한 분 한 분 영어 가능자들을 배출해내고 있습니다. 앞으로 계속 늘어날 것입니다. 급속히 증가할 것입니다. 시간 기록도 계속 경신될 것입니다.

영어가 가지는 경쟁력은 달라지지 않습니다. 번역기가 아무리 발전돼도 영어는 계속 제1의 변별 수단의 지위를 누릴 것입니다. 지난 수십 년간 영어가 변별 수단이었던 것은, 영어 사용이 직접적으로 필요해서가 아닙니다. 다른 과목은 너도나도 잘하여 순위를 매길 기준이 되지 못했기 때문입니다.

도덕 시험을 보면 대부분 만점입니다. 변별력이 없습니다. 국어 시험도 그렇습니다. 순위는 매길 수 있지만 차이가 별로 나지 않습니다. 영어는 다릅니다. 포기하는 사람이 속출했습니다. 그만큼 변별력이 큽니다.

'영어 능통', 이 네 글자가 이력서에 담기면 강력한 스펙이 되었습니다. 영어는 우대의 조건이었습니다. 앞으로는 어떨까요. 토익 700점이 6개월 정도면 영어가 되는 세상이 펼쳐졌습니다. 너도나도 '가능자'로 이력서를 채우는 세상이 도래한 것입니다. 더 이상 영어는 '우대 조건'이 아닙니다. 그보다 더 가혹합니다. 영어를 못하면 이력서조차 낼 수가 없습니다. 하한 자격 조건 즉, 자격 미달을 평가하는 용도가 될 수 있습니다. 영어는 여전히 제1의 변별 수단의 지위를 누릴 것입니다.

영어, 한국에서 배울까 현지에서 배울까?

매년 결심이 영어 공부, 하지만 정작 해 보지도 못하고 책에 먼지만 쌓였나요? 노력도 항상 그때 잠시, 실력도 늘 그 자리, 아마 대체로 그랬을 것입니다. 몇 가지 더 보죠.

- 올해는 꼭 영어 공부를 해야겠다고 결심, 그러나 작심삼일.
- 좋다는 방법은 이것저것 다 해 보기.
- 책 앞부분만 열심히 파기, 뒤쪽은 새 책.
- 조금 해 보다 주저앉기.
- 영어 공부법 책이란 책은 다 사 읽기.
- 놀듯이 할 수 있는 거 뭐 없나? 기웃기웃.
- 내 잘못은 아니고 죄다 도구 탓, 방법 탓, 세상 탓.
- 내 탓도 한다. 머리 나쁜 탓, 기억력 탓.

최근에 영어탈피를 알게 됐다면서 한 분이 그러더군요. 삼십 대인데 캐나다에서 4년을 사셨다고 합니다. 귀국하면 친구들을 만나게 되지 않습니까? "너 영어 잘하겠다." 이런 말을 자주 듣는다고 합니다. 적당히 슬쩍 말을 돌린다는군요. 아직도 자신이 없어서 속상하다는 말씀이죠. 이러면 안 되겠다 싶어서 돌아 돌아 영어탈피를 찾아 왔답니다.

카페에 최제레미 님이 계십니다. 이분께서도 캐나다에 계시죠. 후기와 인터뷰를 종합해 보니까 2016년 12월 4일에 영어탈피를 처음 시작하셨더군요. 영어는 거의 못하시는 상태였습니다. 당시 이용한 영어탈피 책에는 16,000단어가 수록되어 있었습니다. 그중에 10~20%쯤 아셨답니다. 2천 단어 정도 아셨던 거죠.

그 상태에서 2개월 동안 영어탈피 1단계, 그러니까 단어 과정을 하셨습니다. 90%나 외웠습니다. 14,400단어입니다. 이즈음 영어탈피를 챙겨 들고 캐나다로 워킹홀리데이를 떠났습니다. 2017년 2월부터 10월까지 9개월 체류하셨네요. 일하랴 영어탈피 하랴… 그때의 심정을 알 수 있는 후기를 살짝 보겠습니다.

"워홀이나 이민 생각을 하시는 분들이라면, 오시기 전에 영어탈피는 다 끝내고 오셨으면 좋겠어요. 외국 생활 한다고 해서 누구나 잘하는 건 아니에요."

그렇게 최제레미 님은 영어탈피와 워홀을 병행했습니다. 한국에 다시 들어오신 올해 1월, 그러니까 영어탈피 시작 1년 되는 시점에 영어로 5분 테스트를 해봤습니다.

꽤 잘하셨습니다. 리스닝(직청직해)이 다 되셨고, 이 정도면 읽기도 직독직해가 무조건 되는 수준이었습니다. 스피킹도 잘하는 편이셨습니다. 이때부터 카페 게시판에 영작도 올려주었는데 이 또한 비교적 잘하셨습니다.

영어탈피 12개월(그중 워홀 9개월)로 이때, 또는 그 이전에 이미 읽기, 듣기, 말하기, 쓰기가 사실상 완성이 된 것입니다. 단지 유창성만 조금 떨어지는 수준이었습니다.

올해 5월에 다시 캐나다로 가셨네요. 이번엔 학업이 목적이군요. 2018년 7월 현재, 영어탈피 시작 기준 20개월, 현지 체류 기준

12개월인 상태에서 1시간 정도 전화 통화를 했습니다. 방송으로도 올려드렸습니다.

영어를 상당히 잘하십니다. 다시 캐나다에 체류한 기간이 3개월밖에 안 됩니다만 이미 귀와 입이 열렸기 때문에 짧은 기간에도 폭풍 성장을 하고 계십니다. 어휘력도 2.5~3만 단어는 되어 보입니다. 고급 수준의 영어탈피, 정확하게는 '영어탈피 중고급편'을 진행하고 계시기 때문입니다. 문법도 좋으십니다.

현지에 계시니까 잘하는 건 당연한 것 아니냐 생각할 수 있겠습니다. 웬걸요. 자연히 잘 될 것이라면 그 먼 데서 영어탈피를 이용할 필요가 없지요. 영어탈피는 미국, 캐나다, 호주 같은 해외에서 많이 찾습니다. 인터뷰를 해 본바, 국내에서 토종으로 영어를 뗀 수앤유 님과 마찬가지로 최제레미 님도 기초가 없는 상태에서 시작하셨습니다.

지금 두 분은 비슷한 실력입니다. 어휘력은 최제레미 님이 좀 더 좋아 보입니다. 말이 되고 난 다음에는 결국 누가 더 어휘력이 좋으냐가 실력 차입니다. 보셨듯이 현지라는 장소의 이익은 그다지 크지 않습니다. 따로 마음먹고 공부를 했기에 잘하는 것이죠. 덧붙여서 하신 말씀을 보겠습니다.

"여기는 저와 같은 학생들이 많은데요. 오기 전에 최저로 준비하고 오시는 분들이 많더라고요. '캐나다 가서 영어 배울 거야'라는 마인드로요. 예를 들면 Be동사만 알고 온다든지, 기본 문법만 준비해서 온다든지. 많은 분들이, '영어 어느 정도 하고 캐나다 가야 하나요?, 영어 어느 정도 해서 일을 구하신 거예요?' 이렇게 질문을 한답니다. 결국, 답은 하나인데 말이죠. 저도 느꼈지만, 최저로 준비를 하셨다면 여기 생활도 최저이며, 최저 임금만 받고 일을 하실 거예요. 공항 이민국에서 영어의 필요성을 처음에 느끼실 거고, 그다음은 교통, 은행, 특히 전화 받을 때. 결국, 그런 분들은 못 버티고 아카데미 가겠지만요. 비용이 12주에 $2,000~3,000 하는데 말이죠. 너무 아깝죠? 우공이산 님 말씀처럼, '그 돈 아껴서 밥 사드시고, 영어탈피 하세요.'라고 말씀드리고 싶네요."

정확히 말씀을 드리는 게 좋겠습니다. 영어 빨리 배우는 방법은 현지에서 영어탈피를 병행하는 것입니다(최제레미, acoustics 님 등의 사례). 또는 장소 상관없이 국내에서 영어탈피를 한 후 2개월 정도 원어민 접촉을 하는 것입니다(수앤유, NewBrand 님 등의 사례). 현재까지의 결과로 봐서는 이 두 경우는 사실상의 차이가 없습니다.

마지막으로 영어탈피와 관계없이 전처럼 유학을 가서 종래와 같이 배우는 방법이 있습니다. 비용이나 시간이 많이 든다는 말씀은 앞서 드렸습니다.

언젠가부터 어학연수를 1년쯤 떠나는 것이 필수 코스가 되어 있습니다. 따로 공부하지 않으면 비용과 시간 낭비입니다. 그 시간을 아껴 국내에서 제대로 공부하시기 바랍니다.

무턱대고 떠나는 현지 유학이 영어탈피를 따라올 수 없는 이유가 있습니다. 현지에 가도 도구가 없으면 모든 과정을 직접 다 겪어야 합니다. 중구난방으로 겪기 때문에 효율성이 떨어집니다. 시행착오가 훨씬 커서 많은 시간이 들고 오래 걸릴 수밖에 없습니다.

인삼 아시죠? 인삼과 산삼은 다른 종이 아닙니다. 16세기 즈음에

산에 있던 삼蔘을 집으로 가져와 재배하기 시작한 것이죠. 우리가 아는 인삼은 양식 산삼입니다. 집중 관리를 해주니 인삼이 야생 삼에 비해 튼실할 수밖에 없습니다. 영어 배우는 것도 같은 이치입니다. 체계적으로 해야 결과가 좋습니다.

영어 안 하면 안 될까? 안일한 생각 마라

영어 공부, 하다 말다를 반복하는 분들 많지요? 왜 그러는 것 같으세요? 자, 보겠습니다.

① 도구가 내 몸에 맞지 않았다. 두뇌 친화적이지 않았다.
② 도구를 잘 이용할 수 있게 하는 매뉴얼이 없다.
③ 끌어줄 멘토가 없다. 멘토라고 생각한 선생님은 시험 얘기밖에 안 한다.
④ 기초가 없어 무엇을 어떻게 시작해야 할지 모르겠다.
⑤ 얼마만큼 해야 할지 끝이 보이지 않는다. 끝에 가봤다는 사람도 주변에 없다.
⑥ 성격이 우유부단하고 최소한의 근성도 없다. 남 탓하는 건 1등이다.
⑦ 영어 안 해도 사는 데 지장이 없다. 되면 좋고 아니면 말고.

대략 이렇게 정리하면 되겠습니다. '성격이나 태도 문제'인 ⑥번의 경우는 각자의 몫인 거 같습니다. 지금도 기적을 바라십니까? 지난 수십 년간 한·중·일 십수 억 명이 갈구하고 찾았습니다. 진시황이 불로초를 찾듯이 말이죠. 결과는 '실패'죠.

'영어 안 해도 사는 데 지장이 없다'는 ⑦번, 이건 좀 위험하지만 맞습니다. 선택사항인 것이죠. 그런데 조금 고생하더라도 영어를 잘하면 좋은 게 많습니다. 몇 가지 적어 보겠습니다.

- 대학 입시에서의 유리한 변별 수단
- 취직, 이직, 승진, 높은 연봉
- 세계인과의 교류, 외국인 친구 사귀기
- 이민, 해외 취업, 워킹홀리데이
- 해외여행, 각국 문화 체험, 견문 넓히기
- 취미의 세계화, 삶의 질 변화
- 자막 없는 영화, TV 시청
- 전 세계인이 올리는 정보의 취득
- 소설, 전문 서적 등의 원서 독서
- 카투사 군 복무 등

사실, 가장 큰 것은 주변의 평가가 달라집니다. 누가 판검사가 되면 질투는 나지만 좀 달리 보는 것도 사실입니다. 한국에서 본토박이로 영어를 마스터 한 사람은 그 노력이나 성실성까지도 높게 보입니다. 유학 다녀와서 잘하는 사람과는 질이 다르게 느껴집니다.

이쯤에서 반대로 생각을 좀 해 보겠습니다. 자, 그러면 다른 이들은 영어가 돼서 혜택을 누리는데 나만 못 누리면 어떨까요. 지금까지야 너도나도 다들 못 했으니까 배 아플 일은 없었지요. 그런데 쉽게 영어가 되는 세상이 이미 왔다면요? 사태가 간단치 않습니다.

영어 꼭 배우십시오. 아니면 중국어라도 배우기 바랍니다. 미래 사회가 예측이 어려울 정도로 급속도로, 대규모로 변하고 있습니다. 각자도생해야 합니다. 다 같이 잘 살면 좋지요. 그러나 그런 세상은 있어 본 적도 없고, 앞으로도 그렇습니다. 대통령마다 경제를 살리겠다고 공약합니다. 경제 살려지던가요?

"체감실업률 11.8%, 집계 후 최고" 오늘 한 신문의 헤드라인입니다. 정부라고 이러고 싶겠습니까? 공무원 지원 자격에 나이 상한이 없어졌습니다. 관련 경력도 100% 인정이 되고 있습니다. 이력이 쟁쟁한 사람들이 공무원 사회에 손을 대기 시작했습니다. 20~30대 취준생들은 진짜 이중고를 만났습니다. 경쟁은 불가피합니다.

세계가 가까워졌습니다. 왕래가 쉬워졌습니다. 반가운 일입니다. 그러나 경쟁 또한 세계 단위가 되어가고 있습니다. 더 치열해지고 있다는 얘기입니다. 대만Taiwan이 내년부터 영어를 중국어와 함께 공용어로 사용하겠답니다. 국가 경쟁력을 높이겠다는 이유입니다. 영어 잘 배워 두면 해외여행도 다닐 수 있고, 영화도 자막 없이 볼 수 있습니다. 낭만적이죠. 그렇지만 우선은 생존입니다. 몸값은 현실이며, 몸값을 올리기 위해 사는 것도 현실입니다. 그래서 배워야 합니다.

AI 세상은 어떠십니까? 로봇이 일하고 사람은 놀고먹는 그런 세상을 꿈꾸나요? 모두 잘 사는 세상이 되었으면 합니다만 예측이 안 되니 더 큰 공포입니다. 가까운 미래는 예측이 됩니다. 벌써 무인 톨게이트, 무인 경비 시스템, 무인 매장, 그리고 곧 자율주행 택시, 행원 없는 은행…. 일자리는 줄어들거나 변하고 있습니다.

산업혁명기에 러다이트 운동이 있었습니다. 일명 기계 파괴 운동입니다. 기계화로 인해 일자리를 잃을 것이라는 공포로부터 비롯되었답니다. 200년이 지난 지금 어떤가요? 다행히 괜찮습니다. 하지만 이 사건은 당시 얼마나 많은 사람들이 공포에 떨었는지를 가늠할 수 있게 합니다.

인류가 멸망하지 않는 한 안정이 되겠지요. 그렇게 되길 바라고 믿습니다. 문제는, 우리가 그 전환기와 과도기에 살고 있다는 점입니다. 일종의 보릿고개를 넘고 있다고나 할까요? 옳고 그름의 얘기가 아닙니다. 준비할 필요가 있다는 것이죠.

자기계발을 소홀히 할 때가 아닙니다. '사촌이 땅을 사면 배가 아프다'는 말, 비단 질투만의 문제일까요? 배 아픈 건 참을 수 있지만, 자칫 배를 곯을 지경이면 정말 심각합니다. 서점에 가서 자기계발서라도 한 권 사는 사람이 그래도 더 미래지향적입니다.

멈춤이 남기는 것은 핑계와 변명이고, 전진이 가져오는 것은 진화와 해방이다!

공부를 하다 말다를 반복하는 게, '⑥ 성격이 우유부단하고 최소한의 근성도 없다. 남 탓하는 건 1등이다.' 오로지 이 때문이라면 안타깝게도 백약이 무효입니다. 그러나 잘 끌어 주면 잘 해낼 기본 소양을 가지고 계시면 걱정하지 않아도 됩니다. 언어는 아이큐가 100을 넘든 아니든 못 배워낸 사람이 없습니다. 하다 말다 반복한 이유가 다음 다섯 가지 중 하나라면 말입니다.

① 도구가 내 몸에 맞지 않았다. 두뇌 친화적이지 않았다.
② 도구를 잘 이용할 수 있게 하는 매뉴얼이 없다.
③ 끌어줄 멘토가 없다. 멘토라고 생각한 선생님은 시험 얘기밖에 안 한다.
④ 기초가 없어 무엇을 어떻게 시작해야 할지 모르겠다.
⑤ 얼마만큼 해야 할지 끝이 보이지 않는다. 끝에 가봤다는 사람도 주변에 없다.

①②의 도구와 매뉴얼은 저희가 준비해 두었습니다. 2장에서 자세히 설명할 것입니다. ③ 멘토링은 카페에서 해드리고 있습니다. 저희도 해드리고, 먼저 공부한 분들도 해드릴 것입니다. 훗날 여러분도 멘토가 되어주면 됩니다.

④ 기초가 없어 무엇을 어디서부터 어떻게 시작해야 할지 모르겠다? 자기 수준에 맞게 시작하면 됩니다. 토익 600점 이상

되거나 반에서 중상위 정도 되면, 그에 맞는 수준의 영어탈피를 하면 됩니다. 그 이하면 좀 더 쉬운 수준의 영어탈피로 시작하면 됩니다. 잘 마친 후 원어민을 짧게 접촉하면 됩니다. 기초가 있든 없든 원어민과의 실전 훈련 기간은 같습니다. 차이라면 영어탈피를 하는 기간에서 다소 차이가 있습니다. 당연합니다.

⑤ 무엇을 시도할 때, 주변에 아무도 이뤄본 사람이 없으면 막막합니다. 영어 공부법 책을 종종 본 분들은 아실 것입니다. 거의 100% 저자의 경험 나열 식입니다. 이 책은 저자가 어떻게 영어를 배웠다는 말씀을 드리지 않습니다. 미국 가면 다 배워오는 것을 더 말해 무엇 하겠습니까? 진짜 중요한 것은 다른 데 있습니다. 같은 도구를 이용하고 같은 방법을 쓴 사람들이 어떻게 공부하고 있는가? 그리고 얼마나 성과를 냈는가, 그 과정을 공유하는 것입니다. 그래서 카페가 중요합니다.

영어를 배우는 데 있어 필수는 도구와 그 사용 방법, 그리고 마음가짐입니다. 각자의 현재 수준에 따라 도달 시간의 차이는 있지만, 이 세 가지면 됩니다. 도구와 방법은 준비되어 있습니다. 마음가짐 즉, 태도만 분명히 하시기 바랍니다. 영어를 잘해서 얻게 될 이익을 당근 삼고 못 해서 잃게 될 불이익을 채찍 삼으면 됩니다.

영어 교과서, 교과서 아니다

오랫동안 지켜본 한국의 영어 교육은 한 마디로 한심했습니다. 영어시장은 복마전과 다름없습니다. 진실은 없고 포장과 선전만 난무했습니다. 영어 공부를 하는 데 있어 가장 중요한 게 무엇이겠습니까? 바로 도구입니다. 과학적 원리에 의해 누구나 성과를 낼 수 있도록 설계된 도구 말입니다. 제대로 된 교과서가 있어야 합니다.

학교에서 매년 교과서를 준다고요? 영어에 도움이 안 되는데 어떻게 교과서라 할 수 있겠습니까? 어떻게 이용하라는 지침은 있지만 그 지침대로 해도 효과가 없습니다. 오죽하면 어떤 이가 '교과서를 통째로 외워라'라는 책을 다 썼겠습니까? 이분의 방법이 좋다 나쁘다의 문제가 아닙니다. 교과서라면 용도와 사용 방법이 명확해야 합니다. 그렇지 못하니 들입다 외우는 용도로나 쓰라고 한 것이죠. 문제가 심각합니다.

영어 교과서, 어떠해야 할까요? 완전히 탈바꿈해야 합니다. 학교 전체가 변해야 합니다. 결국 교과서도 교수법도 시험 제도도 바뀔 것입니다. 중요한 문제입니다.

길거리에서 외국인에게 말 걸지 마라

영어 공부 어떤 것들 해 보셨나요? 한번 적어 볼까요? 아마 이 중에 하나 이상은 해당이 될 것 같습니다. 순서 없이 적겠습니다.

- 회화 학원
- 보습 학원 또는 영어 인강
- 회화책 보기
- TED 보기 또는 연설문 외우기
- 받아쓰기
- 오디오북
- 영어 속독
- 500문장 또는 300문장 외우기
- 패턴영어책 또는 팟캐스트 패턴영어
- 전화영어
- 이태원이나 고궁에서 원어민에게 말 걸기
- 외국인과의 언어 교환
- 영어 마을
- 원서 읽기
- 어학연수 또는 워킹홀리데이
- 소리 영어
- 한글 영어
- 영작 연습
- 영어 일기 쓰기
- 원어민 만나기

- 영어 어플
- 아리랑TV
- EBS 영어 교육 방송
- 팝송 영어
- 미국 드라마나 다큐 보기
- 책 외우기 또는 교과서 외우기
- 토익 공부
- 학습기 또는 어학기
- 쉬워스쿨, 리스닝맥스, 뇌각인, 야너랑

뭐가 이거저거 많지요? 시대가 바뀌어서 광고도 많이 합니다. '쉬워스쿨', '리스닝맥스', '뇌각인', '야너랑'…, 영어 공부법의 역사는 오래됩니다. 1970~1980년대엔 '고교얄개'라는 영화가 있었습니다. 고등학생이 주인공인데 사전을 씹어 먹는 장면도 나오고 그렇죠. 쌍팔년도식이지만 그때도 나름대로 비법(?)에 대한 요구는 있었습니다.

아무튼, 이렇게 이것저것 해 보신 이유가 있습니다. 영어 전문가라고 하는 사람들이 추천했기 때문인 것이죠. 이런 것들을 하면 도움이 될까요? 안 될 리가 없지요. 뭐라도 하면 많든 적든 도움은 됩니다.

그러나 이런 식으로 해서 영어가 잘 되던가요? 그건 얘기가 달라집니다. 아주 오랫동안 이것저것 해 보면 되는 사람도 있습니다. 그러나 효율성은 '꽝'입니다. 중구난방이어서 그렇습니다. 적기가 아니어서 그렇습니다. 올챙이에게 점프를 가르치는 격입니다.

중구난방衆口難防, 여럿이 마구 던지는 말입니다. 그냥 너도나도 떠드는 것이죠. 지금까지의 영어 공부가 그랬습니다. 체계도 없고 과학도 없이 그저 이 사람 저 사람 떠드는 것을 듣고, 그것으로 혹시 되지 않을까 무턱대고 덤빈 것입니다.

모로 가도 서울만 가면 된다? 수단이나 방법은 어찌 되었든 간에 목적만 이루면 된다는 말입니다. 목적이 달성된다면야 모로 가도 되지요. 그러나 영어 공부는, 수단과 방법이 틀어지면 죽도 밥도 안 됩니다. 각 잡고 잘 올라가도 6개월 이상 1년 정도는 잡아야 합니다. '대충 저렇게 하면 되겠지?' 이런 식이어서 인생만 허비한 것입니다.

멀리뛰기를 예로 보겠습니다. 5m를 뛰고 싶습니다. 구름판에서 제자리 뛰기를 해서는 절대로 기록이 잘 나올 수 없습니다. 30~40m 뒤에서 빠른 속도로 도움닫기를 해야 합니다. 그 관성의 힘이 기록을 만듭니다. 멀리뛰기의 성과는 잘 계산된 도움닫기가 그 도구이자 수단입니다. 아무렇게나 해서 되는 게 아닙니다.

영어도 마찬가지입니다. 이것저것 하면 좋다더라. 그러니 미드 봐라, 전화영어 해라, 영작을 해라, 중학교 교과서를 외워라… 이런 식으로 해결될 문제가 아닙니다. 이런 걸 하려 해도 단어를 모르면, 또 최소한의 기초 문법도 모르면 진행할 수 없습니다.

정말 웃긴 건, '이태원에 가서 지나가는 외국인에게 말을 걸어라'라고 하는 경우도 있습니다. 외국인은 '이용물'이 아닙니다. 에티켓이 아닙니다. 기초를 잘 쌓은 후에 말을 할 수 있는 타이밍이 되면 정식으로 비용을 지불하고 말을 섞거나 친구가 되어야 합니다. 민폐 끼치지 않고 떳떳하게 접촉할 수 있게 하는 것이 바로 도구입니다. 남에게 아쉬운 소리를 안 해도 되고, 민망한 상황 없이

나 스스로 결과를 낼 수 있기 때문입니다. 도구가 있어야 시간 관리도 야무지게 할 수 있습니다.

자, 잘 완성된 도구와 수단의 중요성은 아셨지요? 자신만의 영어 공부 노하우라는 것을 제시하는 분들은 특히 도구부터 잘 마련할 필요가 있습니다. 배우는 입장에서도 어떠한 도구가 효과적인지, 그 안목을 길러야 합니다. 선전 많이 하는 도구가 가장 부실할 수 있습니다. 그 점도 염두에 둘 필요가 있습니다.

도구는 매뉴얼을 만났을 때 꽃을 피운다

영어탈피는 도구인 교재와 그것을 활용하는 구체적인 학습 방법을 제시합니다. 이를 '영어탈피 권장 학습 방법'이라고 합니다. 설명서만 수십 쪽에 달합니다. 영어탈피는 책만 주고 '각자 알아서 하세요'라고 하지 않습니다. 도구 사용법은 설계한 사람이 가장 잘 압니다. 전자레인지 하나를 사도 사용설명서를 줍니다. 하물며 공부할 책은 어떠해야겠습니까? 어떻게 이용하느냐에 따라 성과 차이가 크게 납니다.

누구나 좋은 성과를 내려면 도구와 그 사용법이 서로 잘 맞아야 합니다. 무엇을 위해 어떤 방법으로 쓸 것인가에 따라 도구의 모양도 달라집니다. 손과 발의 힘을 모아 땅을 파는 목적이면 도구는 삽의 모양으로 설계되어야 합니다. 낫 모양으로 만들면 사고만 날 뿐입니다.

"1단계 책과 2단계 책이 따로 있나요?" 이 질문을 많이 받습니다. "아니요. 한 책으로 하는 것입니다. 단계를 나누어 지금 할 일과 나중에 할 일을 구분해서 하는 것입니다." 이렇게 답변을 드립니다. 도구가 제대로면 사용자는 하라는 대로만 하면 됩니다. 그렇게 되도록 도구를 설계하고 학습 방법을 제안해야 합니다. 그리고 그 사용법이 상세히 설명되어야 합니다. 질문하시는 이유가 있습니다. 설명서를 주는 것이 당연한데도 이런 교재를 처음 봤기 때문입니다.

다른 책들이 사용법을 구체적으로 설명하지 않는 이유가 있습니다. 학습이 되는 원리에 대한 연구가 없었기 때문입니다. 특히 종래의 단어장들은 영한사전을 요약 정리했을 뿐이기 때문에 공부법이 따로 있을 수가 없습니다. 사전은 검색용입니다. 그것을 학습용으로 둔갑 시켰지만, 본래의 용도가 그렇기 때문에 학습 성과를 제대로 낼 수가 없습니다. 애초에 학습 원리를 반영한 것이 아니기 때문에 방법론도 있기가 어렵습니다. 설계자 즉, 저자가 학습이 되는 원리를 모르는데 그것을 이용하는 방법을 어떻게 제시하겠습니까?

일정 시간의 영어탈피 공부 + 원어민 만남 = 완성

영어탈피는 영어를 완성하는 공식이 세워져 있습니다. 증명된 공식입니다. 물론 이 공식은 사람에 따라 다소 차이가 있습니다. 기초가 아주 부족한 경우(25점)에는 같은 1년이라도 하루 4시간 정도는 해야 할 수 있습니다. 만약 중하위(40~50점)라면 하루 2~3시간이면 가능할 수도 있습니다.

기초가 있는 경우로써 80~100점(토익 800~990)이라면 영어탈피를 끝내는 시간은 4~5개월 정도까지 당길 수도 있습니다. 큰마음 먹고 1일 10시간 이상을 투자한다면 더 빠른 성과도 가능합니다. 영어탈피는 누가 더 빠른 기록을 세우느냐만 남아있습니다. 성공의 공식은 이미 정해졌기 때문입니다.

영어탈피는 학습 강도를 어떻게 정하느냐에 따라 소요 시간이 달라집니다. 총 공부 시간은 같더라도 1일 학습량을 많이 하고 기간을 적게 잡는 것이 가장 빠릅니다. 반대로, 하다 말다 하면 늘 제자리걸음일 수밖에 없습니다. 이는 어떤 도구를 써도 마찬가지입니다. 관련 추천사가 있어 붙입니다.

"영어탈피는 저에게 '영어 에너지 보존의 법칙' 즉, '영어 학습에는 쉬운 길도 공짜도 없다!'라는 것을 알려주었습니다. 그동안 의미 없이 동영상 강의로 시간을 보내며 각종 영어 비법서만 전전하던 저에게 영어탈피와의 만남은 마지막 희망이자 길고 긴 터널 끝의 한 줄기 빛과 같았습니다.

나름의 기준에 의해 정리된 영어 학습서는 많았지만 영어탈피와 같이 세심하게 학습법을 지도하는 경우는 경험해 본 적이 없습니다. 이 세심한 '권장 학습 매뉴얼'과 치밀하게 설계된 고품질 원어민 음성 자료가 독학 학습의 한계점을 넘어서게 해주었습니다.

저 같은 경우 약 10개월가량의 영어탈피 학습을 통해 현재는 러시아, 말레이시아, 베트남 고객들과 이메일을 통한 의사소통과 스카이프 통화와 채팅을 통해 편하게 의사소통을 하게 되었습니다.

영어를 잘하려면 체계적으로 정리된 단어에 대한 문자/음성의 학습이 필요하고, 그것을 바탕으로 문장에 대한 문자/음성의 반복 학습이 필요합니다. 이에 있어 영어탈피는 효율적으로 학습서를 설계하여 학습자의 수고를 덜어주고 보다 빠르게 안정적으로 '영어 학습의 임계점'을 돌파하도록 도와줍니다. 단어 학습의 임계점, 영어를 유창하게 할 수 있는 핵심을 정확히 짚어주는 '영어탈피 학습법'을 강력하게 추천합니다!"_크런치포인트 님

영어탈피 학습자들과 5년의 소통 끝에 정식으로 이 책을 출간하게 되었습니다. 유명인이나 지인의 추천사도 좋습니다. 하지만 저희는 독자들의 추천사를 받고 싶었습니다. 책 뒤표지에 다섯 분의 추천사만 실을 것이라 200자 이내로 부탁을 드렸습니다. 그런데 이렇게 길게 써 주셨네요. 크런치포인트 님과도 영어 대화 일정을 잡아야겠습니다. 벌써 10개월의 인연이 됐군요. 열심히 해 주셔서 감사하고 결과가 좋다니 더욱 기쁩니다.

크런치포인트 님께서 '영어탈피 매뉴얼'을 언급했듯이 공부는 교재의 설계 취지에 맞게 해야 합니다. 무턱대고 했다가는 효율이 극감 될 수 있습니다. '영어 배우는 것은 자전거 타기처럼 직접 몸으로 부딪쳐야 한다.'는 말은 맞습니다. 그러나 배우는 사람이 누구인가, 그의 수준이 어떤가 등, 살필 것이 한두 가지가 아닙니다.

증명된 도구를 이용하여 수준에 따라 단계별 학습이 필요합니다. 영어 마스터, '전화 영어가 답이다.', '회화책을 외우는 게 답이다.'… 뭐든 무조건 하기만 하면 될까요? 그렇게 단순하지 않습니다. 멀리 뛰려면 도움닫기부터 순서를 밟아야 하고, 그 달리는 과정도 섬세하게 디자인해야 합니다. 같은 이치입니다. 그래서 도구에는 반드시 맞춤의 사용 방법, 매뉴얼이 함께 제공되어야 합니다.

회화란 무엇인가?
생활영어, 여행영어 그거 회화 아니다

유창한 회화를 꿈꾸십니까? 그렇다면 '회화가 무엇인지'부터 정의할 수 있어야 합니다. 호랑이 얼굴을 알아야 호랑이 굴을 찾아갈 엄두라도 내지요. 회화의 정의와 실체부터 살펴보겠습니다. 회화는 말 그대로 대화입니다. 다시 말씀을 드립니다. '회화'는 '대화'이다. 아주 중요한 포인트입니다.

대화conversation의 특성을 살펴보겠습니다. 대화는 1시간이든 2시간이든 계속되는 것입니다. 회화도 그와 같습니다. 그렇지 못하다면 그것은 회화라 할 수 없습니다.

회화는, 나는 아무 말도 하지 않고 있는데 상대가 일방적으로 계속 떠들어도 회화입니다. 듣고만 있어도 회화란 말입니다. 내 입에서 나가야만 회화가 아닙니다. 상대의 말을 계속 듣고 이해하는 과정도 회화입니다. 이것을 리스닝(듣기, listening)이라고 합니다.

반대로 내가 일방적으로 1시간, 2시간을 떠들어도 이 또한 회화입니다. 스피킹(말 뱉기, speaking)이라고 합니다. 회화는 리스닝과 스피킹이 함께 이뤄지는 과정입니다. 누가 얼마나 더 많이 말했는가, 그 비율은 중요치 않습니다.

다른 각도로 보겠습니다. 내가 1만 개의 문장을 외웠어도 상대가 하는 말을 못 알아들으면 그것은 회화가 아닙니다. 거꾸로, 내용 전개 없이 1만 개를 일방적으로 내뱉어도 이는 회화가 아닙니다. 그냥 이상한 사람의 이상한 행동일 뿐입니다.

즉, 회화란 10분이든 1시간이든 연속적으로 리스닝이 될 수 있어야 합니다. 상대의 말을 알아듣고 나도 그만큼 계속 말을 이어 나갈 수 있어야 합니다. 그래야 회화입니다. 당연한 얘기죠? 당연한데 많은 분들이 순간순간 그 정의를 잊습니다. 일부 파는 사람들이 엉뚱한 행동을 하기 때문입니다.

자, 여덟 분의 회화 사례를 붙여 드리겠습니다. 모두 저희 **영탈족**입니다.

들어 보십시오. 이분들은 지금 회화를 하고 계십니다. 발음이 좋은 분, 살짝 어색한 분, 말이 빠른 분, 차분한 분, 문법이 완벽한 분, 살짝 틀리는 분… 다소 실력 차이는 있지만, 모두 회화를 하고 있습니다. 자기 얘기를 계속할 수 있습니다. 남이 오래 얘기해도 잘 알아듣습니다. 이 책에서 말하는 회화는 바로 이것입니다. 말하기도 듣기도 이렇게 진행이 되었을 때 '아, 이분은 회화가 되는구나.' 이런 평가를 할 수 있습니다.

'합 맞추기'가 회화면 파리도 새다

어떤 곳에서 회화라고 수록해 놓은 대화를 적어 보겠습니다.

A: Hello. 안녕하세요

B: Hello. Nice to meet you. 안녕하세요. 만나서 반가워요.

A: How are you doing? 어떻게 지내세요?

B: I'm fine. How are you? 잘 지내고 있어요. 당신은요?

A: I'm fine, too. 저도 잘 지내고 있어요.

B: It was nice meeting you. Take care. 반가웠어요. 다음에 또 만나요.

　오랜만에 만난 듯싶은데 진짜 매정하게 대화가 끝나버리네요. 전혀 안 친한 사이일까요, 아니면 회화가 안 돼서 '급' 마무리를 한 걸까요? 아무튼 자, 이건 회화일까요, 아닐까요? 회화라 하기 어렵습니다. 회화는 대화여야 합니다. 대화는 한 사람이 계속 이야기하는 상황도 벌어져야 합니다. 너 한 번 나 한 번, 이런 식의 기계적인 행위가 아닙니다.

'생활영어'라는 말이 있습니다. 미국 사람은 생활할 때는 다른 말을 쓸까요? 또 '여행영어'라는 말도 있죠. 사실 이런 식의 표현 자체가 있을 필요가 없습니다. 회화가 되느냐 아니냐 혹은 영어가 되느냐 아니냐에만 관심을 두면 될 뿐입니다.

생활영어, 여행영어 이런 표현들은 다들 출판사들이 만들어낸 말입니다. 진짜 회화가 되는 도구나 방법론이 사실상 포기되다 보니 상품으로서 '생활'과 '여행'이 마케팅된 것입니다. '패턴영어'도 마찬가지입니다. 회화를 제대로 가르치는 능력은 없지만, 물건은 팔아야 하기 때문에 나온 틈새 상품일 뿐입니다. '패턴한국어'라고 생각해 보십시오. 한국어를 패턴화한다? 그렇게 단순화할 수 있습니까?

영어 회화 시장의 과장 광고가 도를 넘었습니다. 이름만 대면 다 아는 업체들의 선전 문구들을 보십시오. 숨은 의도는 '파는 것'인데 명분은 만들어야 하고, 그래서 '쉬운 영어' 혹은 '초보 회화', 이런 문구로 눈속임을 합니다. 소비자들이 허위·과장 광고를 적당히 받아 주고 있습니다. 문을 잠그지 않았다면 도둑 탓만 할 일이 아닙니다. 소비자도 잘못이 큽니다.

'패턴영어, 생활영어, 그거 회화 아니에요.' 이런 말씀을 드리면 오해를 하시는 분들이 계시더군요. 그게 왜 회화가 아니냐는 얘기죠. 짧게 하는 인사말이나 안부 묻기, 물건 주문하기, 이런 것도 회화라는 말을 하고 싶어 합니다. 생각하기에 따라 그럴 수 있겠습니다. 그런데요, 저희가 몇 마디 중국어나 일본어, 베트남어를 외워서 상대에게 던지면, "어? 저 사람 회화가 되네?" 이럴 수 있을까요? 그런 식이면 수십 개 언어도 할 수 있습니다. 마치 '파리'를 '새'라고 우기는 것과 같습니다. 초급 회화다? 그러면 파리도 '작은 새'라고 불러야겠지요. 종이 다릅니다. 파리를 새라 할 수 없듯이 '급이 낮은 회화'라는 식으로 얘기할 문제가 아닙니다.

초등학교와 중학교 교과서만 봐도 각 장마다 다이얼로그를 붙여 놓습니다. 그런 문장 외워서 누군가에게 사용하면 회화를 한다고 말할 수 있을까요? "네, 그럼요. 당연히 이것도 회화죠." 이렇게 접근할 것이라면, 학교는 '말이 되는 영어 교육'을 실패한 게 아니라 사실은 숱하게 성공한 것이 됩니다. 논리 모순입니다.

좀 더 정확히, 냉철하게 바라봐야 합니다. 액션영화를 보면 두 배우가 멋지게 겨룹니다. A가 공격하면 B가 귀신같이 막아내고, B가 공격하면 A도 멋지게 반격합니다.

이런 장면이 연출될 수 있는 이유가 있습니다. 촬영 전에 서로 '합'을 맞추는 연습이 있었기 때문입니다. A가 오른발을 들어 머리를 공격하면 B는 살짝 머리를 뒤로 젖혀 피하는 등, 미리 짜고 싸우는 것입니다. B가 머리를 뒤로 젖히고 있는데 A가 '합'을 잊어먹고 종아리를 공격하면 B는 크게 다칠 수 있습니다. A와 B는 진짜 싸움을 한 것이 아닙니다. 그냥 시늉만 한 것이죠.

마찬가지입니다. 흔히 회화책이라고 알고 있는 각종 책들은 A가 던진 말에 B가 정해진 대로 답변을 했을 때만 가능한 회화입니다. 수앤유 님이 영어탈피를 하게 된 계기, 말씀드렸지요? 야OO라는 패턴영어를 잠깐 공부했다죠. "How much is this?" 여행을 가서 배운 패턴을 하나 썼습니다. 상인이 맞받아 얼마라고 답변을 했습니다. 그걸로 대화는 끝이 나버렸습니다. 만약 상인이 잘못 알아듣고서 "근데, 저희 가게는 어떻게 알고 오셨어요?"라고 물었다면 어찌 됐을까요? 예컨대 상대가 정해진 '합'에 없는 말을 던지거나, 뭐라 뭐라 말을 쏟아내면 어떻게 됐을까요. 난감하고 딱한 상황이 되었겠죠.

회화의 수준을 초급, 중급, 고급으로 생각할 수는 있습니다. 그러나 초급 회화도 일정한 어휘력 안에서 다뤄지는 실제의 대화인 것이지 짜여진 각본에 의한 '합 맞추기'가 아닙니다. 영어를 배우려면 출발부터 '내가 무엇을 하려고 하는가'를 분명히 해야 합니다. 회화의 정의부터 알고 시작해야 하지요.

회화는 상대가 하는 말을 잘 알아듣고, 또한 내 생각을 잘 전달할 수 있어야 합니다. 이러는 과정에서 다소 문법이 틀릴 수도 있고, 때에 따라서는 바디랭귀지를 섞게 될 수도 있습니다. 말하자면, '저분은 회화가 되기는 하는데 틀리는 것도 좀 있네.'라는 말을 들으면 잘하고 있는 것입니다. 그러나 '합'이 틀어졌을 때 꿀 먹은 벙어리가 된다면 그건 회화를 배운 게 아닙니다.

'합 맞추기'를 회화라고 생각한다면 '3주 완성', '2주 완성', 이런 상품들의 선전도 용서될 수 있을 것입니다. 그런 식이면 저희는 '5일 완성'이라는 책도 펴낼 수 있습니다. 그런 책을 만드는 건 넉넉히 15일이면 됩니다. 그런 책을 내면 우리 독자들이 이렇게 말씀하실 것입니다. "왜 그러세요? 좀 이상해졌어요." 때마침 한 분께서 이렇게 추천사를 주셨습니다.

"영어탈피를 보면 장자의 '우물 안 개구리와 거북이의 우화'가 생각이 난다. 중요한 것은 어휘력이다. 우물 안 개구리식 영어를 하려면 패턴영어, 소리영어, 영문장 암기 등을 하면 그만이다. 하지만 거북이가 태평양으로 나와 고래와 대화를 하려면 반드시 이 책을 읽어야 한다."_얼씨구나조타 님

머지않아 '영어탈피 패턴영어' 책도 출판이 됩니다. 그리고 지금 팟캐스트를 통해 패턴영어 강의도 해드리고 있습니다. 그러나 저희는 분명히 합니다. "이 책이나 이 강의는 회화를 완성하는 게 아닙니다. 기초 문법이 전혀 안 되어 있는 분이라면 잠깐 가볍게 이용하시기 바랍니다. 영어에 대한 관심은 더 생길 것입니다. 울렁증도 좀 개선될 것입니다." 이런 정도입니다. 만약 광고를 한다면 이런 정도를 넘지 않아야 합니다.

어쨌든 명색이 교육 상품 아닙니까? 하나 마나 한 것을 그런 식으로 부풀려 포장할 수 있는 용기(?)는 어디서 나오는 것일까요. 참

대단한 사람들입니다. 자, 수앤유 님과 나눈 대화입니다.

진행자: 어학연수나 유학을 짧게라도 다녀오신 적이 있나요?

수앤유: 아니요. 그런 기회도 없었고 그냥 해외여행 몇 번 나갔다 온 게 다예요.

진행자: 그럼 순수하게 한국 안에서 영어를 배우신 거네요?

수앤유: 네, 그렇죠.

진행자: 근데 요즘 유행하고 있는 책들을 보면, 간단한 회화책 한 권을 다 외우면, 또는 500문장만 외우면 영어가 된다는 책을 낸 분들이 꽤 많고 또 굉장히 잘 팔리고 있습니다. 사실 수앤유님의 열정 정도면 500문장 외우는 거, 식은 죽 먹기일 것 같거든요. 굉장히 짧은 시간 안에 외워 내실 수 있을 것 같은데 이런 공부법에 대해서는 어떻게 생각하시나요? 왜냐면 500문장만 외워서 된다면, 1달 안에도 공부를 끝낼 수 있다는 얘긴데…. 사실 더 빨리 끝낼 방법이 있을 수도 있잖아요? 근데 수앤유 님은 영어탈피를 선택하셨어요. 그에 대해서는 후회가 된다거나 다른 걸 한번 해볼 걸, 이런 생각은 안 드시나요?

수앤유: 아유, 절대 후회 없고요. 지금 그런 시중에 출판되는 책들 보면 사람들을 편하게 공부를 시켜준다고 현혹을 하잖아요. 거기에 다 현혹돼 가는 거 같은데. 정말 그것을 함으로써 영어가 실제로 되는 그런, 이렇게 영어탈피처럼 증명을 해주는 카페가 있다든가, 아니면 이렇게 증인이 있다든가, 이런 사람들이 나올지 의문이네요. 결과가 있을 리가 없죠.

NewBrand 님과도 인터뷰를 했습니다. 똑같은 말씀을 하십니다. 직접 영어를 배워 본 사람 입장에서는 상식인 것이죠.

진행자: 혹시 영어탈피를 하기 전에 유학이나 어학연수를 다녀오신 적이 있으셨나요?

NewBrand: 전혀 없어요.

진행자: 그러면 순수하게 한국 안에서만 영어를 배우신 거네요?

NewBrand: 네, 맞아요. 백 퍼센트.

진행자: 시중에 엄청나게 많은 영어 공부법들이 있잖아요. 상품도 많고요. A 상품, B 상품, C 상품, D 상품…, 정말 많죠. A 상품 같은 경우에는 3주 만에 들을 수 있다고 하고 B 상품은 2주 만에 말이 된다고 광고를 해요. 어떻게 생각을 하시나요?

NewBrand: 그게 어떤 (수준의) '말'을 하는지에 따라서 좀 다르고, 또 어떤 (수준의) 것을 '듣는다'는 지를 모르겠는데…, 그게 (무엇인지가) 빠져있는 거 같아요. 뭐, 2주 만에 말, 할 수 있겠죠. 뭐, 몇 가지 배워서 이렇게 연습하면 말은 할 수 있겠죠. 근데 '어느 정도 (수준의) 말'이냐에 따라 다른 거고, '어느 정도 (수준의) 듣기' 인지에 따라 (다른 거죠). 그래서 그게 참 어느 정도인지가 빠져있는 것 같아요. 근데 보통사람들은 '말을 한다'고 하면 자유롭게 말을 한다는 거로 생각을 하잖아요. 그런 의미에서 보면 허위 광고라고 생각을 하고요. 그런 의미에서 보면 듣기도 허위 광고라고 생각을 해요.

물론, 이 두 분의 말씀, 개인 의견입니다. 그러나 새겨들을 필요가 있습니다.

토익은 기술이 아니다

영어는 여전히 각광 받을 것이라고 했습니다. 두뇌를 줄 세울 방법이 영어만 한 게 없습니다. 사칙연산이 필요 없는 시대는 벌써 예전부터입니다. '4×8=', 이런 한 자릿수 계산 외에는 구구단을 쓸 일이 없습니다. '48×48=', 두 자릿수만 되어도 계산기를 꺼내는 세상입니다. 학교에서만 연필로 풀 뿐입니다. 미적분? 마찬가지입니다. 수학이 없어지지 않는 것은 기초 학문이라는 의미가 큽니다. 그러나 두뇌가 어려워하는, 난도가 높은 과목이라는 이유도 크지요. 사람을 줄 세우는 데 있어 아주 유용한 도구입니다. 영어도 그렇습니다. 어려우니 변별 수단으로서의 지위를 유지합니다.

박지성은 축구 천재입니다. 박지성의 몸값은 발이 아니라 머리에서 나옵니다. 모든 스포츠가 결국 두뇌 싸움입니다. 스포츠만 그런가요? 자본주의, 사회주의 다 똑같습니다. 모든 사회는 두뇌의 수준을 능력이라 이름 붙여 줄 세우기를 합니다. 머리 좋아야 살아남는다는 얘기입니다. 슬프지만 현실입니다. 그래서 이 책은 영어 방법론을 다루고 있지만, 한편으로는 일종의 자기계발서이기도 합니다. 그리고 사례로 소개해 드리고 있는 분들은 자기 계발을 성공적으로 진행하고 있는 것입니다.

영어 시험, 징글징글하실 것입니다. If you can't avoid it, enjoy it! 피할 수 없다면 즐기십시오. 욕하고 화내 봐야 아무 소용없습니다. 잘 푸는 방법을 연구하는 것이 슬기롭습니다.

대표적인 몇 가지 시험 문제를 풀어 봤습니다. 아래 QR코드 보이시죠? 유튜브 동영상입니다. 지금 바로 재생해서 보시기 바랍니다. 시험 문제 푸는 요령을 강의하는 방송이 아닙니다. 저희가 영어 문제를 푸는 방식을 그대로 보여드리는 것입니다. 일단 먼저 보시기 바랍니다.

✱ 공지: 현재 영상 제작 중 입니다. 완료되는 대로 이 링크에 업데이트 할 것입니다. 2018. 9. 30까지 완료하겠습니다.

- 수능, 공무원, 토익 문제 풀이 시범 -

여러분의 입장이 되어 풀어 봤습니다. 그런데 푸는 방법은 다를 것입니다. 아니, 똑같을 것입니다. 무엇이 다르고 같을까요? 다른 점은 영어 시험지를 푸는 방식이 다릅니다. 같은 점은, 여러분이 한국어 시험 문제지를 푸는 것과 일치합니다. 저희는 영어 문제도 한국어 문제도 모두 한국어 문제지를 푸는 방식으로 합니다. 그게 올바르고 자연스러운 방법이기 때문입니다. 하지만 여러분은 영어 문제지는 이상한 방식으로 풀고 있습니다. '토익은 기술(?)이다'와 같은 방법으로 하고 있으니 저희와 같을 수가 없습니다.

저희는 모든 내용을 잘 이해하고 풉니다. 여러분이 국어 시험 문제를 풀 때와 같습니다. 그래서 잠깐 딴생각을 하지 않는 한 만점은 어려운 것이 아닙니다. 원리와 방법이 있습니다. 외국어가 아니라 모국어처럼 읽히고 들리기 때문입니다. 영어가 아니라 한국어처럼 들리고 읽히면 다 맞힐 수 있죠.

앞서 봤던 수앤유, NewBrand, Aromtas, 앤디리, KIM실장, 꿍까꿍까, 시골어부, 최제레미 님 등, 이분들은 어떻게 풀까요? 네, 저희와 같은 방법으로 풉니다. 영어가 되는 까닭이지요. 시험 요령도 발휘하지 않겠냐고요? 네, 이미 배운 기술(?)이 있으니 그것도 도움을 받습니다. 그러나 그건 질적으로 다른 얘기입니다. 기출 문제를 풀어 보고 응시하면 되는 정도죠. 본질이 아니란 얘기입니다.

평소에 공부를 조금 해놓은 분들, 예컨대 중상 정도 되는 분들이라면 6개월 바짝 공부해서 회화까지 되면서 고득점도 얻는 길을 가십시오. 예를 들어, 지문 독해는 키워드를 찾아 줄거리를 유추하는 그런 행위가 아닙니다. 그런 방법은 진부한 것이죠. 키워드 분석 같은 방법 많이 사용하시죠? 찍는 능력을 기르는 것인데요, 그 찍기 기술도 거저 얻어지는 게 아닙니다. 학원, 인강 열심히 들어야 합니다. 많은 시간과 비용이 들어간다는 얘기입니다. 그런 엉뚱한 방법에 쓸 시간을 아껴서 제대로 공부하는 데 쓰십시오.

문법은 말하는 규칙입니다. 여러 말들을 펼쳐놓고 그 규칙성을 학자들이 정리한 것입니다. 말이 되면, 시험 문제는 어색해 보이는 것을 찾으면 그게 답입니다.

왜 너만 과자(　) 먹는 거야.
❶ 이　❷ 가　❸ 을　❹ 를

4번 '를'이 답이죠? 왜죠? 나머지는 그냥 이상하니까. 회화가 되면 이렇게 풉니다.

영어라고 가정하고, 학원에서 배우는 방식으로 풀어 보겠습니다. '과자'가 목적어인데 1번과 2번은 주격조사다. 일단 제외다. 3번과 4번이 목적격 조사다. 그런데 목적어 '과자'의 종성 즉, 받침이 없다. 없으면 '을'이 아니라 '를'을 써야 한다. 그게 문법 이론이다. 이렇게 풉니다. 답을 맞히기는 했습니다. 이렇게 푸는 사람은 진짜 영어를 배울 수 없습니다. 그냥 문제 풀이 로봇일 뿐입니다.

문제지의 구성을 보겠습니다. 수능, 토익, 공무원 시험, 모든 영어 시험은 구성이 엇비슷합니다. '너 이 단어 아니?' 직접적으로 어휘력을 묻는 것. '너 이거 듣거나 읽고 이해할 수 있니?' 독해 능력을 묻는 것. '너 여기서 틀린 어법이 뭔지 아니?' 문법 이론을 묻는 것.

이 모든 것을 해결하는 열쇠가 있습니다. 출발점입니다. 어휘력이 그것입니다. 단어를 많이, 또 제대로 아는 것입니다. 진짜 회화를 할 때도 그렇고, 요령과 찍기로 문제를 풀 때마저도 단어를 모르면 아무것도 할 수 없습니다.

번역기가 있어도 영어가 경쟁력이라는 사실은 변하지 않습니다. 대신 영어 시험 제도나 방식은 변화를 가져올 것입니다. 번역기의 등장은 현행의 시대착오적 영어 교육의 불필요성을 드러내었습니다. 머지않아 '말이 되는 교육을 하라'는 외침이 일 것입니다. 그간엔

해도 해도 안 됐기에 이 외침은 힘을 얻지 못했습니다. 그러나 '하면 되어버리는' 도구와 방법이 나왔습니다. 사정이 달라졌습니다.

시험 제도도 달라질 수밖에 없습니다. 진짜 영어 실력이 변별되지 않는 현행의 시험은 곧 수술대에 오를 것입니다. '토익은 기술이다'는 못된 표현이지만 잘 지은 광고이기는 합니다. 영어를 하지 못해도 문제는 풀 수 있다는 얘기지요. 이는 진짜 실력을 가려내는 변별 수단이 아니라는 자백입니다.

조만간 진짜 실력을 가려내는 방향으로 준비가 될 것입니다. 2~3분만 면접하면 영어 실력을 알 수 있습니다. 외워서 오는 자기소개 같은 것을 시킬 일은 없습니다. 영어가 되는 사람은 상대가 영어를 할 수 있는지 아닌지 순식간에 가려냅니다. 기계적으로도 얼마든지 가능합니다. AI 기술은 이런 데 쓰일 것입니다.

가랑비에 옷 젖지 않는다, 공부는 선택과 집중이다

시험을 목적으로 하든 유창한 영어를 하고자 하든 기간은 짧게 잡으십시오. 당연한 말이지만 흘려듣지 말아야 합니다. '고시폐인'이라는 말이 있습니다. 고시 공부에 청춘을 바친 수험생이 뜻을 이루지 못한 채 여전히 포기하지 못하는 경우를 말합니다. 붙을 사람은 1~2년이면 되고, 안 될 사람은 10년을 해도 못 붙는다는 말도 있습니다.

IQ 등, 개인의 재능이나 성향은 배제하고 보겠습니다. 그러면 '어떻게 했기에 그런 결과가 나온 거지?' 즉, 진행 과정에 대한 얘기가 남습니다. 그중 큰 것이 '일정 관리'와 '시간 안배'입니다.

기초가 있는 경우라면 영어 마스터 금방 된다고 했습니다. 그런데 1년이 지나도 2년이 지나도 안 되는 경우가 있습니다.

두 가지 이유입니다.

하나는 '해 봤자 안 될 것이다'라는 패배 의식입니다. 독학으로 영어가 됐다는 얘기는 '순간 포착 세상에 이런 일이' 같은 데서나 보게 됩니다. 주변에서 본 적이 없는 것이죠. 동기부여를 할 수 있는 무언가가 없었습니다. 그러나 지금은 마음만 먹으면 내가 누군가의 등대가 될 수도 있습니다. 하면 되는 것입니다. 수앤유 님은 영어탈피를 처음 만나자마자 '바로 내가 찾던 방법이다' 이렇게 느끼셨다죠. 패배 의식을 날려 버렸습니다. 성공은 시간과의 동행이면 되는 때 놓은 당상이었습니다.

다른 하나는 기억, 특히 장기 기억과 저장에 대한 메커니즘을 모르기 때문입니다. 시간 안배에 대한 개념이 없다는 얘기입니다. 그런 원리는 학자들이 잘 압니다. 이론적으로 설명도 잘합니다. 그런데 잘 아는 사람들이 또 있습니다. '합격' 해 본 사람들입니다. 원리를 물으면 대답을 잘 못 합니다. 대신 합격을 해 본 사람은 다른 것을 할 때도 시간 안배를 잘합니다. 설명은 하지 못해도 몸은 잘 알고 있는 것이죠.

잠깐 쉬어 가겠습니다.

방금 카페에 조지와싱턴 님께서 장문의 후기를 남기셨군요. 영국 대학원에 가게 되어 곧 출국하신다고 합니다. 올해 1월부터 6~7개월 동안 '영어탈피 초급편'을 하셨다는군요. 유학에 어려움이 없을 만큼 성과가 나와 기쁘고 감사하다는 내용입니다. 책을 쓴다고 했더니 따로 추천사도 보내오셨네요.

"10년간 영어에 무수히 많은 돈을 들였지만, 번번이 실패로 끝나다, 영어탈피를 알게 되어 마지막이라는 심정으로 올인 했고, 마침내 원하는 점수를 얻어 영국 대학원을 진학 할 수 있게 되었습니다. 회화 실력 또한 원어민 강사가 놀랄 정도로 큰 향상을 이뤘습니다. 누군가 공부법을 묻는다면 망설임 없이 영어탈피만 하라고 추천할 것입니다." _ 상현준(조지와싱턴) 님

후기를 시작하면서 이런 말씀을 하십니다.

"저는 영국 대학원 진학을 목표로 학원에 다니며 아이엘츠IELTS 시험을 준비하고 있었습니다. 하지만 너무 성적이 나오질 않아 고민하던 중 2016년 9월 영어탈피와 첫 인연을 맺었습니다. 9월부터 다음 해 1월까지 4개월 동안 영어탈피 1단계를 완료하고 본 시험에서 그동안 받지 못했던 리딩 점수를 잘 받고 급 흥분하였고, 그 뒤 시험 유형에 대해 익숙해지고 공부하면서 가장 낮은 커트라인을 넘길 수 있었습니다. 그러면서 커트라인을 넘겼다는 자만심에 '굳이 할 필요가 있겠어?' 이런 생각으로 2단계는 바이 바이 했죠. 그리고 2017년 5월 영국에 갔다가 호되게 저의 실력을 평가받고 다시 한국으로 돌아왔습니다."

영국 대학원 진학의 목표를 작년에는 이루지 못했다는 얘기입니다. 이왕 할 때 계속 밀어붙였어야 했는데 멈춘 것입니다. 2년 만에 알려 오신 오늘의 낭보는 사실 1년 전에 가능했습니다. 이런 말씀도 써 주셨습니다.

"영어탈피를 꾸준히 하면서 영어 실력을 얻은 것뿐만 아니라 인생을 살아가면서 겪게 될 어려운 부분들에서도 '처음에는 어렵지만, 충분히 반복하다 보면 익숙해지고 마침내 그것을 해낼 수 있다'라는 값진 진리를 배운 것 같습니다."

조지와싱턴 님은 꾸준함의 중요성도 배웠지만 '성취의 방법과 팁'도 배웠습니다. 다른 과목에도 응용하실 것입니다. 공부가 되는 메커니즘을 몸으로 안 것입니다. 어떤 공부를 하든 지지부진하지 않을 것입니다. 그게 독이라는 사실을 너무나 잘 알게 되었습니다.

'가랑비에 옷 젖는 줄 모른다.'는 말, 가랑비에 옷이 젖을까요? 이슬비로 해 보죠. 이게 더 가는 비니까. 이슬비에 옷이 젖을까요? 네, 오래 맞으면 젖을 수 있습니다. 그런데 바람이 산들산들 붑니다. 햇볕도 좀 나네요. 젖어 들기도 전에 말라버리지 않겠습니까?

영어, 가랑비에 옷 젖듯이 하라는 사람들이 있습니다. 하루 10분, 하루 30단어, 하루 10문장 외우기…, 이런 식의 공부법이 그 예겠습니다. 꾸준함의 중요성 외에는 귀담아들을 게 없습니다. 결과적으로 그런 식으로 해서 성공한 사람이 거의 없습니다. 성공한 사람이 있다면 10년은 공부를 한 것이죠. 그냥 하다 말다만 반복하다 끝납니다.

미국에서 영어를 배운다고 생각해 봅시다. 들리는 말이라고는 영어밖에는 없습니다. 비록 이슬비지만 줄기차게 집요하게 계속 내립니다. 그러니 이슬비라도 종일 맞기 때문에 2~3년 정도 있으면 얼추 영어가 됩니다. 7천~1만 시간 정도 소요되는 것이죠.

그런데 한국에서 영어를 배우는 것은 다릅니다. 하루 30분 영어 하자? 하루 16시간 중 고작 30분 이슬비가 내립니다. 나머지 15.5시간은 한국어라는 산들바람과 햇볕이 내리쬡니다. 옷이 젖을 턱이 없습니다. 한국어가 영어를 다 말려버리고 맙니다. 하는 둥 마는 둥 해도 옷이 젖을 거라는 건 '파는 사람들'의 마케팅일 뿐입니다. 그래서 그것을 믿으면 '호갱' 소리를 듣습니다.

빠른 성공은 1일 학습 강도를 높이는 것입니다. 총 1천 시간을 공부하더라도 1년 동안 하는 것보다는 6개월로 당겨서 하는 것이 좋습니다. 물론 6개월보다는 3개월을 목표로 1일 학습 강도를 더 높이는 것도 방법입니다. 시간적 여유가 있고 간절한 마음이 있다면 못 할 일도 아닙니다. 너무 당겨 하면 집중력 저하가 생겨 불리할 수 있다고요? 그럴 수도 있습니다. 그렇더라도 3개월이 안 되면 4개월이면 끝낼 수 있습니다. 5개월까지 안 가는 게 어딥니까? 숲과 나무를 함께 보면 됩니다.

아무튼 시간을 느슨하게 잡는 것은 좋지 않습니다. 기억은 망각과의 싸움입니다. 이슬비는 기억이고 산들바람은 망각입니다. 확실히 젖게 하려면 더 퍼붓는 수밖에 없습니다. 그렇지 못하면 시간만 가고 결국 밑 빠진 독에 물 붓기가 됩니다. 이건 도구 탓도 방법 탓도 못 합니다. 내 탓인 것이죠.

저희가 NewBrand 님께 후배 영탈족들에게 한 말씀 해달라고 했습니다. 그랬더니 이렇게 말씀을 해주셨습니다.

"기간을 길게 가져가지 않았으면 좋겠습니다. 단기간에 많이 반복을 하세요. 할 수 있다면 하루 종일이라도 해서 빨리 끝내는 게 좋습니다. 그렇게 하면 영어가 되고, 영어가 되면 정말 신세계가 열립니다."

2장

파를 심고 가꿔라
First, let's lay the groundwork.

씨앗으로는 파전 못 부친다, 파부터 길러라

영어탈피는 도구다, 썩 괜찮은!

파 씨앗으로는 파전을 부치지 못합니다. 몇 달은 정성껏 심고 가꾸어야 합니다. 너무 투박한 비유인가요? 파전 하나 먹기 위해서도 절차와 이치가 있습니다. 농부는 다 압니다, 가벼이 넘기면 안 된다는 걸.

> **도구**道具
> 1. 일을 할 때 쓰는 연장을 통틀어 이르는 말
>   세면도구 잘 챙겼어?
> 2. 어떤 목적을 이루기 위한 수단이나 방법
>   언어는 사람의 감정을 표현하는 도구입니다.

사상누각 沙上樓閣

지진에도 끄떡없는 100층 마천루는 땅속 깊이 박힌 기초 공사가 핵심입니다. 영어도 그렇습니다. 기초만 튼튼하면 그 나머지는 시간이 해결해 줍니다.

기초를 탄탄히 해야 하는 것은 당위當爲입니다. 아무도 이 말을 부정한 사람이 없습니다. 하지만 기초를 쌓으려 들면 힘들다는 생각부터 듭니다. 중요하고 늘 강조되지만 늘 피하고 싶습니다.

"기초부터 튼튼히 하라고? 그걸 누가 몰라? 뭐로 해 그걸?!"

바로 도구 즉, 연장이 필요합니다. 게으름뱅이가 아닌 이상 연장만 괜찮으면 의자 하나쯤은 뚝딱 만들 수 있습니다. 기초를 튼튼히 하는 것은 필수입니다. 그래서 당위입니다. 그러나 영어 공부는 당위만 가지고 되는 게 아닙니다.

"여기서는 to부정사를 써야 하는 거야, 알았지?"

"음, 그리고 여기서는 동명사가 맞아. 다음엔 틀리지 마."

"자, 오늘 수업 끝. 단어가 모든 것의 시작이라는 거 알지? 집에 가서 외워 와."

이런 식도 당위를 강조하는 것입니다. 학생에게 필요한 것은 잘 갈고 닦여진 연장을 쥐여 주는 것입니다. '이렇게 해라'가 아니라 '이걸로 해라'여야 합니다. 한국의 영어 교육에는 도구가 없었습니다. 영어 교과서요? 당최 용도를 알 수 없고, 어떤 기여를 한 걸 본 적이 없습니다. 도구라 하기가 민망합니다.

당신이 원하는 꿈의 도구는 무엇입니까? 회화도 술술 되고 성적도 쑥쑥 오르게 하는 그런 도구인가요? 네, 영어탈피는 썩 괜찮은 도구입니다. 증명된 도구입니다.

스트레스 없는, 놀면서 하는 그런 도구를 원하시나요? 영어탈피는 스트레스가 있습니다. 공부는 노는 게 아닙니다. 스트레스는 공부가 되고 있다는 신호입니다. 따라서 피할 수 있는 성질의 것이 아닙니다. 목적의식을 가지고 스스로 즐기는 게 영리한 사람입니다.

고생이란, 하기 싫은 것을 하는 것입니다. 그래서 합격증도 다들 하기 싫어하는 것을 피하지 않고 한 사람에게 돌아갑니다. 고생을 피하지 마십시오. '고생 없이 된다.'는 곳만 피하면 큰 고생은 하지 않습니다. 이제 도구, 영어탈피를 살펴봅시다.

實事求是
영어탈피는 실사구시다

5년 전, 영어탈피를 소개하는 영상을 유튜브에 올렸습니다. 제목은 '영어 잘하는 법'. 90% 넘는 호평을 받은 만큼 댓글도 좋았습니다.

"우리나라 영어 수업을 완전히 바꿔야 할 것 같은 내용이네요. 외국인은 한국말을 쉽게 배우는 데 반해 우리나라 사람들은 왜 영어를 오랜 기간을 하고도 한 마디를 제대로 못 할까 생각했는데 그 오랜 문제점을 콕 집어주시네요."_내사랑대한민국 님

"이런 동영상을 보게 된 건 행운입니다!!"_희은 님

"교육부 장관 추천합니다."_기동이 님

호평만 있었을까요? 그럴 리가요. "책 팔려고 용쓴다.ㅋ" 이런 혹평도 있습니다. 또 이렇게 말씀하시는 분들도 계셨습니다.

"광고였지만 좋은 내용이었습니다."_조은강 님

"정말 좋은 정보네요! 광고인 게 안 느껴질 정도로요!"_kei 님

이 말씀도 보람 있었습니다. 하지만 '광고'라는 말씀에 살짝 억울한(?) 마음도 있었습니다. 저희는 영어를 잘할 수 있는 방법을 분명하게 알려드리기 위해 이 영상을 제작한 것입니다. 그래 놓고는 진부하게 'CNN이나 들으세요', '영어 일기나 쓰세요', '교과서 하나 냅다 외우세요' 이럴 수는 없었죠. 영어가 되도록 하는 도구가 무엇인지 정확히 알려드려야 했습니다. 문제는 그런 도구가 시중에는 없었습니다. 당연합니다. 그런 도구가 있었다면 이미 사람들은 너도나도 영어가 됐어야 맞으니까요.

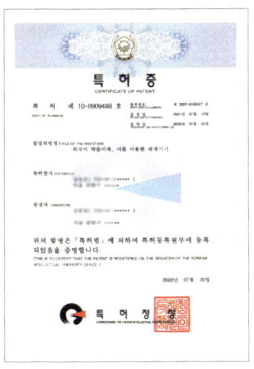

'언어란 무엇인가?, 듣기와 말하기의 실체는 무엇인가?' 이렇게 과학적 접근 방법으로 다가갔습니다. 실사구시를 했습니다. 영어탈피는 정식으로 특허 받은 공부법입니다. 영어탈피라는 '도구'는 이 특허를 기반으로 교재로 다시 태어났습니다.

'책 팔이'라는 말까지는 듣고 싶지 않지만, 광고의 목적도

분명했습니다. 부인하지 않습니다. '비록 광고였지만 좋은 내용이었습니다.' 이 말씀이면 충분합니다.

단어는 언어의 뼈와 살이다

한국어처럼 영어가 되려면 듣는 즉시 이해가 되는 직청직해(리스닝, 순청순해)가 되어야 합니다. 시험지 지문도 한국어처럼 읽을 수 있어야 합니다. 직독직해(리딩, 순독순해)가 그것입니다. 이 두 가지가 언어의 인풋input입니다. 그리고 이것의 다른 측면이 말하기(스피킹)와 쓰기(라이팅)입니다. 아웃풋output이죠. 상대가 인풋을 잘할 수 있도록 아웃풋을 해주면 대화가 원활합니다. 인풋과 아웃풋은 수십만 년 전 인간이 언어를 만들 때 그렇게 약속을 한 것입니다.

단어word는 인풋과 아웃풋을 구성하는 뼈와 살입니다. '살'이라는 건 이해가 되는데 '뼈'라는 것은 이해가 잘 안 될 수도 있겠습니다. 뒤에서 다시 말씀드리겠습니다. 중요합니다.

언어에 있어 단어는 뼈와 살입니다. 이 말씀을 드리는 이유가 있습니다. 바로 단어는 익힐 당시부터 반드시 뼈와 살로 쓰일 수 있도록 배워 둬야 합니다. 여러분들, 한국어는 그렇게 배웠습니다.

직독직해, 직청직해 한국어는 되는데 영어는 안 된다?

다음 글을 일단 한번 읽어 보십시오.

"너 내일 나랑 자전거 탈래? 싫어? 흥칫뽕이다. 에잇, 커피도 쓰네. 여기다 설탕 두 스푼만 타 줘. 그래도 여기 운치는 있다. 낙엽 타는 냄새가 꽤 좋다. 그치? 근데 너 아직도 부모님께 용돈 타 쓰니? 양심 좀 탑재해라. 제발."

혹시 이상하게 느끼신 부분이 있나요? 아무 느낌 없으셨죠? 그냥 '누군가가 이야기를 하고 있구나'라고 생각하셨을 것입니다. 그런데 평범한 이 지문 하나에서도 여러분의 '언어 뇌'는 엄청난 확률 극복 신공을 발휘했습니다. 자, 봅시다.

"너 내일 나랑 자전거 탈래[2]? 싫어? 흥칫뽕이다. 에잇, 커피도 쓰네. 여기다 설탕 두 스푼만 타[3] 줘. 그래도 여기 운치는 있다. 낙엽 타는[1] 냄새가 꽤 좋다. 그치? 근데 너 아직도 부모님께 용돈 타[4] 쓰니? 양심 좀 탑재해라. 제발."

이 짧은 지문에 한국어 단어 '타다'가 네 가지나 들어가 있습니다. 네 개가 아니라 네 가지입니다. 별 관심이 없었을 것입니다. 이 네 가지가 모두 다른 '타다'라는 것도 신경 쓰지 않았을 것입니다. 좀 풀어내 보겠습니다.

너 내일 나랑 자전거 탈래²?

설탕 두 스푼만 타³ 줘.

낙엽 타는¹ 냄새가 꽤 좋다.

너 아직도 부모님께 용돈 타⁴ 쓰니?

 모두 다른 '타다' 맞죠? 타다²는 영어로는 'ride', 타다³은 'put', 타다¹은 'burn', 타다⁴는 'get', 이렇게 각각의 '타다'입니다. '아, 이 단어들이 생김새는 같지만 서로 다른 것이었구나'라고 생각할 틈도 없이 읽는 순간 '각각 다른 별개의 단어'로 뇌가 인식해버린 것입니다.

 타다²가 쓰인 다음 문장을 보겠습니다.

너 내일 나랑 자전거 탈래²?

 이 '타다'를 읽는 데 있어 다른 '타다'인 1, 3, 4는 전혀 생각이 나지 않습니다. 유일하게 'ride'라는 타다²만 뇌리에 빛의 속도로 꽂히는 것입니다. 이게 바로 직독직해와 직청직해가 가능한 원리입니다. 한국어는 되고 있는데 아직 영어는 안 되는 것이죠. 당연하다고 생각하시겠지만, 앞으로 배울 영어를 생각한다면 놀라운 일입니다.

 '타다'의 뜻을 좀 보겠습니다.

타다¹

1 . 불씨나 높은 열로 불이 붙어 번지거나 불꽃이 일어나다.
2 . 피부가 햇볕을 오래 쬐어 검은색으로 변하다.
3 . 마음이 몹시 달다.
4 . 물기가 없어 바싹 마르다.

타다²

1. 탈것이나 짐승의 등 따위에 몸을 얹다.
2. 도로, 줄, 산, 나무, 바위 따위를 밟고 오르거나 그것을 따라 지나가다.
3. 어떤 조건이나 시간, 기회 등을 이용하다.
4. 바람이나 물결, 전파 따위에 실려 퍼지다.
5. 바닥이 미끄러운 곳에서 어떤 기구를 이용하여 달리다.
6. 그네나 시소 따위의 놀이 기구에 몸을 싣고 움직이다.
7. 의거하는 계통, 질서나 선을 밟다.

타다³

1. 다량의 액체에 소량의 액체나 가루 따위를 넣어 섞다.

타다⁴

1. 몫으로 주는 돈이나 물건 따위를 받다.
2. 복이나 재주, 운명 따위를 선천적으로 지니다.

타다⁵

1. 박 따위를 톱 같은 기구를 써서 밀었다 당겼다 하여 갈라지게 하다.
2. 줄이나 골을 내어 두 쪽으로 나누다.
3. 콩, 팥 따위를 맷돌에 갈아서 알알이 쪼개다.

타다⁶

1. 악기의 줄을 퉁기거나 건반을 눌러 소리를 내다.

타다⁷

1. 먼지나 때 따위가 쉽게 달라붙는 성질을 가지다.
2. 몸에 독한 기운 따위의 자극을 쉽게 받다.
3. 부끄럼 따위의 감정이나 간지럼 따위의 육체적 느낌을 쉽게 느끼다.
4. 계절이나 기후의 영향을 쉽게 받다.

타다[8]

1. 목화를 씨아로 틀어서 씨를 빼내고 활줄로 튀기어 퍼지게 하다.

타다[9]

1. 사람이나 물건이 많은 사람의 손길이 미쳐 약하여지거나 나빠지다.
2. 물건 따위가 가져가는 사람이 있어 자주 없어지다.

이렇듯 25개 정도의 뜻이 있습니다. 영어만 뜻이 여러 개인 것이 아니라 한국어도 그렇습니다. 사실 '뜻이 여러 개다'라는 말은 틀린 말입니다. 그러나 우선 여기서는 그렇게 말씀드리겠습니다.

"너 내일 나랑 자전거 탈래[1~25]? 싫어? 흥칫뿡이다. 에잇, 커피도 쓰네. 여기다 설탕 두 스푼만 타[1~25] 줘. 그래도 여기 운치는 있다. 낙엽 타는[1~25] 냄새가 꽤 좋다. 그치? 근데 너 아직도 부모님께 용돈 타[1~25] 쓰니? 양심 좀 탑재해라. 제발."

다시 지문을 보겠습니다. '타다'를 모양만 놓고 생각한다면, 해석될 수 있는 경우의 수는 확률적으로 각각 '타다[1, 2, 3, 4, 5, 6, 7, 8, 9, 10, 11, 12, 13, 14, 15, 16, 17, 18, 19, 20, 21, 22, 23, 24, 25]', 이렇습니다. 뜻이 25개이기 때문입니다.

사실이 이렇습니다. 그런데도 여러분은 아주 빠른 속도로, 정확히 각각에 지정된 뜻의 '타다'로 특정을 해낸 것입니다. 순간의 속도로 한 치의 오차도 없이 이해했다는 말입니다.

물론 당연합니다. 여러분은 한국인이니까요. 너무나 당연한 것인데 '확률 극복 신공'이라고 하니 의아했을 것입니다. 그렇지만 신공神工

맞습니다. 여러분이 영어 지문을 만났을 때와 비교를 하면 신의 비급이 필요할 정도의 엄청난 신공이죠.

"Everyone, please raise1~30 your glass. I would like to propose a toast. I am pleased to announce that we have successfully raised 1~30 funds to build a daycare center. Thank you all for your generous donations. We have many women here who are working and raising1~30 children at the same time. The need for an in-house daycare center has grown over the years. Whenever the issue was raised1~30 to the board, it was considered less important and was not discussed.…"

"여러분, 잔을 들어1~30주십시오. 건배를 제안코자 합니다. 어린이집을 짓는 데 필요한 자금을 성공적으로 모금했1~30음을 알려드리게 되어 기쁩니다. 후하게 기부해주셔서 정말 감사합니다. 이 자리에 계신 많은 여성들께서 일을 하는 동시에 자녀를 양육하1~30고 있습니다. 사내 어린이집에 대한 필요성은 계속 증가해 왔습니다. 이사회에 이 안건을 올릴1~30 때마다 중요성이 덜 하다 여겨 안건으로 다루지 않았습니다.…"

이 영어 지문을 보십시오. 영단어 raise도 뜻이 엄청 많습니다. 사전에 따라 다르긴 하지만 보통 30개쯤 됩니다. 어떠신가요? 한국어처럼 직독직해 신공이 발휘되나요? raise라는 단어가 중복되어 나온 줄도 모를 정도의 빠른 속도로, 정확히 각각의 지정된 뜻의 raise로 특정이 되나요? 순간의 속도로 한 치의 오차도 없이 이해를 할 수 있느냐를 묻는 것입니다.

　수앤유 님, NewBrand 님 등은 한국어는 당연하고 영어로도 이게 가능합니다. 홀로서기가 되므로 하산해도 되는 분들이죠. 여러분도 이렇게 되길 원해 이 책을 보는 것이고요. 다른 식으로 생각을 해 보겠습니다. 아까 봤던 다음 문장을 미국인이 읽는다고 생각을 해 보세요. 미국인의 입장이 되어 보시라는 말씀입니다.

　"너 내일 나랑 자전거 탈래$^{1\sim25}$? 싫어? 홍칫뽕이다. 에잇, 커피도 쓰네. 여기다 설탕 두 스푼만 타$^{1\sim25}$ 줘. 그래도 여기 운치는 있다. 낙엽 타는$^{1\sim25}$ 냄새가 꽤 좋다. 그치? 근데 너 아직도 부모님께 용돈 타$^{1\sim25}$ 쓰니? 양심 좀 탑재해라. 제발."

　여러분이 영어를 배우는 식으로 한국어를 배운다고 생각하면 미국인도 똑같이 이 지문 앞에서 머리 잡고 쓰러집니다. 미쳐 돌아 버리는 것이죠. '한포자'가 속출하고 맙니다. '영포자'의 길로 속속 접어들었던 분들이 겪은 영어 지문의 공포가 그대로 재현됩니다.

　직독직해, 직청직해가 모국어처럼 되려면 애초에 외국어 단어를 공부할 때 이런 문제가 생기지 않도록 익혀둬야 합니다. 그 얘기를 해 보도록 하겠습니다.

끔찍했던 한때, 그리고 격세지감
隔世之感

에피소드를 하나 말씀드려야겠습니다. 5년 전, 저희는 겁도 없이(?) 이 화두를 세상에 던졌습니다.

'모든 단어는 단 하나의 뜻만을 지닌다. 복수의 뜻을 가질 수 없다'

그 1년 후 영어탈피를 시도 때도 없이 비방하는 사건이 일어났습니다. 어떤 한 사람이 '비판'이라는 얼굴로 '비방의 돌팔매'를 퍼부었습니다.

"출판사가 사기 치고 있다 / 아무런 효과가 없다 / 헛소리를 하고 있다 / 소비자들을 현혹하고 있다 / 속이고 있다 / 혹세무민하고 있다 / 허구다 / 가짜다 / 엉터리 책이다 / 잉크 낭비다 / 지면 낭비다 / 휴짓조각이다 / 쓰레기 책이다 / 못된 교재다 / 이런 교재는 없어져야 한다 / 비효율의 극치다 / 불량식품을 팔고 있다 / 장사치다 / 모순투성이다 / 독자를 골탕 먹이고 있다 / 독자는 돈만 낭비하는 것이다 / 범죄를 저지르고 있다 / 특허를 받은 것도 잘못 준 것이다 / 영어탈피의 방법론은 전혀 새로운 것이 아니다 / 말도 안 되는 개소리다 / 지네들이 뭘 연구했는지 모르겠다 / 대동강 물 팔아먹은 봉이 김선달 뺨을 칠 정도다 / 사이비 종교 같다 / 영어 학습에 크나큰 해악이자 걸림돌이다 / 왜곡하고 있다 / 몰이해하고 있다 / 곡해하고 있다 / 어처구니없다 / 실소를 자아내고 있다 / 무식하다 / 우기고 있다 / 선동하고 있다 / 선무당이 사람 잡는다 / 궤변이다 / 무모한 객기다 / 영어탈피는 암세포다"

육두문자에 가까운 이 말을 모두 한 사람이 했습니다. 여기저기 게시글을 남기고 유튜브 동영상을 올려 공격하기도 했습니다. 대단했죠. '한 단어는 한 뜻만 가진다.'는 말이 그렇게 듣기 싫었나 봅니다.

비판을 해도 근거와 합리성을 갖춰야 합니다. 이런 식이면 사람들이 존중할 수가 없습니다. 너무 막무가내면 도리가 없습니다. 카페 회원들이 저희에게 이분의 의견에 대해 어떻게 생각하느냐는 질문도 많이 하셨죠. 물론 답변도 드렸습니다. 이제 이 책의 내용이 정식 답변이 되겠습니다.

영어탈피의 학습 원리와 구성을 설명하는 오늘, 격세지감을 느낍니다. 오늘 설명할 것들, 당시에도 많은 분들이 호응을 하셨지만 의심의 눈초리도 있었습니다. 비단 위에 언급한 분만이 아닙니다. '정말 될까?', '정말 하나의 단어는 단 하나의 의미만 가지는 것일까?', '그렇게 하다 부작용 생기면 어떡하지?' 처음 경험하는 공부법이니 그럴 만도 합니다. 획기적이라는 감흥 뒤에는 불안도 있게 마련이니까요.

"3년 전 그때만 해도 영어탈피는 많은 공격을 받았다. 사기라느니 말이 안 된다느니 여러 시도(?)가 있었다. 그때마다 이곳은 '정말' 조목조목 반박과 설명을 했다. 내가 아는 바로는 단 한 번도 회피하지 않았던 것 같다. 심지어 토론을 상대에게 제안했다."_NewBrand 님의 추천사 중에서

NewBrand 님의 추천사 내용 중 일부입니다. 조금 놀랐습니다. 이렇게들 다 조용히 지켜보고 계셨습니다. 이런 말을 써 주실

거라고는 상상도 못 했습니다. 무엇을 주장하는 것, 그만큼 말 한마디가 무서운 것 같습니다. 책임감을 많이 느낍니다.

그렇게 이미 시간은 흘렀습니다. 부작용? 당연히 없었습니다. 그러니 영어가 됐던 것입니다. 지금 카페에서 '진짜 한 단어는 한 뜻이에요?' 이렇게 묻는 사람, 전혀 없습니다. 그렇게 만들어진 영어탈피로 공부하고 있습니다. 영어도 되고 고득점도 얻고 있습니다. '옛날에는 의심도 참 많았었는데…'. 옛이야기를 할 때에 이르렀습니다.

이 책은 효율적인 영어 공부법을 소개하는 것이기도 하지만, 영어탈피의 5년 과정을 돌아보는 것이기도 합니다. 우여곡절이 있었습니다. "영어탈피는 영어 학습에 크나큰 해악이자 걸림돌이다"라고 말씀하신 분도 이제는 달리 평가 바랍니다.

사실 어떤 이의 방법론이 온당치 않게 느껴지면, 지적하고 반론하는 것이 맞습니다. 전문가라 자임하면 마땅히 나설 필요가 있습니다. 지금 영어 시장을 보십시오. 소비자에 대한 최소한의 도의도 없습니다. 3주 만에 귀를 뚫어주겠다? 이런 업체들은 다른 곳을 공격조차 하지 않습니다. 오히려 끼리끼리 독점의 카르텔을 형성합니다. 공격하면 곧 논리적 반격이 시작되는데 방어할 논리도 증거물도 없으니 모른 척하는 게 이익입니다. 공격이 곧 자살골임을 잘 압니다. 돈이 되는 시장의 원리를 일찍이 깨우치고 있습니다.

투박할지라도 생각이 다르면 이견을 제시하는 것이 차라리 인간적입니다. 다만 상대를 모욕하거나 명예를 훼손하면 안 되겠지요. 맞고 가만있는 것은 착한 게 아니라 '그름의 악순환'을 방조할 뿐입니다. 그래서 맞고만 있지는 않습니다. 생산적인 토론이 되는 게 좋지요.

'모든 단어는 단 하나의 뜻만을 지닌다. 복수의 뜻을 가질 수 없다'

이 명제, 영어 정복에 있어 매우 중요합니다. 새기시기 바랍니다.

이 책 얼마나 많은 분들께서 보실까요? 베스트셀러요? 바라지 않습니다. '2개월 만에 입이 뚫리는 신비한 경험' 같은 책들이 잘 팔리는 것 같습니다. 그런데 저희는 그런 말은 죽었다 깨어나도 하지 않을 것입니다. 그저 꾸준히 찾는 스테디셀러이길 바랍니다. 제목을 어떻게 지을지 고민했습니다. 고심 끝에 '독자도 되는 영어 공부법' 이렇게 지었습니다. '도'에 방점이 있습니다. '도'는 '결과로써 증명된'의 의미입니다. 그리고 여러분이 산증인입니다.

영어탈피 제1법칙 |
단어 뜻이 여러 개면 각 뜻마다 별개의 단어로 익혀라

세상의 어느 누구도
A의 뜻은 뭐, 뭐, 뭐, 뭐 이러지 않았다

한국어 '타다'. 이 단어의 뜻을 어떻게 외웠는지 기억하세요? 모두 25개의 뜻이 있지만, 그중에서 4개만 보겠습니다.

너 내일 나랑 자전거 탈래[2]?
설탕 두 스푼만 타[3] 줘.
낙엽 타는[1] 냄새가 꽤 좋다.
너 아직도 부모님께 용돈 타[4] 쓰니?

이렇게 각각 뜻이 다릅니다. 자, 기억을 더듬어 봅시다.

타다: (탈것에) 타다, (뭔가를) 넣다, (불에) 타다, (용돈 등을) 받다

이렇게 외웠습니까? '타다'의 뜻은 뭐, 뭐, 뭐, 뭐. 영단어 외우는 방법입니다. 한국어를 이렇게 공부한 사람은 단 한 사람도 없습니다. 개그콘서트에서나 있음 직한 시추에이션이죠.

그냥 크면서 자연스럽게 배웠습니다. 장소도 다르고 시간도 다르죠. 그 뜻이 다르기 때문에 쓰이는 상황도 다를 수밖에 없습니다.

각 뜻별로 따로따로 배웠다는 말입니다.

"너 내일 나랑 자전거 탈래1~25? 싫어? 흥칫뽕이다. 에잇, 커피도 쓰네. 여기다 설탕 두 스푼만 타1~25 줘. 그래도 여기 운치는 있다. 낙엽 타는1~25 냄새가 꽤 좋다. 그치? 근데 너 아직도 부모님께 용돈 타1~25 쓰니? 양심 좀 탑재해라. 제발."

앞서 본 이 지문은 설명을 위해서 '타다'가 쓰이는 문장들을 일부러 모아서 꾸며 본 것입니다. 실제로 배울 때는 시간과 공간이 많이 차이가 납니다. 그렇게 따로따로 배웠는데도 불구하고 이렇게 묶어 놔도 전혀 헷갈리지 않고 잘 구분하는 것이 신기하죠. 인간의 탁월한 능력입니다. 이런 능력이 발휘되도록 언어가 처음에 만들어질 때 그렇게 설계가 된 것입니다. 언어는 문법 학자들이 만든 게 아닙니다. 수십만 년 전 조상님 할아버지들의 작품이죠.

그럼 미국인들은 영단어를 어떻게 배웠을까요? 당연히 똑같습니다. 안 똑같을 수가 없지요. 영단어 raise를 보겠습니다. 이 단어도 뜻이 아주 많습니다. 미국인들? 당연히 그들도 뜻마다 따로따로 각각 배웠습니다. 이렇게요.

❶ (무엇을) 들다

Please raise your hand. 손을 들어주세요.

❷ (돈을) 모금하다

We are raising money for the homeless.
저희는 노숙자들을 위해 모금을 하고 있습니다.

❸ (자녀를) 양육하다

My mom raised us by herself.

엄마는 홀로 우리를 키워내셨어.

❹ (문제를) 제기하다

I was surprised that he raised that subject.

난 걔가 그 문제를 제기해서 놀랐어.

유치원 때 미국에 유학을 간 아이들도 마찬가지입니다. 원어민들과 같은 방법으로 익힙니다. 그렇다면 성인이 돼서 유학을 가면 어떨까요? 마찬가지입니다. 익혀지는 원리는 같습니다.

다음 글은 영어탈피 유튜브 소개 동영상에 붙여진 댓글입니다. 현재 미국에 거주하고 계신 분의 소감입니다.

Taewoo Khang 님의 영어탈피 공부법에 대한 소감

정말 훌륭하십니다.
영어탈피 출판사 여러분, 참으로 어려운 일을 해내셨습니다.
저는 한국에서 군 복무를 마치고, 대학을 졸업하고, 미국에 이민 온 지 16년 차입니다.
26년 전에, 아니 16년 전에라도 이 동영상을 볼 수 있었더라면 그간 해 온 고생을 몇 분의 일로 줄일 수 있었을 텐데요. 이제라도 보게 되었으니 참 다행이지 않을 수 없습니다.

전 미국 와서 전공을 바꾸어 간호학을 전공했고 지금은 현직 간호사로 근무하고 있지만, 아직도 영어의 벽은 높기만 합니다. 간호학 전공 시절, 전공 공부가 반, 영어 공부가 반이었어요. 영어가 너무 짧아서.

그때 전 아무 생각 없이 한 단어에 한 뜻만 외웠습니다. 시간 관계상 한 단어에 여러 뜻을 외울 수 없었거든요. 영어탈피에 관계하시는 님도 미국에서 대학을 다니셨으니 잘 아시겠지만, 대학 시절, 주어진 짧은 시간 내에 엄청난 양의 단어들을 소화해 내야 하는데, 언제 그 단어가 가진 다른 뜻을 볼 시간이 있습니까?

그 단어에 맞는, 필요한 단 하나의 뜻만 찾으면 빨리 다음 단어로 넘어가야지요. 저도 모르게 무의식적으로 그런 식으로 영어를 공부한 대학 시절 4년간이 한국에서 영어를 공부한 중 3년, 고 3년, 대학 4년, 총 10년의 기간보다 몇백 배의 영어 실력 향상을 가져다 주게 되었고, 이제 선생님의 강의를 듣고 나니, 아, 그렇구나하고 동감하게 됩니다.

이건 순전히 제 경험이고요, 학술적으로 아무런 근거는 없습니다. 저는 Montana State의 Billings라는 도시에서 간호대를 졸업했는데, 워낙 외진 곳이라 한국인은 거의 전무후무한 곳입니다. 뭐, 소가 사람보다 많은 동네라 이웃끼리 잘 알고, 친근하고, 그래서인지 한국인에게만 있을 것 같은 정도 있고, 주변 사람들이 영어를 배우는 데 많은 힘이 되어주었습니다. 특히 할머니, 할아버지들이요.^^*. 그때 그분들께서 단어를 설명해주실 때, 한 단어에 속한 여러 가지 뜻을 다 말해주지 않으셨습니다. 오직 한 뜻만 말해주셨어요.^^*

그분들도 무의식적으로 그런 방식으로 저를 도와주셨고, 저도 무의식적으로 그렇게 영어를 배웠고, 그렇게 보낸 시간이 영어를 늘리는 데 가장 효과적이었고, 지금 와서 뒤를 돌아보면 선생님께서 강의하신 내용이 어쩜 제가 공부한 방법과 딱 들어맞는지 참 신기하기만 하네요. 물론, 저는 이제 따로 영어를 공부하고 싶은 마음은 없습니다.

선생님께서도 아시겠지만, 간호사가 되려면, 엄청난 영어를 알고 있어야 하고, 간호사 자격증 시험을 패스 해야 하고, 환자, 가족, 의사, 보험… 수많은 부류의 사람들과 의사소통이 가능해야 하는데, 지금 10년 넘게 간호사 생활을 하고 있으니 이제 따로 영어를 공부할 필요는 없지만 (제가 자만하고 있다면 죄송합니다.) 우연히 선생님의 강의가 너무 가슴에 와닿고, 지난 시절, 제가 영어 때문에 고생하던 시절이 생각나서 몇 마디 남기고 갑니다.

영어탈피 출판사가 꼭 흥해서 많은 한인들이 영어를 배움에 더 많은 도움을 주셨으면 합니다. 정말 수고하셨습니다. 앞으로도 더 많은 수고로 한인들 영어 발전에 더욱 이바지하여 주시고, 참고로, 지금 LA에는 한인들이 백만이 넘어요.^^* 한인들 인구가 기하급수적으로 늘어나서… 저도 LA에 가끔 가서 한인들을 만나보곤 하지만, 미국 오신지 30년이 다 되어 가는데도 영어 몇 마디 못하시는 분들 종종 뵈었습니다. LA 10년 살아봐야 공부할 맘 없으면 전혀 영어를 못해요. 적극 동감입니다 선생님. ^^*

이렇듯 애들만이 아니라 성인도 원리는 똑같습니다. 다들 '한국어를 배웠던 방식으로' 그렇게 배웁니다. 단어를 공부할 때는 뜻이 여러 개라도 각각 별개의 단어로 배우면 됩니다. 영어탈피 학습자들은 지금 다들 그렇게 하고 있습니다. 그래야 배운 것과 유사한 상황을 만났을 때 직청직해와 직독직해가 됩니다. 당연한 것인데 학교가 고정관념에 빠져서 그 반대로 하고 있습니다.

raise: 뭐1, 뭐2, 뭐3, 뭐4, 뭐5, 뭐6, 뭐7, 뭐8

우리도 미국인도 일본인도 중국인도, 누구도 하지 않은 이런 식의 단어 외우기. 이래서 영어가 안 되었던 것입니다.

70년 영어 교육은 여러 뜻 중에서 하나를 기본 뜻으로 정하게 합니다. 기본 뜻을 하나 외우고, 거기서 유추나 의역을 하라고 합니다. '유추'니 '의역'이니 하는 것은 그 표현부터 '직독직해'의 '직直(곧바로)'자와 정면으로 부딪힙니다. 그런 식이기에 시험 문제도 시간 안에 풀지 못합니다. 그러니 듣기 시험은 어떻겠어요. 직청직해가 되는 가장 기초적인 원리조차 어기고 있는데 무엇인들 되겠습니까?

단어장도 나름 종류가 여러 개다

지금 쓰고 있는 단어장, 어떤 식인가요? 일단 모양만 한번 보겠습니다.

bond   결속, 속박, 약정 ; 채권
fair   공정한, 상당한, 맑은, 살결이 흰 ; 박람회
current   현재의, 유행하는, 경향, 흐름, 해류, 전류
fine   훌륭한, 건강한, 가느다란 ; 벌금

죄다 이런 식이지요. 이렇게 한 단어에 여러 뜻이 붙어 있는 형식입니다. 시중에 나와 있는 모든 책들이 이렇습니다. 유일하게 영어탈피만 뜻이 하나씩만 붙여져 있습니다.

이렇게 형식은 똑같이 생겼지만 외우는 방법론을 달리하는 경우가 몇몇 있습니다. 예를 들면, '연상법'이니 '어원법'이니 하는 것들입니다. 이 중에서 연상법이라는 것은 어떤 책의 저자이신 A 님이 대표적입니다. '해마 학습법'이라고도 이름을 붙이고 있더군요.

current 1. 현재의, 유행하는 ; 경향 2. 흐름, 해류, 전류
[kʌrənt] ① 커런트 ⇨ 고런 투 : 요즘은(현재는) 모두 그런 투다(유행이다)
② 커런트 ⇨ 커(커다란) run(달리다) : 커다란 물이 달려서(run) 흐르는 해류

이런 식으로 단어를 외우라고 합니다. 그 업체의 홈페이지에 보면 4천 단어를 4일 만에 외운 사람의 얼굴을 걸어 놓기도 합니다. 이 책은 한 단어에 뜻을 2~3개씩 붙여 놓고 있더군요. 영어탈피 방식으로 환산하면 8천 단어입니다. 그런데 고작 4일 만에… 실로 놀라운 책이 아닐 수 없습니다.

수능용은 00강, 공무원 시험용은 00강, 토익용은 00강…. 이렇게 단어 암기 강의까지 합니다. 강의를 듣는 데만 해도 수십 일은 걸릴 것 같은데 4일 만에…. 영단어는 외국어입니다. 처음에 시작할 때 가장 당혹스러운 것은 그 모양과 발음도 생소하다는 점입니다. 일종의 외계어처럼 느껴지는 것이죠. 4천 단어의 그 철자와 발음을 구별하고 머리에 기억하는 것도 수십 일은 걸립니다.

도대체 어떻게 하면 그 뜻까지 4일 만에 외울 수 있을까요? 과연 사실일까요? 판단은 소비자 여러분께서 스스로 하시는 수밖에 없습니다. 미리 말씀드리겠습니다. 영어탈피는 절대로 이런 기록을 내지 못합니다. 후일, 정식으로 사실관계를 꼭 확인해 보고 싶기는 합니다. 어딘가에 진실이 숨 쉬고 있겠지요.

또 많이들 아시는 방법이 어원을 이용한 암기 방법입니다. 접두사 등에 신경을 많이 쓰는 암기법이죠. 여러 사람이 이런 방식으로 단어장을 냈습니다. 요즘에는 방송으로 제법 알려진 B 님도 가세를 했더군요. 유튜브를 통해 A 님과 B 님이 한참 논쟁하는 것을 봤습니다.

두 가지 방법 모두 시험용 영단어 암기에는 일정한 도움을 줍니다. 그러나 그런 방법으로 해서 영어도 되면서 시험까지 커버가 될 것이라는 기대는 버려야 합니다. 결과적으로도 그렇고 논리도 너무나 허술합니다.

독자들이 더 잘 압니다. 전자의 경우는 억지스럽고 이상하다고 생각합니다. 후자는 진부한 것인데도 불구하고 또 한 사람이 다시 뛰어든 경우입니다. 많이 팔렸다고 하니까, TV에서 얼굴 본 사람이 만든 것이라니까, 뭐라도 이용해야 하니까 사서 봅니다. 큰 기대는 안 합니다.

두 사람의 논쟁에 대해 '자기 것만 팔면 되지, 왜 깎아내리지?'라는 식의 양비론으로 보는 분들도 많더군요. '비판' 그 자체를 싫어하는 분들이 많습니다. 그래도 그런 논쟁이 있어야 발전도 있습니다. 다만, 논쟁도 품격이 있어야겠지요. 식견을 갖추고 해야 한다는 말입니다.

그분들의 주장에 대해서는 뒤에서 저희의 생각도 조금 붙여 보겠습니다.

위 두 가지의 단어장은 그래도 특이한 뭔가의 방법을 제안이라도 했습니다. 그러나 보통은 공부 방법론 같은 것도 없습니다. 그저 시험 종류에 따른 적중률 정도를 강조한 책이 대부분입니다. 어떤 책들인지 다 아시죠? 서점에서 '보카', '단어장', '워드'라고 검색하면 나오는 그런 책들입니다. 단어 하나 보여주고 그 뜻을 여러 개 보여주는 전형적인 한국 영단어 책들이죠.

아빠 깜지가 싫어요! 나도 싫단다

영단어 뜻 외우느라 정말 고생들 했습니다. 깜지, 빽빽이라는 것, 다들 아실 것입니다.

학교나 학원에서 단어를 외워 오라며 숙제로 많이 냈었죠. 볼펜을 3개씩 묶어서 뚝딱 한 장을 써내는 꼼수를 부리기도 했습니다. 정말 고전적인 방식인데 영단어 암기는 지금도 이 틀에서 벗어나지를 못하고 있습니다. 새천년이 되면 뭐하겠습니까, 인식의 변화가 없는데.

단어, 이런 식으로 외우면 안 됩니다. 하나의 단어를 놓고 그 뜻이 '뭐, 뭐, 뭐, 뭐'라고 나열하는 방식은 말 그대로 쌍팔년도식입니다. 진부함의 최고봉입니다. 잘 외워지지 않을뿐더러 외웠다고 생각해도 맨 앞에 붙어 있는 단어나 몇 개 기억이 나는 정도입니다. 그런 식이기 때문에 독해를 할 때도 유추니 의역이니 하는 것을 당연하게 생각을 합니다. 한국어는 직독직해하면서 말이죠.

책장도 안 넘어갑니다. 집에 단어장이 하나쯤은 다 있습니다. 보세요. 앞 몇 쪽만 연필 자국이 있고 뒤쪽은 새 책이지 않습니까? 책을 끝까지 보지를 못 합니다. 영어탈피를 하게 되면 책이 온전하지 않습니다. 전체적으로 손때가 묻습니다. 공부는 그렇게 하는 것이죠. 내 노력의 증거입니다. 훗날 아들딸에게 보여주세요. 백 마디 말보다 더 큰 교훈이 될 것입니다. 적어도 깜지를 물려주지는 맙시다.

너, 다리 밑에서 주워 왔어

철자와 발음이 같지만 뜻이 제각각인 단어를 동형이의어 또는 동음이의어라고 말합니다. 이런 경우는 어원까지 다릅니다. 한마디로, 단어 수의 경제적 이용을 위해 공용으로 쓸 뿐, 전혀 다른 별개의 단어입니다.

다리^1

1. 사람이나 동물의 몸통 아래 붙어 있는 신체의 부분.
2. 물체의 아래쪽에 붙어서 그 물체를 받치거나 직접 땅에 닿지 아니하게 …
3. 오징어나 문어 따위의 동물의 머리에 여러 개 달려 있어, 헤엄을 치거 …

다리^2

1. 물을 건너는 등, 다른 편으로 건너다닐 수 있도록 만든 시설물.
2. 둘 사이의 관계를 이어 주는 사람이나 사물을 비유적으로 이르는 말.
3. 중간에 거쳐야 할 단계나 과정.

모양이 같아도 어원까지 다르면 이렇게 단어 옆에 **1, 2**번 번호를 붙여서 분류를 합니다. 이런 경우가 동형이의어입니다. 생긴 건 같지만 조상이 다른 것이죠.

'자르다'라는 단어를 보겠습니다. "이 종이 좀 잘라 줄래?" 이건 가위나 톱으로 끊어 내는 것을 말합니다. "너 회사에서 잘렸다며?" 이건 노동자가 해고를 당한 것입니다.

자르다[1]

1. 동강을 내거나 끊어 내다.
2. 직장에서 해고하다.
3. 남의 요구를 야무지게 거절하다.

'자르다[1]'을 보면 'cut(자르다)'과 'fire(해고하다)'가 함께 묶여 있죠? 이 둘은 현재에 이르러서는 각기 다른 단어로 쓰이지만 조상은 같다고 보는 것입니다. 어원이 같다는 얘기죠. 이런 경우를 다의어라고 합니다. 뉘앙스에 있어서 서로 연관성이 있어 보일 것입니다.

자르다[2]

잘록할 정도로 단단히 죄어 매다.

<어원> 능엄경언해(1461)

'자르다[2]'를 보겠습니다. 어원이 다르면 이렇게 분리를 하는 기준을 세우고 있습니다. 그런데 내용을 보면 '잘록할 정도로 단단히 죄어 매다'라는 뜻입니다. 왠지 '자르다[1]'과 뉘앙스가 통하지 않습니까? 1461년에 나온 '능엄경언해'라는 근거가 없었다면 이 뜻 또한 '자르다[1]'에 실렸을 가능성이 높아 보입니다.

동형이의어와 다의어를 나누는 기준은 정해져 있습니다. 그러나 결국 문법 학자, 즉 사람들이 한 것입니다. 그러니 견해차도 있을 수 있습니다. 그 논쟁에 우리가 끼어들 필요는 없습니다. 중요한 것은, 내가 사는 현재 서로 다른 의미로 쓰이면 각각 다른 단어로 보면 될 뿐입니다.

"너 다리 밑에서 주워 왔어." 할머니들이 꼬마 애들에게 장난칠 때 이런 말씀을 하셨습니다. 애들은 슬퍼합니다. 다리bridge 밑에서 주워 왔으면 버려진 아이인 거죠. 사실 다리 밑에서 받은 것이 맞습니다. 엄마의 다리legs 아래서 누구나 출생의 환희를 맛보죠. 이 두 '다리'는 어원이 다른 동형이의어입니다. 이런 특성 때문에 '언어의 유희'도 생기는 것이죠. '언어의 유희' 이 고급진 말을 요즘엔 '아재 개그'라고 하더군요.

이렇듯, 모양이 같은 단어를 문법 학자들은 동형이의어와 다의어, 이 두 가지로 설명합니다. 단어의 특성을 연구하고 학문으로써 교육하기 위해 이런 분류는 필요합니다. 그러나 이렇게 분류가 되어 있다고 해서, 모양이 같다는 이유로 이들 단어를 같은 단어라고 생각해서는 안 됩니다. 그렇게 여기다 보니 영단어 암기가 영어 학습의 최대 장벽이 되었습니다.

아직도 못 받아들이는 분이 계실까요? 19금 얘기를 해 보죠. '자다', 이 단어도 주로 '다의어'로 쓰입니다. '아기가 쌔근쌔근 자고 있어요.', 여기 이 '자다'는 sleep입니다. 그러나 남자가 여자에게 '오늘 나랑 자자.' 이러면 뺨을 맞을 수 있습니다. 어떤 '자다'인지 아시죠? 지금 내가 살고 있는 현실에서 다르게 쓰이면 다른 것입니다.

우리나라에서 가장 흔한 이름 중 하나가 '정훈'입니다. 각계각층에 '정훈'이 있습니다. 어느 한 사람도 겹치지 않는 서로 다른 각각의 인격체죠. 이런 경우가 일종의 '동형이의어'입니다.

같은 배에서 태어났어도 언니와 나는 다른 사람입니다. 형과 내가 쌍둥이여도 형은 형이고 나는 나입니다. 이런 경우가 일종의

'다의어'입니다. 어원이 같은 것처럼 조상이 같기 때문이죠. 중요한 건 어원이 같아도, 철자와 발음이 같아도 쓰일 때 다르게 쓰이면 각각의 단어입니다. 모든 단어는 이렇듯 단 하나의 유일한 뜻만을 가지는 것입니다.

"영어는 좀 다르지 않나요?" 기껏 설명했더니 이러는 분들도 계셨습니다. 정말 단순한 것인데요. 영어도 당연히 하나의 단어는 두 가지 이상의 복수의 뜻을 가지지 않습니다. 단 하나의 뜻만을 가집니다. 이해되신 분들은 다음 영어 예는 스킵skip 하셔도 됩니다.

누구나 자신 있게 답변할 수 있는 유일한(?) 문장이 뭘까요? "I'm fine, thank you. And you?" 이거 아닐까요? "How are you?"라고 반드시 물어봐 줘야 그나마 쓸 수 있습니다. "느그 아부지 뭐 하시노? What does your father do?" 이렇게 물어도 별수 없이 "I'm fine, thank you. And you?" 이렇게 답변해야 할 정도죠. 웃픈 이야기네요.

다 아는 단어 fine으로 얘기를 해 보겠습니다. 영어도 똑같습니다. 사전을 보겠습니다.

fine^1

1. 훌륭한, 멋진, 참한, 좋은
2. 우수한, 뛰어난
3. 갠, 맑은, 쾌청한
4. 건강한, 기분 좋은
5. 가는, 자디잔, 미세한, 고운
6. 희박한
7. 날카로운
8. 예민한
9. 더할 나위 없는

fine^2

1. 벌금, 과료
2. 끝, 종말

10. 세련된, 고상한
11. 섬세한

fine¹, fine². 이렇게 되어 있습니다. fine¹과 fine²는 서로 동형이의어입니다.

자, fine¹만 보겠습니다. 학교에서 배웠던 뜻이 참 많죠? 1번 안에 묶여 있는 것들이 서로 다의어 관계입니다. 그 유명한 'I'm fine, thank you.'의 fine도 여기에 들어 있습니다.

동형이의어로써 fine¹(훌륭한, 건강한, 가느다란…)과 fine²(벌금)는 어원까지 다른 단어입니다. fine¹ 안에 수록되어 있는 '훌륭한, 건강한, 가느다란…'은 어원은 같지만 현실에서는 각각 다르게 쓰이는 다의어입니다.

동형이의어든 다의어든 상관없습니다. 그냥 각각 다른 단어라는 것만 알면 됩니다. 그래서 엄밀히 표현하려면 다음과 같이 하는 것이 맞습니다.

❶ '훌륭한'이라는 fine

What a fine view! 경치 정말 좋다!

❷ '건강한'이라는 fine

She's doing fine. Thank you for asking.
할머니 건강하셔. 물어봐 줘서 고마워.

❸ '가느다란'이라는 fine

Do you see the fine line here? 이쪽에 가는 선 보이세요?

❹ '벌금'이라는 fine

So how much is the fine? 그래서 벌금이 얼만데요?

이렇듯 각각 별개의 단어이기 때문에 예문의 특성도 다를 수밖에 없습니다. 당연히 배울 때도 각각 별개의 단어로 놓고 공부해야 합니다. 한국어를 배웠을 때랑 똑같이. 사전에 동형이의어로 수록되어 있든, 다의어로 수록되어 있든 상관없습니다. 현실에서 다르면 다른 것입니다. '훌륭한(fine) 연주자'와 '가는(fine) 선'에 쓰인 fine은 분류상 다의어 관계입니다. 그러나 그건 중헌 것이 아닙니다.

택시 타고 가자.
장작불이 정말 잘 탄다.
너 때문에 애간장이 다 탔어.
박을 타자 금은보화가 쏟아졌어요.
커피 한 잔 타올래?

이들 '타다'가 어떻게 분류되어 있든, 그건 중요한 것이 아닙니다. 진짜 중요한 것은, 각각 별개의 단어라는 각성입니다. 그리고 다른 상황, 다른 시간에 각각 따로따로 공부하면 됩니다. 이 두 가지면 됩니다.

유학이나 이민을 가서 영어를 배우는 원리, 그 환경이 바로 이것입니다. 그런데 수앤유 님, NewBrand 님은 유학 없이 국내에서 멋지게 해결했습니다. 유학도 갈 필요가 없어졌습니다. 그런 환경을 교재로 구현해서 배우면 됩니다. 시간도 훨씬 절약됩니다.

유학 갔다 한국에 돌아왔을 때, 한국의 영어 교육이 그대로인 것을 보면 정말 당혹스럽습니다. 어쩜 지금도 아버지 세대가 하던 그대로 하고 있는지, 사회학적인 연구가 필요할 정도입니다.

하나의 단어는 단 하나의 의미만을 가진다. 이를 부정하면 독서를 할 때도, 리스닝과 스피킹을 할 때도 논리 모순에 빠집니다. 영어를 쉽게 배우느냐 아니냐는, 이것을 '어떻게 인식하느냐'에 달려 있습니다.

사전은 놓아줘라, 얘는 죄 없다

각종 단어장들이 한 단어에 뜻이 '뭐, 뭐, 뭐, 뭐', 이런 형식이 된 이유를 살펴보겠습니다. 결론부터 말씀을 드리면 특별한 이유, 그런 거 없습니다. 그냥 영한사전이 그런 식이어서 그대로 따라 했을 뿐입니다.

영단어 학습에 대한 어떤 과학적 근거가 있어서가 아닙니다. 반드시 그렇게 구성해야 해서가 아닙니다. 아무 생각 없었습니다. 단어장은 사전처럼 구성하면 되는가 보다, 이런 생각이었을 뿐입니다. 저자 A 님은 책에서 current를 이렇게 외우라고 했더군요. 연상법이랍니다.

current: 현재의, 유행하는, 경향, 흐름, 해류, 전류

먼저, 발음이 [커런트]이므로, '고런 투'를 연상해서 '현재는 모두 그런 투다(유행이다)' 이렇게 해서 '현재의'와 '유행하는'을 해결하라고 합니다. 그다음에는 발음 [커런트]를 다르게 또 연상해야 하는데 '커(커다란) run(달리다)' 이렇게 생각을 합니다. 거기서 '커다란 물이 달려서(run) 흐르는 해류', 이걸로 '흐름'과 '해류'를 기억하라고 합니다. 나머지 '경향', '전류'에 대한 설명은 없는 것 같습니다.

단어 뜻이 한두 개일 땐 이런 방법을 이용할 필요도 없을 것이고, 여러 뜻일 때 힘을 발휘해야 할 것 같은데… 글쎄요. 머리가 비상해야 할 것 같습니다. 어원법 책을 낸 B 님이 괴상한 방식이라고 폄하한 이유가 이해가 되기는 합니다.

사람들 말을 들어 보면, '연상용 내용도 외워야 해서 외울 게 두 배가 됐다.', '너무 억지스럽다.', '연상할 내용을 내가 만드는 게 낫겠다.', '연상할 내용들이 뒤죽박죽이 돼서 미치겠다.'는 말도 합니다. 그러나 목적에 따라 단어 암기에 도움을 받은 분들도 계신 것 같습니다. 시험용으로는 어쨌든 활용도가 없는 것은 아닌 것으로 보입니다.

다만 영어는 보편적인 방법으로 한 번 할 때 제대로 하는 것이 좋습니다. 두 마리 토끼를 다 잡을 수 있는데 구태여 길을 돌아갈 필요는 없습니다. 아무튼 이런 방식으로는 직독직해나 직청직해, 또 유창한 회화, 특히 스피킹으로의 발전은 어렵습니다.

이 책이 팔리는 이유를 생각해 봐야 합니다. 1+1은 2가 답입니다.

그리고 다른 것은 없습니다. 논리적입니다. 헷갈리지 않습니다. 그런데 1+1이 2이기도 하고 3이기도 하고 5이기도 하고 8이기도 하다면 머리에 과부하가 걸립니다. current의 뜻이 '2', '3', '5', '8'…, 이렇기에 보자마자 피로감이 온다는 얘기입니다. 그 고통을 학생들이 호소합니다.

연상법이라는 방법은 억지스럽지만 나름 소비자의 니즈에 부응한 것이기도 합니다. 나름 요령을 발휘한 것이죠. 물론 교육적이지는 않습니다. 진짜 영어와는 거리가 멀기 때문입니다.

사실 이분께서 '모든 단어는 단 하나의 뜻만을 지닌다.'라는 성질을 파악했다면 연상법은 세상에 존재하지 않았을 것입니다.

current: 현재의, 유행하는, 경향, 흐름, 해류, 전류

즉, 연상법도 어원법도 결국 단어를 수록하는 데 있어 위와 같은 영한사전의 틀을 벗어나지 못하는 사고입니다. 그 안에서 다투고 있는 것이죠. 도긴개긴입니다.

그럼, 영한사전은 영단어를 익히는 데 있어 두뇌 친화적으로 맞춤 설계가 된 것일까요? 그런 연구가 있었을까요? 그런 적도 없지만 그럴 필요도 없습니다. 영한사전은 단어 학습을 위해 만들어진 게 아니라 '찾아보기 위한' 검색의 용도이기 때문입니다.

쉽게 찾으려면 어떻게 해야겠습니까? 당연히 알파벳순으로 단어를 배열하는 게 기본입니다. 그다음엔 각 단어마다 모든 뜻을 일괄적으로 모아서 보여줘야 합니다. current라는 단어가 있다면, 알파벳 C 부분에 전부 모아서 수록해야 하죠.

사전은 죄가 없습니다. 단어장을 만든 사람들이 사전을 보고 그대로 적용한 게 치명적 실수일 뿐입니다. 뒤에서 다루겠지만 영어탈피는 '현재의'라는 current는 50쪽에, '유행하는' 이건 130쪽에, '전류' 이건 320쪽에, 이런 식으로 수록되어 있습니다. 공부하는 용도일 때는 이렇게 분산 수록해야 합니다. 사전은 검색의 용도이고, 영어탈피는 학습의 용도이기 때문입니다.

영어 정복, 단어 해결이 1순위입니다. 시험용으로 공부해도 마찬가지입니다. 단어만 많이 알아도 정말 든든하지요. 문법을 강의하고 독해 요령을 가르쳐 주는 것이 중요한 게 아닙니다. "단어는 각자 알아서 외워 와." 이게 아니라 누구나 잘 해결할 수 있는 방법을 알려주어야 합니다. 유명 대학교수도, 수십만 명의 선생님들도 그게 바로 한계였습니다. 너무나 당연하고 상식적인 '모든 단어는 단 하나의 뜻만 가진다.'는 사실 하나를 70년 동안 정리하지 못했습니다. 7개월이라는 짧은 기간에 영어를 정복한 NewBrand 님의 말씀입니다.

"영어탈피의 핵심은 '모든 단어는 단 하나의 뜻만을 가진다.'는 것이다. 지금 생각해도 무릎을 치게 하는 깨달음이다. 너무나 당연하였는데, 한국식 교육을 받아 온 나는 그 틀을 깨기가 너무 힘들었다."_ NewBrand 님

한국어, 어원 따져 배웠나? 진부한 어원 얘기 이제 그만!

어원으로 단어를 외우는 것에 대해서도 잠깐 살펴보고 가겠습니다. 저자 B 님은 어원책을 내셨더군요. 단어를 어원만 놓고 보면 한국어만큼 중국어의 영향을 많이 받는 언어도 없습니다. 한국어 중에 순우리말이 몇 퍼센트나 되던가요. '과'자가 들어간 단어 중에서 몇 개를 뽑아 봤습니다.

① 청과물 靑果物
② 과실 果實

③ 과실 過失
④ 과오 過誤

⑤ 과장 課長
⑥ 총무과 總務課

⑦ 과로 過勞
⑧ 과다 過多

'과'자를 기준으로 하면 이 단어들은 위로부터 각각 두 개씩 묶음으로 그 어원이 다릅니다. 한자漢字가 다르다는 얘기입니다.

각각의 '과'자의 어원을 따질 것도 없이, 단어를 볼 때는 '음, '과'자가 들어가면 이런 이런 뜻들이 되는군!' 이렇게 느끼게 됩니다. 중요한 포인트가 바로 이것입니다.

과로 – 지나치게 일하다
　　　・
　　　・
　　　・
　　과다 – 지나치게 많다.

　어원語原이나 어근語根이 같으면 그 뜻도 대개 같거나 비슷합니다. 여기저기 분산되어 있더라도 '아, 어디선가 봤는데 거기서도 '과하다, 지나치다'라는 단어였지?' 이런 생각이 들게 됩니다. 전체적으로 여러 번 반복하게 되면 그 규칙성이 점차 보이게 됩니다. 영어도 마찬가지입니다. 're-' 이 접두사가 붙는 단어가 있습니다.

　　replay – 재경기를 하다
　　reopen – 다시 열다
　　refill – 다시 채우다

　실제 공부는 '오른쪽에 써진 각각의 뜻'을 함께 보면서 진행됩니다. 그 뜻을 보면 다들 '뭔가를 다시 하다'라는 의미를 가지고 있습니다. 're-'가 붙으면 '뭔가를 다시 하다'는 말의 단어들이라는 사실을 알게 됩니다. 점차 규칙성들이 파악됩니다. 반복과 집중이면 규칙성은 자연히 드러납니다. 형태적인 동질성, 의미적인 동질성 등, 그 동질성과 차이점이 전체 단어를 매만지는 과정에서 자연히 파악됩니다.

　 영어탈피는 단어에 어원을 붙여 놓지 않습니다. 이유는 간단합니다. 그럴 필요가 없기 때문입니다. 어원 설명을 듣고 있을 시간에 반복을 한 번 더 하는 게 이익입니다. 어원 설명을 들어야 하는 것은 설명을 듣지 않으면 해결이 안 될 때입니다. 그러나 그런 단어가 몇 개나 될까요?

　어원법을 써본 사람들이 하는 말이 있습니다. '처음에는 신기한 것 같았는데 갈수록 그냥 예전처럼 외우고 있는 나를 발견한다.', '저자의 어원 설명이 억지스럽게 느껴진다.', '굳이 어원 설명 안 해도 다 이해할 것들이다.', '어원 설명을 못 붙이는 단어는 어떡할 건가?'

　본래 단어나 문장 구조라는 게, 접촉과 반복을 어느 정도만 해주면 자연히 그 규칙성이 파악될 수 있는 성질을 가지고 있습니다. 그런데 최소한의 반복 학습도 하지 않아 문제가 됐던 것이죠. 참고로 깜지를 쓰듯이 한 단어를 놓고 몇십 번을 암기하는 식, 이건 반복 학습이 아닙니다. 뒤에서 자세히 설명하겠습니다. 아무튼 특이한 어떤 것이 필요한 게 아닙니다. 특이한 방법은 신기해는 보일 수 있으나 보편의 포성이 울리면 사라질 수밖에 없습니다.

영어탈피의 구성과 특징

한국어에 대한 의존을 최소화하라

영어탈피의 구성을 보겠습니다. 영어를 마스터하기 위해서는 맞춤으로 설계된 도구가 필수입니다. 가장 기본이 되는 '영어탈피 초급편'을 예로 들어 설명하겠습니다.

자, 얘들아 몸 풀자. / 저희 벌써 스트레칭 다 했어요.	명 스트레칭(몸풀기 운동)
네가 그냥 멍청한 거야, 아니면 기계가 정말 고장이 난 거야?	형 (사람이) 멍청한(바보 같은)
거기 있는 지우개 좀 던져 줄래? / 응, 받아!	동 (물체를 손·글로브 등으로) 받다
모래 위에 아기 발자국 좀 봐. 너무 귀엽다.	명 발자국
너 어제 토론 봤어? / 응, 봤어. 완전 개싸움이더만.	명 개싸움(진흙탕 싸움)
나 노 저을 줄 모른단 말야. 가르쳐줘!	동 (배를 움직이기 위해) 노를 젓다
방금 뭐였냐? 방귀야, 천둥이야? / 야, 난 아니다. 진짜 아냐.	명 방귀

stretch	strétʃ	Let's warm up, guys. / We've already done our **stretches**.
dumb	dʌm	Are you just **dumb**, or is the machine really broken?
catch	kætʃ	Throw that eraser over to me, won't you? / OK. **Catch**!
footprint	fútprint	Look at the baby's **footprints** in the sand. It's so cute.
dogfight	dɑ'gfɑi,t	Did you watch the debate last night? / Yeah, it was a total **dogfight**.
paddle	pǽdl	I don't know how to **paddle**. Teach me!
fart	fɑːrt	What was that just now? A **fart** or a thunder? / Dude, it wasn't me. I swear.

2장 First, let's lay the groundwork.

먼저 왼쪽 페이지는 한글 뜻과 한글 해석문, 오른쪽은 영단어와 예문이 실려 있습니다. 첫인상이 어떻습니까? '뭐야, 단어장이잖아?' '영어로 말이 되게 한다는 도구가 고작 단어장이야?' 이런 생각이 들 수 있겠습니다.

영어탈피의 최초 부제는 '영단어·독해·듣기·말하기 한 방에 끝내자!'였습니다. 책은 제목이 주제이고 곧 용도입니다. 수앤유, NewBrand…, 모든 분들이 단어장처럼 생겼다고 생각하는 이 교재로 영어 마스터의 꿈을 이뤘습니다.

말하기에 필수인 직독직해, 직청직해, 스피킹 능력은 어휘를 잘 사용하는 능력을 기르는 것 즉, 어휘력이 처음이자 끝입니다. 교재가 독특한 다른 형식이어야 한다는 생각이 오히려 고정관념입니다. 다만, '어휘력'의 정의는 이 책을 통해 다시 정립해야 합니다. 따로 자세히 설명하겠습니다.

미국이나 영국 현지에서 영어를 배우는 바람을 가져본 적 있을 것입니다. 오직 영어만이 넘실대는 바다에 몸을 던지고 싶습니다. 영어 정복의 기본은 한국어보다 영어를 더 많이 사용하는 것입니다. 영어로 한국어를 덮어버리는 것입니다. 하루 30분 영어 공부가 한심스러운 것이 바로 이 지점입니다. 한국어 15.5시간 사용 대 영어 0.5시간 사용. 어떻게 영어가 한국어를 이겨내겠습니까?

공부할 때 한국어를 무조건 배척해서는 안 됩니다. 그러나 한국어에 대한 의존증이 생겨서는 더더욱 안 됩니다. 한국어를 무조건 배척해야 한다는 진부한 주장도 있습니다. 한글은 완전히 없애고 이미지(그림)로 단어 뜻과 문장 해석을 달아 주는 식입니다.

벌써 20년은 된, 이미 결과적으로도 논리적으로도 폐기된 주장입니다. 처음에는 그림만 사용하다가 이미 오래전부터 한글을 함께 적고 있습니다. 스스로 자기 부정을 한 것입니다.

외국어를 공부함에 있어 모국어의 도움은 불가피합니다. 초반에는 한국어의 도움을 적극적으로 받아야 합니다. 공부할 영단어와 영어 문장이 어떤 의미를 지니고 있는지 자세히 알아야 하기 때문입니다. 교재 영어탈피의 본문을 보십시오. 한글로 단어와 예문이 설명되어 있습니다. 지금 읽고 있는 이 글도 한글로 되어 있습니다. 잘 이해할 수 있는 이유? 평소에 모든 언어생활을 한국어로 하고 있기 때문입니다. 여기에 훈련되어 있고 여기에 익숙해져 있습니다. 영어 공부에 있어 한국어의 도움은 필수입니다.

그러나 일정 단계가 지나면 한국어는 도움보다는 개입이나 간섭으로 작용합니다. 그때는 한국어가 영어 학습에 있어 악영향을 줍니다. 멀리하기 시작해야 합니다. 그리고 점차 완전히 연을 끊어야 합니다. 두뇌가 무언가에 의존하고, 거기서 헤어 나오지 못하면 공부는 망합니다. 시간만 들인다고 공부가 되는 게 아닙니다. 안배와 타이밍이 중요합니다. 어느 시점에서 한국어와 거리 두기를 해야 하는지, 그 적기는 다시 말씀드리겠습니다.

자, 다시 책을 보시죠. 왼쪽 페이지는 한글 뜻과 해석, 오른쪽은 영단어와 영어 예문을 수록했습니다. 이렇게 마주 보게 영한 대역으로 구성한 이유, 감이 오시나요? 초반에는 도움을 받고 중후반부터는 거리 두기를 해야 하기 때문입니다. 다양하게 이용할 수 있게 구성했습니다.

뜻은 딱 하나씩만 공부하라

영어탈피는 수록된 모든 단어에 딱 하나의 뜻만 붙여져 있습니다. 앞서 '모든 단어는 단 하나의 뜻만 가진다.'고 말씀드렸죠? 본문을 보면서 살피겠습니다. '어린이 영어탈피'입니다.

나	이 노트북 누구 꺼야?	명	책상
너	어느 노트북 얘기하는 거야?		
나	내 책상에 있는 거 말이야.		
나	너 다리미 못 봤니? 못 찾겠어.	명	(옷을 다리는) 다리미
너	모르겠어. 지금 급해?		
나	어, 급해.		
나	아들아, 엄마 부탁 좀 들어줄래?	명	(각종) 쓰레기
너	네. 뭔데요?		
나	쓰레기 좀 버려 줄래?		

가족 중에 초등학생이 있으면 물어보세요. "서연아, 책상이 영어로 뭐야?" / "헐~ 아빠, desk잖아. 그것도 몰라?" 이렇게 답변이 옵니다.

	남	Whose laptop is this?
desk	녀	Which one are you talking about?
	남	The one on my desk.
	남	Have you seen the iron? I cannot find it.
iron	녀	I'm not sure. Are you in a hurry?
	남	Yes, I am.
	남	Son, can you do me a favor?
garbage	녀	Sure. What is it?
	남	Can you throw the garbage away?

중학생에게도 물어보세요. "stick이 무슨 뜻이니?" / "그거 '막대기'요. 맞았죠?" 쉽게 답변할 것입니다.

어떻게 이렇게 쉽게 답변을 할까요? 당연히 공부가 잘되어 있는 것을 물었기 때문입니다. 잘 외워진 것이죠. 초등학교, 중학교 때는 영단어의 뜻을 하나 정도만 외웠습니다. 그러니 헷갈릴 일도 스트레스받을 일도 거의 없었던 것이죠. '사랑하다'가 영어로 뭐지? love. 이렇게 외우는데 어려울 턱이 없습니다. 아이들 머리 좋잖아요.

stick이라는 단어의 뜻, 몇 개나 알고 계십니까? 고등학교 1, 2학년이거나 토익 700 정도를 목표로 하려면 7개 정도는 알아야 합니다. 고등학생이 부담해야 하는 공부량과 난이도입니다. 한 단어가 뜻이 여러 개로 보이기 시작하니까 이때부터 영어가 어렵게 느껴지기 시작합니다.

| 오른쪽 페이지로 이어짐

| Where are you going? / I'm going to the park to ride my bike. | ⓥ **ride** |
| She got fired. / No way. Who did you hear it from? | ⓥ **fire** |

– 한국어탈피의 수록 예 –

초등학교, 중학교 때 '한 단어는 한 뜻' 이렇게 공부했으니, 고등학교 때도 그냥 계속 그렇게 했으면 좋았습니다. 그런데 고등학생이 되자마자 선생님들이 '의역'이니 '유추'니 이런 말씀을 하기 시작한 게 문제입니다. "음, 여기서는 이 뜻으로 해석하면 안 되고, 기본 뜻이 이거니까 이렇게 의역해야 하는 거야." 당연하게 생각했던 이런 가르침(?)이 수많은 학생들을 영포자의 길로 가게 했습니다.

영어탈피는 우리가 한국어 단어를 한 단어 한 뜻으로 익혔듯이, 영어도 그렇게 되도록 이렇게 '한 단어 한 뜻' 구조로 설계를 해드렸습니다. 저희의 꿈은 '한국어탈피'를 만드는 것입니다. 한국어의 위상이 좀 더 높아져 한국어를 배우는 사람이 많아졌으면 좋겠습니다. 세계 GDP 순위 3위가 일본입니다. 이웃 나라가 하는 걸 우리라고 못 할 일이 아닙니다. 외국인, 그중에서도 영어를 쓰는 사람들을 위한 '한국어탈피'가 만들어지면 똑같이 한국어 단어에 대한 영어 뜻은 단 하나만 실을 것입니다. 이렇게요.

| 타다 | [tada] | 어디 가니? / 자전거 타러 공원에 가요. |
| 해고하다 | [haegodanghada] | 걔 해고당했어. / 말도 안돼. 이 얘기 누구한테 들었어? |

철자가 같아도 뜻이 다르면 모두 별개의 단어로 분산시켜 익혀라

수능을 준비하는 고등학생에게 "stick의 뜻이 뭐니?"라고 물어봅시다. 토익이나 공무원 시험을 준비하는 취준생에게도 똑같이 질문해봅시다. "아, 그거요? '막대기' 아닌가요?" 이렇게만 답변하면 '참 잘했어요'라는 말이 안 나가죠. "그거 말고 다른 뜻은 모르니?" 이렇게 되물을 것입니다.

| 오른쪽 페이지로 이어짐

Unit 7

오른쪽 마우스 버튼을 클릭해서 선택한 부분을 하이라이트 처리하세요.	동 (강조를 위해 무엇을) 하이라이트 처리하다
막대기를 뱀으로 잘못 봤어.	명 막대기
(나를 위해) 이것 좀 번역해 줄 수 있어? / 이게 뭔데?	전 (누구·일 등을 돕기) 위해

Unit 8

Unit 16

불평 좀 그만해. 너 때문에 사람들이 다 미치려 하잖아.	동 (누가 무엇에 대해) 불평하다(항의하다)
그런 다음 내가 도배용 풀로 그걸 다시 붙였어.	동 (무엇을 풀·접착제 따위로) 붙이다
감독관이 너 좀 보자고 하던데? / 뭐 때문이래?	명 (일·사람·조직 등에 대한) 감독자

Unit 17

이 stick은 최소한 그 뜻을 7개는 알아야 합니다. 만점을 바란다면 10개 이상은 알고 있어야 합니다.

'영어탈피 초급편'은 고교생들의 내신 관리와 토익 700 정도, 9급 공무원, 그리고 원어민과 생활을 할 수 있을 정도의 영어 실력을 기르는 데 최적화되어 있습니다. 이 책에는 모두 7개의 stick이 실려 있습니다. 어떻게 수록되어 있는지 그중 몇 개만 보겠습니다.

먼저 '막대기'인 stick은 75쪽에 실려 있습니다.

highlight	háilàit	**Highlight** the chosen area by clicking the right mouse button.
stick	stík	I mistook the **stick** for a snake.
for	fɔːr	Can you translate this **for** me? / What is it?

'붙이다'인 stick은 202쪽에 실려 있습니다.

complain	kəmpléin	Stop **complaining**. You're driving everyone crazy.
stick	stík	I then **stuck** it back together with wallpaper paste.
supervisor	súːpərvàizər	Our **supervisor** wants to see you. / Do you know why?

'찌르다'인 stick은 502쪽에 실려 있습니다.

걔가 아마 고개를 저으며 안 된다고 할 거야.	동 (반대·의혹 등의 의미로) 고개를 젓다
간호사가 내 팔에 바늘을 찔러서 내가 소리를 질렀어.	동 (바늘 등, 뾰족한 것으로 무엇을) 찌르다
너 내가 준 귀걸이 잃어버렸니?	명 귀걸이

Unit 31 | Unit 32

raise라는 단어 하나만 더 보겠습니다. 이 책에는 모두 8개의 raise가 실려 있습니다. 그중 몇 개만 보겠습니다.

'들다' raise는 103쪽에 있습니다.

치료비는 어떻게 지불하나요?	명 (환자 등에의) 치료
찬성하는 분은 손을 들어 주시기 바랍니다.	명 (손·물건 등을 위로) 들다(들어 올리다)
사과의 중량은 딱 3파운드였어.	부 정확히(딱·꼭)

Unit 11 | Unit 12

shake	ʃéik	He'll probably shake his head and say No.
stick	stík	The nurse stuck that needle into my arm, and I screamed.
earring	íəriŋ	Did you lose the earrings I gave you?

treatment	tríːtmənt	How do I pay for the treatment?
raise	réiz	All those in **favor**, please raise your hands.
just	dʒʌst	The apples weighed just three pounds.

'모금하다' raise는 307쪽에 있습니다.

아이고. <u>참가자</u> 수를 지금 바꿔도 되나요?	명 (행사·일 등의) 참가자(참여자)
우리는 <u>어려운</u> 사람들을 위해 <u>돈</u>을 <u>모금하</u>는 자선 행사를 했어요.	동 (돈 등을) 모금하다
<u>솔직히</u> 말해봐. 이 프로젝트의 <u>진짜</u> <u>목적</u>이 뭔데?	명 (무엇을 이루고자 하는) 목적(의도)

'양육하다' raise는 587쪽에 있습니다.

그 <u>의자</u>를 집 밖으로 <u>끌어</u>냈어. / 버리려고?	동 (힘들여 무엇을) 끌다
<u>아이들</u>을 <u>기르</u>면서 <u>동시에</u> 일을 하기란 아주 어려워.	동 (아이를) 양육하다(기르다)
관이 닫히면서 <u>둔탁한</u> 소리가 났어요.	형 (소리 등이) 둔탁한

※ 실제의 위치는 초급편 안에 랜덤 배치되어 있습니다. 이 위치는 설명용입니다.

이렇게 영어탈피는 모든 단어가 교재 안에서 무작위로 분산 배치되어 있습니다. 미국인이 일상에서 영어를 배웠던 그 환경과 같습니다. 우리가 한국어를 배운 방식이기도 합니다. 그러나 분산 배치의 이유가 이 때문만은 아닙니다. 미국 가서 배우는 것보다 더 빨리 배우려면 학습 효율성을 극대화해야 합니다. 분산 배치가 가져오는 다른 혜택들도 차차 살펴보겠습니다.

| 오른쪽 페이지로 이어짐

participant	pɑːrtísəpənt	Oops. Can I change the number of **participants** now?
raise	**réiz**	**We had fundraisers to raise money for unfortunate people.**
aim	éim	Tell me honestly. What is the real aim of this project?

drag	dræg	I dragged the chair out of the house. / To throw away?
raise	**réiz**	**It is very hard to raise children and work at the same time.**
dull	dʌl	The coffin made a dull thud when closing.

앞서 한국어처럼 읽는 '직독직해(독서)'와 한국어처럼 듣는 '직청직해(리스닝)'가 되는 원리를 설명했습니다. 중요하므로 한 번 더 되짚고 가겠습니다.

직독직해가 되기 위해서는 순독순해가 되어야 합니다. 쓰여진 순서 그대로 바로바로 이해가 되어야 합니다. 단어를 보자마자 그 단어가 딱 하나의 유일한 뜻의 단어로 받아들여져야 합니다. 그래야 역순 해석을 하지 않습니다.

차를 타고 가는데 어떤 집에서 연기가 나는 거야.
tea
car
difference

만약 각 단어를 볼 때, 보는 순간 그 단어의 유일한 뜻을 특정하지 못하면 이렇게 다른 경우의 수가 생깁니다. 그때부터 멘붕이 오는 것이죠. 예컨대 '차'는 'tea', 'car', 'difference' 이 중 하나일 수 있습니다. 이때 다음에 오는 '타다' 또한 '승차하다'로 순간적으로 특정해야 합니다. 그렇지 못하면 어떤 '차'인지 판단이 안 되기 때문에 머리가 멍해져 버립니다. 듣기 시험에서 머리가 하얘지는 이유가 바로 이것입니다. 당연히 그다음 단어인 '가는데'로 이어지지 못합니다.

'가는데' 이 단어도 보자마자 유일한 뜻인 'go'로 특정이 되어야 합니다. 그다음에는 바로 또 '어떤 집'으로로 넘어갈 수 있어야 합니다. 못 넘어가고 있다면 앞에 지나간 '차', '타다', '가다'를 정상적으로 배운 게 아닙니다. 한국어를 배웠던 것처럼 배운 게 아닙니다.

한국인이 맞다면 써진 순서 그대로 직독직해, 순독순해가 됩니다. 영어도 이렇게 되도록 배워야 합니다. 한 단어에 한 뜻만 싣고, 각 단어들을 무작위로 분산 배치한 이유가 바로 이것입니다. 물론 뜻이 하나만 붙여져 있어서 학습 스트레스 또한 현저하게 줄어듭니다.

잠시 라밤바 님의 후기를 읽고 가겠습니다. 16,000단어가 수록된 '영어탈피 수능·토익·일반인편'을 1개월 만에 90% 즉, 14,400단어를 해결하셨습니다. 몸이 좋지 않은 와중에도 대단한 집중력을 발휘하셨네요.

"- 전략前略 - 1월 28일에 '첫걸음편'용 MP3를 받고 바닥에 앉아 공부하다가 척추에 무리가 와서 병원에 실려 가ㅠㅠ 불행인지 다행인지 그 덕에 '수능·토익·일반인편'에 들어와서 서서 공부를 하며, 더 학습 시간을 효율적이게 활용하게 된 계기가 되었네요. 일반인편 1단계는 2월 12일에 시작해서 3월 12일까지 진행했는데 그 뒤로도 한 권씩 감을 잃지 않기 위해 덜 외워진 단어들을 집중적으로 봐준 것 같아요.

처음 저의 상태는 과거 영어 포기자분들 다들 비슷하시다시피 거의 단어를 모르는 수준으로 시작했고요. 일반인을 처음 시작할 당시 30% 정도 안다고 생각했는데, 지금 생각해 보니 15~20% 정도 겨우 알았던 것 같아요. 안다고 생각했던 단어들이 지금 생각해 보니 쉬워 보인 단어들이었던 것 같습니다. -_-;

1단계를 진행하면서 공부 시간의 95% 이상은 초집중을 해서 공부했다는 건 확실히 자부할 수 있을 것 같고요. 어찌 됐건 가리면서 진행해 오면서 아주 쉽다고 생각하고 지나치던 작은 단어까지 싹 모아 공부해 준 덕택에 tissue라는 단어를 봐도 휴지만 생각나지 않고, bill 이라는 단어를 봐도 법안, 지폐 등 여러 단어가 한꺼번에 생각나는 좋은 습관이 생겼습니다.

한 단어에 3가지 뜻 이상이 있을 때 즉시 한 번에 안 떠오르는 4번째부터의 뜻들은 모르는 단어로 처리. 또 '긍정적인' 다음에 당연히 '부정적인'이라는 뜻이 나오겠지 생각해서 외웠다고 착각하는 것 같은 단어들이나 어느 단원 어느 page에 위치해 있는지까지 잘 기억나는 단어들은 외운 거로 하기에는 애매하니 못 외운 거로 처리. 한글 뜻 조차 어색하게 뇌리에 박혀있어 이해가 아닌 그냥 암기가 된 것 같은 단어들도 모르는 걸로 처리.

   이렇게 깎고 깎아도 최소한 90%는 확실히 1단계에서 외우고 넘어온 것 같습니다. 이 또한 문장 안에서의 쓰임새까지 확실히 알아야 진정한 어휘력이 되기에 확실히 내 것으로 만드는 노력을 이어가야겠지요. - 후략- "_라밤바 님

콜럼버스의 달걀

"출판사가 사기 치고 있다 / 아무런 효과가 없다 / 헛소리를 하고 있다 / 소비자들을 현혹하고 있다 / 속이고 있다 / 혹세무민하고 있다 / 허구다 / 가짜다 / 엉터리 책이다 / 잉크 낭비다 / 지면 낭비다 / 휴짓조각이다 / 쓰레기 책이다 / 못된 교재다 / 이런 교재는 없어져야 한다 / 비효율의 극치다 / 불량식품을 팔고 있다 / 장사치다 / 모순투성이다 / 독자를 골탕 먹이고 있다 / 독자는 돈만 낭비하는 것이다 / 범죄를 저지르고 있다 / **특허를 받은 것도 잘못 준 것이다 / 영어탈피의 방법론은 전혀 새로운 것이 아니다** / 말도 안 되는 개소리다 / 지네들이 뭘 연구했는지 모르겠다 / 대동강 물 팔아먹은 봉이 김선달 뺨을 칠 정도다 / 사이비 종교 같다 / 영어 학습에 크나큰 해악이자 걸림돌이다 / 왜곡하고 있다 / 몰이해하고 있다 / 곡해하고 있다 / 어처구니없다 / 실소를 자아내고 있다 / 무식하다 / 우기고 있다 / 선동하고 있다 / 선무당이 사람 잡는다 / 궤변이다 / 무모한 객기다 / 영어탈피는 암세포다"

이분을 계속 입에 올리는 것이 마땅치는 않습니다. 그러나 이 또한 역사이고, 설명함에 있어 사실에 근거해야 한다는 것이 기본 철학입니다.

'영어탈피의 방법론은 전혀 새로운 것이 아니다, 특허를 준 것도 잘못이다.'라는 말씀, 상당히 모욕적이었습니다. 영어탈피는 우연한 영감으로 특허 출원된 것이 아닙니다. '언어 그 자체'에 대한 깊은 연구가 있었습니다. 그래서 우리 독자들이 한 분 한 분 영어를 마스터하면, 기쁘지만 사실 마땅히 될 일이 자연스럽게 된 것으로 생각합니다.

'방법에 왕도王道가 없다'고들 하지만, 왕도는 발견하지 못하였을 뿐 존재합니다. 아르키메데스가 목욕하다가 '유레카'를 외치며 나왔다는 유명한 일화. 그는 수학자입니다. 무언가를 계속 연구하고 있었기에

'유레카'의 일화도 현실이 될 수 있었던 것입니다. 결코 우연이 아닙니다.

캔 뚜껑 따는 것, 정말 쉽습니다. 고리를 살짝 들어 올리면 톡 하고 따집니다. 누구나 다 아는 지렛대의 원리를 적용한 것입니다. 그러나 이것을 발명한 어떤 한 사람이 없었다면 아직도 손을 많이 베었겠지요.

1004 님으로 기억됩니다. '영어탈피는 콜럼버스의 달걀'이라고 하시더군요. 탐험가 콜럼버스 얘기 아시죠? 단순하고 쉬워 보이지만 쉽게 떠올릴 수 없는 발명이나 발견을 할 때 붙이는 비유입니다. "아니! 그거 누구나 할 수 있는 것 아니에요?" 그 누구나 할 수 있는 걸 못해서 한국의 영어 교육이 길을 잃었습니다.

언어란 무엇인가? 읽기, 듣기, 말하기, 쓰기의 그 실체가 과연 무엇인가? 이렇게 선생님들이 접근했다면 '영어탈피'는 저희가 아니라 다른 분들이 여러분께 소개하고 있었을 것입니다.

'영단어를 공부할 때는 뜻이 여러 개든 아니든 모두 각각의 단어로 취급해 공부하라' 영어탈피 학습론 중 제1법칙인 이 사실을 알아냈을 때의 기분이 어땠을까요? 허망했습니다. 뭔가 정말 특별한 그 무엇이 있기를 내심 기대했습니다. 화가 났습니다. 이제 유학 없이도 1년 남짓이면 영어를 할 수 있게 되었습니다. 교수님들을 포함한 자칭 전문가들은 그간 무엇을 하셨습니까?

콜럼버스의 달걀 얘기를 꺼낸 것은 저희를 뽐내기 위함이 아닙니다. 교육에 몸담고 있는 분들의 각성이 얼마나 중요한지를 강조하기 위함입니다. 영어 교육, 이제 전면적 변화가 필요합니다.

영어탈피 제2법칙 |
단어, 반드시 문장과 함께 익혀라

직독직해, 직청직해가 되려면 예상 능력이 필요하다

영어 성공을 위한 제1법칙을 살펴봤습니다. 단순히 단어 뜻만 많이 외울 목적이라면 이것만으로도 의미가 있습니다. 그렇지만 직독직해, 직청직해가 무난히 되기 위해서는 이것만으로는 부족합니다. 단어는 문장 안에서의 쓰임까지 공부해야 그 힘을 발휘합니다.

영어탈피 학습론 중 제2법칙을 말씀드리겠습니다. 직독직해, 직청직해가 되기 위해서는 어떤 단어가 나올지, 어떤 문법 구조로 전개될지를 미리 예상할 수 있어야 합니다.

서연아 생일 투카해. 선물 뭐 받고 싶어?

상대가 이렇게 혀 짧은 말을 했습니다. '축하'를 '투카'라고 한 것이죠. 한국인 중에서 이 말을 못 알아들을 사람은 없습니다. 발음이 좀 안 좋아도 '생일' 다음에 무슨 말이 나올지를 번개처럼 예상할 수 있습니다. 가령 '투카'라는 소리조차 못 들었더라도 대화에는 아무 문제가 없습니다. 왜냐면 이 '투카'의 위치에는 그 말밖에는 올 말이 없기 때문입니다.

어떻게 아냐고요? '듣기'라는 건 발음 즉, 소리의 문제만은 아닙니다. 그간에 해왔던 말하기의 경험이 통합적으로 반영되어 이해되는 것입니다. 누군가가 '축하'라는 단어를 말하면 그 주변을 구성하는 단어는 수많은 단어 중에서 몇 가지로 압축되어버립니다.

예컨대 '축하' 옆에는 '생일'이나 '합격', '선물' 같은 단어들이 올 것으로 예상이 됩니다. 이를 영어탈피에서는 '짝을 이루는 어휘'라고 말합니다. 영어로는 연어collocation라는 말을 씁니다. 그러나 다소 다르기 때문에 '짝 어휘'라는 용어를 쓰도록 하겠습니다.

짝을 이루는 단어가 있다면 서로 밀어내는 단어도 있게 마련입니다. '폭행, 장례식, 연탄, 미움, 좌절, 살인, 전쟁…', 이런 단어들은 '축하' 옆에 여간해서는 등장하지 않습니다.

듣기에 있어서의 '예상'과 관련해 하나 더 말씀드리겠습니다. 자, 누가 말을 합니다.

"민준아… .

이렇게만 들려온다면 다음에 무슨 말이 올지 가늠을 할 수 없습니다. 올 수 있는 말의 경우의 수가 헤아릴 수 없을 정도입니다.

"민준아 지금… .

그렇지만 이렇게 단 한 단어만 더 붙여도 뒤에 올 말이 무엇일지 매우 큰 폭으로 압축이 됩니다.

"민준아 지금 몇… .

게다가 또 한 단어가 더 붙으면 다 안 듣고도 알 정도가 됩니다.

"민준아 지금 몇 시야?"

보통은 이런 식이 되는 것이죠. 이처럼 직독직해, 직청직해는 결국 예상해서 읽고 듣는 능력입니다. 그 능력을 기르기 위한 공부법이 필요한 것이죠. 이런 능력은 문법 이론 따로, 단어 외우기 따로 해서 될 문제가 아닙니다.

문법 이론은 아주 최소한의 것만 알면 됩니다. 몇 시간의 강의면 충분합니다. 문법 이론을 지나치게 강조하는 사람은 다음 두 경우입니다. 학생에게 그것 외에는 해줄 다른 능력이 없는 분들. 다른 하나는 그것이 생계 수단인 경우입니다. 학원이나 인강이 대표적입니다. 영어탈피로 공부하는 분들은 복잡한 문법 강의를 따로 듣지 않습니다.

글이나 말을 예상해서 읽고 들을 수 있으려면 무엇이 필요할까요? 애초에 단어를 공부할 때 그 단어가 품고 있는 문법 정보까지 함께 익혀 놓아야 합니다. 단어의 철자와 발음, 뜻만 공부해서는 안 됩니다. 그 단어가 품고 있는 그 단어의 사용법까지 함께 배워둬야 한다는 얘기입니다.

우리 산이나 타자. 등산화 신고 오는 거 잊지 마?
　　　　　　(등산하다)

'타다'의 뜻은 25개입니다. 한국인은 25개의 각종 '타다'를 다 알고 있습니다. 그리고 이렇게 다양한 '타다' 중에서 '등산하다'라는 그 '타다'만 생각이 납니다. 또 앞뒤에 '산'이나 '등산화' 이런 단어가 올

것을 이미 알고 있습니다.

영어로 쓰여 있어도 마찬가지입니다. 한글이 영어로 바뀔 뿐 함께 어울리는 짝 어휘는 달라지지 않습니다. 각 단어를 익힐 당시에 그 단어가 어떤 성질을 가지고 있는지를 함께 배워 두기 때문입니다.

'타다(등산하다)'를 배울 때 '산'이나 '등산화', '배낭', 이런 단어가 들어간 문장과 함께 익혀 둔 것입니다. '등산화'를 익힐 때 '산', '타다', 이런 단어와 함께 배워 둔 것입니다. 배울 때와 비슷한 상황을 재현하여 잘 사용할 수 있었던 것입니다. 그런데 영어는 그것이 잘 안 되죠. 그렇게 배워 보질 않았기 때문입니다.

말하기와 쓰기도 예상 능력이 핵심이다

인풋으로서의 직독직해와 직청직해가 되는 원리를 살펴봤습니다. 이제 아웃풋을 보겠습니다. 말하기와 쓰기입니다. 인풋이 상대의 말과 글을 예상해서 받아들이는 것이라면 말하기는 줄줄이 소시지처럼 이어내는 능력이라 할 수 있습니다.

너 밥 먹었어?

이 말을 못 하는 사람은 없습니다. 길이가 짧으니까 통으로 외워뒀다 말하는 걸까요? 그렇게 생각할 수 있지만 그렇지 않습니다.

너 밥 먹었어?	너 사과 먹었어?
걔 밥 먹었대?	걔 국수 먹었대?
얘 밥 먹여.	얘 우유 먹여.
나 밥 먹어야겠다.	나 과자 먹어야겠다.

짧은 3형식(주어+목적어+서술어)들입니다. 이렇게 짧아도 내용은 매우 다양하게 변할 수 있습니다. 길이의 문제가 아닙니다. 외워진 것처럼 생각할 수 있지만, 사실은 정교하게 잘 조립하는 것입니다.

너 밥 먹었어?

'너 밥… ' 이렇게 시작하면, '너 밥 먹었어?' 이렇게 도미노처럼 이어져 버립니다. '밥' 다음에 '먹다' 외에는 올 것이 없다고 인식하기 때문입니다. '밥'과 '먹다'가 서로 짝 어휘라는 사실을 함께 익혀 놓아서 그렇습니다.

어휘력의 정의 | 단어와 문법은 한 몸이다, 떼어 내지 마라

이쯤에서 아주 중요한 얘기를 하겠습니다. '어휘력'에 대해서입니다. 영어를 잘하려면 '어휘력'이 무엇인지부터 제대로 알아야 합니다. 이 어휘력이 바로 인풋과 아웃풋의 관건이자 핵심이기 때문입니다.

국어사전은 어휘력을 '어휘를 마음대로 부리어 쓸 수 있는 능력'이라고 뜻풀이합니다. 틀린 말은 아니지만 좀 더 정확하게 살펴야 합니다. 영어를 제대로 가르치려면 학생들에게 어휘력의 정의부터 잘 설명해 줘야 합니다.

어떤 단어에 대해 '어휘력을 갖췄다' 함은, 그 단어의 철자와 발음, 그 뜻은 물론이고, 그 단어가 품고 있는 문법 정보까지 일체로 알고 있음을 말한다.

예컨대 '너 밥 먹었어?' 이 말을 잘 듣고 잘 말할 수 있는 것도 각 단어에 대한 어휘력을 제대로 갖춰 뒀기 때문입니다. '밥'에 대한 어휘력은 '밥'의 철자와 발음, 그 뜻은 물론이고, '밥'이 평소에 '먹다', '맛있다', '짓다'와 짝을 이룬다는 사실, 짝을 이룰 때 '밥'이 이들보다 앞에 선다는 사실, 목적격 조사 '을'을 그 사이에 둔다는 사실까지 아는 것입니다. '먹다'에 대한 어휘력도 마찬가지입니다. 그 짝 어휘들과 어순 관계, 도움을 주는 조사까지 알고 있을 때 '나는 '먹다'에 대한 어휘력이 있다.' 이렇게 말할 수 있습니다.

한국어는 각 단어마다 그 단어의 철자와 발음, 뜻만 아는 것이 아니라 그 단어를 사용하는 방법까지 모두 알고 있기 때문에 술술 말이 됩니다. 각 단어를 공부할 때 애초에 그렇게 배워둔 것입니다. 문법 이론 따로, 단어 뜻 따로 배워서 기계적으로 조립하는 것이 아닙니다. 단어를 배우는 그 과정에서 문법 정보까지 함께 처리하는 것입니다.

영어가 안 됐던 이유도 단순 명료합니다. 똑같은 까닭입니다. 중학교, 고등학교 6년 동안 문법 이론을 교육해도 영어가 될 수가 없었습니다. 본래 그렇게 배우는 게 아니기 때문입니다. 성공의 길은 오른쪽 방향인데 왼쪽으로 가라 합니다. 시간을 들인다고 해결될 문제가 아니었던 것이죠. 당장 멈춰서 방향부터 바꿨어야 했습니다.

정상적으로 어휘력을 키우는 방법은 간단합니다. 영어탈피는 각 단어마다 꼼꼼하게 실용 예문을 달아드렸습니다. 각 단어마다 짝 어휘와 어순 정보, 관사나 전치사 등을 잘 배울 수 있도록 설계되어 있습니다. 알려드리는 방법으로 잘 따라주기만 하면 됩니다.

앞서 '단어는 인풋과 아웃풋을 구성하는 뼈와 살입니다. '살'이라는 건 이해가 되는데 '뼈'라는 것은 이해가 잘 안 될 수도 있겠습니다'라는 말씀을 드렸습니다. 이제 이해가 되나요? 종래의 영어 교육은 단어와 문법을 분리하는 우를 범했습니다. 문법 이론은 '뼈'로, 단어는 '살'로 나눠서 생각했습니다. 이게 치명적인 실수입니다. 언어에 있어 단어는 세포입니다. 그리고 이 세포는 각각 뼈와 살을 가지고 있습니다. 분리해서 공부해서는 안 됩니다.

문법 공부는 따로 하는 것이 아닙니다. 단어를 공부하는 속에서 함께 이뤄지는 것입니다. 앞으로 여러분께서는 "나는 문법 공부를 따로 하지 않고도 고득점을 올렸어요."라는 말씀을 하게 될 것입니다. 사실 문법 공부를 안 한 게 아닙니다. 어휘력을 쌓는 과정에서 함께 습득되어버려서 문법이라는 말을 쓸 일이 없는 것입니다. 한국의 학교에 시험용 영어만 있고 말이 되는 영어가 없었던 까닭, 이해되시죠?

다음 인터뷰는 NewBrand 님과 나눈 대화입니다. 말씀드렸듯이 기초가 어느 정도 있는 상태에서 출발하셨습니다. 어휘력의 정의를 다시금 새기게 될 것입니다.

진행자: 말이 되려면 문법 이론을 외운 다음에, 단어를 따로 외워서 말을 하는 게 아니라, 단어를 공부할 당시에 그 단어가 품고 있는 어순 정보라든가, 또 평소에 함께 어울리는 단어, 그러니까 단어가 품고 있는 문법 정보를 함께 공부해야 영어가 된다고 말씀을 드리고 있습니다. 실제로 공부해 본 입장에서 어떻던가요?

NewBrand: 저는 개인적으로 그게 가장 중요하다고 생각을 해요. 특히 한국인들한테 그게 제일 중요하다고 생각을 해요. 왜냐면 단어를 외울 때 한 단어를 쓰고 여러 가지 뜻을 같이 외우는 경우가 많거든요. 근데 말씀하셨다시피 한 단어는 단 하나의 의미만 갖는 거잖아요. 그게 되게 저를 자유롭게 했던 거 같아요. 영어탈피는 단어마다 전부 다 문장이 붙여져 있잖아요. 그게 되게 좋았어요. 그게 저는 영어탈피의 핵심이라고 생각을 해서, 그래서 문장을 계속 읽으면서 단어를 외웠던 게 정말 좋았어요. 그래서 단어 외우는 것에서도 자유로워질 수 있었고, 그 단어가 문법적으로 어떤 상황이랑, 다른 단어들이랑 어떻게 같이 쓰이는지, 또 어떤 의미일 때는 또 어떤 전치사랑 쓰이고, 그런 게 있잖아요. 그런 거를 같이할 수 있어서 좋았어요. 사실 같이하는 게 자연스러운 건데 지금까지는 자연스럽지 못한 방법으로 배웠던 거 아닌가 하는 생각이 많이 들었죠.

진행자: 제가 영어로 말을 하면, 아무런 어려움 없이 잘 알아들으시는데, 그게 어떤 말이냐면 문법적으로 완성이

되었다는 말이거든요. 영어탈피 예문을 통해서 문장 구조를 터득하셨나요?

NewBrand: 그렇죠. 그걸 통해서 아주 많이 익숙해졌죠.

진행자: 영어탈피 공부 전에, 리스닝에 있어서 바로 알아듣는다든가, 리딩에 있어서 바로 문장 구조가 파악이 돼서 다시 읽어보거나 할 필요 없이 쭉 읽으면서 독해가 되고 그러셨나요?

NewBrand: 아니요. 그러지 않았었어요. 영어탈피 하기 전에는 문장을 읽을 때 분석을 했어요. 뭐라고 해야 되지? 안 하려고 했는데 이해가 안 되면 어쩔 수 없이 분석을 하는 그런 게 있었거든요. 그러니까 주어가 여기고 동사가 여기고 목적어가 여기고 이런 거를 했었거든요. 근데 지금은 그런 거를 전혀 안 하죠. 그리고 듣기 할 때도, 시험을 볼 때, 듣기 시험이 그렇잖아요. 전체를 알아듣지 못해도, 특히 토익은 문제를 미리 읽어보고 '어떤 거에 대해 질문을 할 거다'라는 대비를 하고 있으면 그런 거에 있어서 더 잘 듣게 되잖아요. 그런 식으로 해서 점수를 받았었거든요. 듣기가 그랬어요. 전체 내용을 다 알아듣는 게 아니라, 그러니까 드문드문 들리는 거에서 힌트를 얻어서 답을 찾는 그런 정도.

진행자: 영어탈피를 하기 전과 후의 실력 변화를 체감하시나요?

NewBrand: 네, 많이 합니다.

영어탈피 권장 학습 방법

공부는 단계를 나눠서 하라

영어탈피의 기본 구성이 이해가 되나요? 추가적인 특징은 차차 설명하겠습니다. 지금부터는 도구 '영어탈피'를 어떻게 활용해야 하는지에 대해 말씀드리겠습니다.

앞서 어휘력의 정의와 중요성에 대해 다루었습니다. 그리고 영어를 마스터 하려면 제1법칙 '단어의 뜻이 여러 개면 각 뜻별로 각각의 단어로 취급해 공부한다.', 제2법칙 '모든 단어는 반드시 문장과 함께 익힌다.', 이를 실천해야 한다고 했습니다.

"나는 이미 문장 안에서 공부하고 있는데요."라고 말하는 분도 있겠습니다. 독해 지문을 놓고 그 안에 있는 단어를 사전을 찾으면서 공부하고 있는 것이죠. 나름 실천을 하고 있다고 볼 수도 있겠습니다. 그런데 이 방법은 고되기만 하고 효율성이 없습니다.

한 지문에 모르는 단어가 한두 개쯤 있다면 그나마 진행이 되겠습니다. 그러나 만약 지문 안에 있는 단어를 거의 모른다면 어떨까요? 호기롭게 시작했지만 지문 몇 개 읽고 나면 녹다운이 되고 맙니다.

Bạn bè bên cạnh lúc khó khăn là bạn đúng nghĩa.

베트남어입니다. 손도 못 대시겠죠? 사전을 찾아볼 엄두도 못 내실 것입니다. '어려울 때 친구가 참된 친구다.'라는 말입니다. 자, 영어 지문이 이렇게 느껴진다면 어떻겠습니까? 마찬가지입니다. 지문 독해나 독서를 통한 어휘 공부도 토익 700 정도의 기초 실력은 되어야 그나마 의미 있습니다.

영어를 정복하기 위한 방법으로써 문장 안에서 단어를 공부하는 것은 당위적으로는 맞습니다. 그러나 학습 실무에서는 모든 것을 한 번에 다 하는 것이 아니라 단계를 나눠서 해야 합니다. 어휘력의 정의를 분리해서 보도록 하겠습니다.

어휘력 = ① 단어의 철자·발음·뜻 + ② 단어에 내재된 문법 정보

현지에 이민을 가서 자연스럽게(특정 도구의 도움 없이) 영어를 배우겠다는 분들이 있습니다. ①과 ②를 한꺼번에 진행하겠다는 것이지요. 원리적으로도 그렇고 결과론적으로도 ①과 ②를 함께 하는 것은 현실적으로 어렵습니다. '지내다 보면 되겠지….'라는 생각으로 하면 성과를 보기 어렵습니다. 10년을 살아도 영어를 못 하는 사람이 흔한 이유가 바로 이것입니다. 걸음마도 못 뗀 아이에게 날갯짓을 하라고 하면 되겠습니까? 다른 특별 대책이 필요한 이유입니다.

①과 ②를 모두 얻되, 현실적으로 가능하게 하는 방법이 바로 단계적으로 하는 방법입니다. ①을 먼저 하고 ②를 이어서 하는 것입니다. ②가 무난히 수행될 수 있도록 '준비운동'으로써 ①의 과정을 선행하는 것입니다.

이 ①의 과정을 영어탈피에서는 1단계 과정이라고 합니다. ②는 2단계 과정입니다. 그리고 이 ①과 ②를 끝냈을 때, 다시 말해 1단계와 2단계를 끝냈을 때, 영어탈피를 완주했다고 말합니다.

수앤유 님은 기초가 없었기 때문에 이 과정에 1년 정도가 들었고 NewBrand 님은 기초가 있었기 때문에 5개월 정도로 짧게 마칠 수 있었습니다. 곧이어 탄탄한 어휘력을 토대로 각각 2개월 정도씩 원어민 접촉을 통해 스피킹 능력까지 마저 완성하셨습니다. 두 분 다 100% 국내에서 영어를 정복한 것이지요.

유학이나 이민을 가는 것보다 몇 배 더 빠를 수 있었던 이유는 실정에 맞게 특단의 대책을 썼기 때문입니다. '아기가 말을 배우듯이 영어를 배워라'는 말이 있습니다. 아기처럼 말을 배우는 것은 아기가 할 일입니다. 이미 모국어가 완성된 사람은 그에 따른 맞춤 대책이 필요합니다. 그래야 1만 시간의 법칙을 깨고 700~1,500시간에 해결이 가능해집니다.

영어탈피 제1단계 I
우선 단어 왕이 돼라, 준비 운동이다

개미와 베짱이를 다시 읽자

> **영어탈피 1, 2, 3단계 과정 요약**
> 영어탈피를 이용한 영어 마스터 과정은 모두 세 단계로 되어 있다. 제1단계와 제2단계는 말하기를 위한 기반을 형성하는 과정이다. 바로 어휘력(①단어의 철자·발음·뜻 + ②단어에 내재된 문법 정보)을 완성한다. 제3단계는 이를 기반으로 원어민과의 실전 훈련을 하는 과정이다. 2단계까지 마치면 직독직해, 직청직해, 영작은 완성된다. 3단계는 말을 뱉어내는 요령을 좀 더 보강하는 과정이다.

1단계는 어휘력 중에서 '단어의 철자와 발음과 그 뜻'을 먼저 아는 과정입니다. 2단계는 예문을 공부하는 과정입니다. 이 예문들은 모두 1단계 때 공부한 단어들로 구성이 되어 있습니다. 1단계는 2단계 예문 과정을 무난히 진행하기 위한 준비운동 과정입니다. 1단계를 시간을 허비하는 과정으로 생각해서는 안 됩니다. 영어탈피에 수록된 단어의 80% 이상을 알고 있지 않다면 짧게라도 꼭 하고 넘어가야 합니다.

학교나 학원에서 '자, 얘들아 집에 가서 단어 외워 와라.' 이런 숙제를 내줄 때가 있었죠? 단어를 외우는 것도 힘들지만 까먹고 다시 외우기를 반복하지요.

영어탈피 1단계 과정에서는 이처럼 알고 있어야 할 단어를 먼저 외우게 합니다. 1일 2시간 기준, 1만5천 단어는 보통 3~4개월 정도면 해결이 됩니다. 5천 단어라면 이것의 1/3 정도의 기간이면 됩니다. 교재가 다르기 때문에 중학생은 1달, 고등학생이나 토익 준비생이라면 3~4달 정도 보면 됩니다. 물론 발음도 원어민 발음으로 익혀집니다. 초등학생의 경우 1,800단어를 권하고 있습니다. 아주 금방 해결됩니다.

기간을 대폭 줄이고 싶으신가요? 하루 공부 시간을 늘리면 됩니다. 1개월 동안 15,000단어를 암기했다는 영어탈피 후기들이 여러 개입니다. 이유는 단순합니다. 도구가 잘 익혀지도록 설계가 되어 있어서입니다.

따라서 공부하는 방법도 매우 쉽고 단순합니다. 알려드리는 대로만 잘 따라주십시오. 미리 말씀을 드리겠습니다. '쉽다'라는 것은 상대적인 느낌입니다. 영어탈피로 공부한 모든 분이 성공하는 것은 아닙니다. 그래서 '2주 완성', '2개월 만에 기적 체험' 같은 것을 찾아 떠나기도 합니다.

'쉽다', '힘들다'의 갈림길은 '기초의 여부'입니다. 그간 개미로 산 분들은 상대적으로 쉽게 느껴집니다. 베짱이로 살았다면 아무래도 더 어렵게 느껴지지요. 아는 단어가 너무 없으면 더 힘들게 느껴진다는 얘기입니다. 어쩔 수 없지요. 이제는 베짱이로 살지 마십시오.

'2주 완성', 이런 광고에 현혹된다면 본인이 베짱이임을 인증하는 꼴입니다. 그냥 '영어탈피 시리즈' 중 자기 수준에 맞는 교재를 선택해서 시작하면 됩니다. 그러면 크게 힘들지 않습니다.

'2주 완성' 같은 광고에 휘둘리면 결국 헛꿈만 꾸다가 다시 영어탈피를 찾아오실 것입니다. 기간이 더 늘어 '2주+α+영어탈피'가 되는 것이죠. 이건 그나마 다행입니다. 영어탈피를 찾지 않으면 2주에다 몇 년이 더 낭비될지 모릅니다. 그렇게, 하다 말기를 반복하다 다시 영포자가 됩니다. 악순환을 선택했다면 악순환의 고리도 스스로 끊을 수밖에 없습니다.

영어탈피 제1단계 진행 방법

**담임 선생님은 왜 출석을 부를까?
출결 확인? 그거 아니다**

1단계 공부 방법입니다. '영어탈피 초급편'을 예로 들겠습니다.

자, 얘들아 몸 풀자. / 저희 벌써 <u>스트레칭</u> 다 했어요.	명 스트레칭(몸풀기 운동)
네가 그냥 <u>멍청한</u> 거야, 아니면 <u>기계</u>가 정말 고장이 난 거야?	형 (사람이) 멍청한(바보 같은)
거기 있는 <u>지우개</u> 좀 던져 줄래? / 응, <u>받아</u>!	동 (물체를 손·글로브 등으로) 받다
모래 위에 아기 <u>발자국</u> 좀 봐. 너무 귀엽다.	명 발자국
너 어제 <u>토론</u> 봤어? / 응, 봤어. 완전 <u>개싸움</u>이더만.	명 개싸움(진흙탕 싸움)
나 <u>노 저</u>을 줄 모른단 말야. 가르쳐줘!	동 (배를 움직이기 위해) 노를 젓다
방금 뭐였냐? <u>방귀</u>야, <u>천둥</u>이야? / 야, 난 아니다. 진짜 아냐.	명 방귀

— 영어탈피 초급편 본문 예 —

stretch	strétʃ	Let's warm up, guys. / We've already done our **stretches**.
dumb	dʌm	Are you just **dumb**, or is the machine really broken?
catch	kǽtʃ	Throw that eraser over to me, won't you? / OK. **Catch**!
footprint	fútprint	Look at the baby's **footprints** in the sand. It's so cute.
dogfight	daˈgfaiˌt	Did you watch the debate last night? / Yeah, it was a total **dogfight**.
paddle	pǽdl	I don't know how to **paddle**. Teach me!
fart	faːrt	What was that just now? A **fart** or a thunder? / Dude, it wasn't me. I swear.

179
2장 First, let's lay the groundwork.

· **1단계의 목적**

어휘력의 한 축인 영단어의 철자와 발음, 그 뜻을 먼저 안다.
2단계의 원활한 진행을 위한 준비운동의 역할을 한다.

공부법은 다음과 같습니다. 몇 가지만 주의하면 됩니다.

· **진행 방법**

❶ 원어민에 의해 녹음된 MP3 음원을 재생한다.
❷ 발음이 들려오면 영단어와 뜻을 보면서 1회 따라 말한다.
❸ 다음 단어도 이와 같이 한다.
❹ 책에 실린 모든 단어를 '마지막 쪽'까지 이와 같이 한다.
❺ 전체를 이와 같이 했다면 이것을 여러 차례 반복한다.

방법은 단순합니다. 원어민의 목소리를 틀고, 책에 있는 단어와 뜻을 보면서, 원어민을 열심히 따라 하는 것입니다. 물론 이 과정에서 철자와 발음, 그 뜻을 꼭 외워내고 말겠다는 의지를 불태워야 합니다. '되면 좋고 아니면 말고 식'으로는 아무것도 이룰 수 없습니다. 이 행위를 각 단어마다 딱 1회씩만 하고 다음 단어로 넘어갑니다. 한 단어당 2초 정도 소요됩니다. 마지막 단어까지 했다면, 다시 처음부터 여러 번 반복합니다.

"저는 단어를 보고 읽지도 못합니다."라고 말씀하시는 분도 계십니다. 간단히 요약된 '영어탈피 파닉스'가 있습니다. 몇 시간 또는 며칠만 하고 오십시오. 너무 단순한가요? 하지만 복잡할 이유가 없습니다. 도구가 잘 설계되면 공부법은 단순해집니다.

음원 견본

음원을 들으면서 한 번 따라 해 보시기 바랍니다. QR코드를 찍으면 샘플 음원을 들을 수 있습니다.
-----▶----- 들어 보셨습니까?

어떤 느낌이 드시나요? 많은 분들의 첫 느낌은, '진짜 이런 식으로 해서 단어가 외워진다고? 설마….', '다음 단어로 넘어가니깐 방금 봤던 단어도 생각이 나지 않는데요?' 이렇습니다. 백이면 백 모두 똑같습니다.

생각해 보세요. 공부가 되려면 지금 보고 듣고 있는 단어에 최대한 집중을 해야 합니다. 그런데 그러지 않고 아까 지나간 단어를 생각한다면 지금 보고 있는 단어가 공부가 될까요? 두뇌는 바보가 아닙니다. 지금 이 순간 무엇이 중요하고, 그래서 무엇을 해야 하는지를 잘 압니다. 다음 단어로 넘어가는 순간 바로 잊혀진 것 같지만 그 잔상은 두뇌의 곳곳에 계속 맺히고 있습니다. 걱정하지 않아도 됩니다.

이 책이 다른 '공부법' 책들과 다른 철학은, 결과를 먼저 보여주고 그 '결과'를 낸 그 '공부법'을 소개한다는 점입니다. 50대의 나이에 1개월 만에 1만5천 단어를 암기한 후기, 거짓말 같으신가요? 카페에 오셔서 직접 보십시오. 저희는 5년을 카페를 통해 소비자들과 소통하고 있습니다. 처음엔 다른 분의 후기를 보고 시작합니다. 그다음엔 내가 후기를 씁니다. 내 후기는 또 다른 분들이 봅니다. 이런 구조입니다.

50대이신 mom1005 님의 후기가 많은 교훈이 될 것 같습니다. 2개월 만에 14,000단어를 외우셨습니다.

"올해 1월 29일, 첫걸음편부터 시작해서 첫걸음 1단계와 2단계 7회독까지 하고, 일반인편으로 넘어온 지 두 달이 지나 1단계를 마무리합니다. – 중략 –

　마지막으로 확인하고 싶었습니다. 과연 얼마만큼 성과를 거두었는지…. 최종적으로 90%를 달성했음을 확인했습니다.

　신기하기도 하고, '열심히 하면 되겠구나'하는 희망도 품게 되었습니다. – 중략 –

　사회생활을 하면서도 가슴속에는 늘 영어에 대한 갈망과 두려움이 공존하고 있었습니다. 그래서 '영어 OO 절대로 하지 마라'도 열심히 들어 봤고, 동화책으로 공부하는 게 좋다더라 해서 '플랜더스의 개', '엄지공주' 등의 동화책을 사서 CD를 들었고, 발음이 나쁘면 못 알아듣는다 해서 '원어민 발음'이라는 책을 사서 동영상 강의도 보았고, 문법이 중요하다더라 해서 문법책 사면 동영상 강의 20회 무료 수강할 수 있다고 해서 문법만 또 열심히 공부했었던 적도 있었습니다. 카더라 하는 건 이것저것 시도해 보았습니다.

　작년에도 본격적으로 영어 공부를 해보려고 구매한 책이 10권인데, 무작정 따라 하기 시리즈, 특허받은 영어 발명가 시리즈, 핵심 패턴 OO개 시리즈….

　그런데 모든 게 단어 공부가 선행되어야 하겠더군요. 그래서 좀 더 일찍 영어탈피를 만났다면 좋았을 텐데 하는 생각을 많이 했었습니다.

　'내가 과연, 50대 아줌마가 외울 수 있을까?' 하면서 나 자신조차도 믿지 못했었는데 반복의 위대한 힘으로 해낼 수 있었답니다.

　그리고 혼자 공부할 때는 외로웠는데, 지금은 공부 방법을 공유하고, 같이 가는 사람들이 있으니 든든하고 겁이 나지 않습니다. 무엇보다 여기까지 올 수 있었던 것은 앞서 이 길을 가고 계시는 선배님들의 후기들이 많은 도움이 되었고, 우공이산님의 답변들이 나침반이 되었습니다."_mom1005 님

그냥 단어만 많이 외우고 싶다면 1단계까지만 해도 됩니다. 문법도 잘 알고 문제 풀이 요령도 잘 아는데 단어 때문에 시험 망쳤다는 분들 계시죠? 고득점을 얻은 사람들에게 그 비결이 뭐냐고 물으면 단연

'어휘력'이라는 답변이 옵니다. 영어에서 단어는, 모르면 치명타이고 많이 알면 꽃놀이패입니다. 다들 경험해서 잘 아실 것입니다.

　진행 방법은 정말 단순합니다. 우리 조상들이 천자문을 외울 때도 이 방식으로 했습니다. 천 년은 된 증명된 공부법인 것이죠. 훈장 선생님이 먼저 음독을 합니다. "하늘 天(천)~ 땅 地(지)~" 그러면 학생들도 책을 보고 따라 합니다. 다시 훈장님이 이어 갑니다. "검을 玄(현)~, 누를 黃(황)~" 학생도 따라 합니다. 영어탈피는 성우의 목소리가 곧 훈장 선생님입니다.

天

1. 하늘
2. 하루(日)
3. 하느님
4. 임금
5. 천성
6. 자연
7. 몹시
8. 날씨
9. 계절
10. 낮

'하늘 天(천)'자입니다. 뜻이 10개나 되죠? 아마 '중국어 天의 뜻이 이렇게 많을 줄이야!'라고 생각하시는 분들이 꽤 계실 것 같습니다.

天空 : 하늘

　　看！天空有直升机！/ 你眼瞎了吗？那是蜻蜓！
　　봐봐! 하늘에 헬리콥터다! / 눈멀었냐? 저건 잠자리잖아.

今天 : 오늘

　　小金，今天有约吗？/ 没有，怎么了？
　　샤오진, 오늘 약속 있어? 아니, 왜?

내년에 출판될 '중국어탈피'에 실릴 단어와 예문입니다. 天도 '하늘'이기만 한 것이 아닙니다. 세계의 모든 언어는 다 동형이의어와 다의어가 있습니다. 地, 玄, 黃… 다른 단어들도 매한가지입니다. 천자문에 있는 1천 자를 종래의 방법으로 외운다고 생각해 보세요. '天'의 뜻은 '하늘, 하루, 하느님, 몹시, 천성… ', '地'는 '뭐, 뭐, 뭐, 뭐'. 배우 백윤식 씨라면 이렇게 말할 것 같습니다. "너 그러다 피똥 싼다."

아시다시피 우리 선조들, 천자문을 그렇게 외우지 않았습니다. 영어탈피가 그러하듯 전체 글자를 1회씩 쭉 따라 하고, 그 과정을 여러 번 반복한 것입니다. 마지막 글자가 '어조사' 也(야)입니다.

天 ------------ ▶ ------------ 也

天으로 시작해서 也까지 간 후에 다시 天부터 반복을 한 것입니다. 그렇게 하는 과정에서 스펠링도 교정이 됩니다. 살짝 서운한 것은 차차 바로 잡힙니다.

천자문 외는 것과 영어탈피 공부법, 매우 비슷하죠? 책 전체를 반복하는 것, 또 모든 단어의 뜻을 딱 하나씩만 공부하는 것이 그렇습니다. 5년 전에는 영어탈피 학습법이 낯설게 느껴졌습니다. fine의 뜻은 '뭐, 뭐, 뭐, 뭐'와 같은 방식으로 외우고 있었는데, 각각을 분산시켜 공부하라고 하니 얼떨떨한 것이죠.

그런데 결과는 좋습니다. 부작용이 있을 수가 없습니다. 1천 년은 족히 해온 방법이니 말이죠. 올바른 방법이 이미 존재했는데 근래 영어 교육 70년사가 길을 잃고 헤맨 것입니다. 황당한 공부법의 쓰나미가 온 학교를 휩쓸어 버렸습니다.

학교에서 출석은 왜 부를까요? 대학교와 초중고는 그 이유가 다릅니다. 대학에서는 각 과목 교수가 출석 체크를 합니다. 한 명이 목소리를 바꿔가며 '대리 출석' 퍼포먼스(?)를 하기도 하죠. 이때의 목적은 출석 불량을 이유로 감점을 주기 위함입니다. 초중고에서는 담임선생님이 출석을 부릅니다. 이때는 결석한 학생이 누군지를 알기 위함이 아닙니다. 그거야 "거기, 빈자리 누구야?" 이렇게 묻고, "동현이가 결석했어요."라고 대답하면 끝입니다.

초중고에서의 출석 부르기는 담임선생님이 학생들 이름과 얼굴을 외우기 위함입니다. 자기 반 아이들의 이름도 모르면 안 되잖아요. 방법은 간단합니다. 매일 아침에 한 번씩 이름을 부르면서 얼굴을 보면 됩니다. 이렇게 하면 보통 한 달 정도면 현우가 누군지, 동현이가 누군지, 민서가 누군지, 수빈이가 누군지 다 알게 됩니다. 50명쯤 되어도 여지없이 외워내죠.

"자, 현우 일어나 봐." 이렇게 한 아이를 세운 후에, 계속 얼굴을 보면서 "현우, 현우, 현우…" 이렇게 30번을 부르는 선생님은 본 적이 없으시죠? 그냥 날마다 전체 학생을 한 번씩만 부르고, 그것을 30일 정도 할 뿐입니다.

왜 그럴까요? 선생님들은 경험적으로 다 압니다. 얼굴을 보고 이름을 부르는 것을 똑같이 30번을 해도, 한 번에 30번을 몰아서 부르는 것은 암기에 도움이 되지 않는다는 것을요. 한 번만 부르되 30일을 매일 부르는 것이 핵심이라는 것을요.

안타까운 건, 영어 선생님들도 담임을 맡으면서 다들 경험한 방법인데 영어 공부는 그렇게 시키지 않았다는 점입니다. 마치 집단

최면에 걸린 것처럼 모든 선생님들이 말이죠. 학생들의 이름은 영단어의 철자와 발음입니다. 용모와 차림새, 성격은 영단어의 뜻으로 보면 됩니다.

책 전체를 하나의 주기로 반복하라

영어탈피 권장 학습 방법의 핵심은, 책 전체를 하나의 주기로 반복하는 것입니다. 1단계 과정이든 2단계 과정이든 똑같이 적용되는 원리입니다. 아주 중요하기 때문에, 1단계 과정을 예를 들어서 자세히 설명을 하겠습니다.

앞서 말씀드린 것처럼 영단어를 외울 때 한 단어를 붙잡고 계속 반복하는 것은 효과가 없습니다. 이유가 있습니다. 한 자리에서 30번을 외운다고 해서 30번만큼의 반복 효과가 나오는 것이 아니기 때문입니다. 그래서 모든 단어를 한 번씩 전체적으로 30번을 반복하는 것이 필수입니다.

외워야 할 단어가 9,000개라고 가정하겠습니다. 한 단어를 30번씩 외운 후 다음 단어로 넘어가는 방법을 '구식 방법'이라고 하고, 한 번씩만 외운 후 다음 단어로 넘어가고 그 과정을 전체적으로 30번 반복하는 것을 우리 '영어탈피 방법'이라고 하겠습니다.

소요 시간을 계산해 보겠습니다. 한 단어를 1회 처리하는 시간은

2초 정도입니다. 9천 단어를 30회씩 한다면 '구식 방법'과 '영어탈피 방법' 모두 540,000초입니다. 하루 2시간씩 하면 두 방법 모두 75일이면 성과가 나와야 합니다. 그런데 과연 결과도 같게 나올까요? 결론부터 말하면 '영어탈피 방법'은 75일 만에 끝납니다. 그러나 '구식 방법'은 끝을 기약할 수 없습니다. 자, 보겠습니다.

첫 단어와 9,000번째 단어 사이에 있는 1,200번째 단어를 vehemence라고 하겠습니다. '구식 방법'으로 하면, 첫날 첫 단어를 공부한 지 10일 후에 만나게 되는 단어입니다. 다음과 같이 한 번에 몰아서 'vehemence, vehemence, vehemence…' 하면서 30번을 외웁니다.

vehemence1회 vehemence vehemence
vehemence vehemence vehemence
vehemence vehemence vehemence
vehemence vehemence vehemence
vehemence vehemence vehemence
vehemence vehemence vehemence
vehemence vehemence vehemence
vehemence vehemence vehemence
vehemence vehemence vehemence
vehemence vehemence vehemence30회

– 65일 전에 일회적으로 30번을 외운 예 –
《 구식 방법 》

그리고 그다음 단어도, 또 그다음 단어도 … 계속… 이렇게 30번씩 합니다. 계산상으로는 마지막 9,000번째 단어까지 하는데 75일이면 됩니다. 75일이 다 지났으므로 모두 외워졌을까요?

첫날 첫 단어는 75일 전에 2초씩 30번 즉, 1분 동안 공부한 것이 전부입니다. 그 이후에는 다른 단어들을 하느라 단 한 번도 다시 본 적이 없습니다. vehemence도 마찬가지입니다. 65일 전에 딱 1분 공부한 후, 오늘까지 단 한 번도 다시 본 적이 없습니다. 자, 이 1,200번째 단어 vehemence가 기억이 날까요? 기억하기 어렵습니다. 65일 즉, 두 달 전에 딱 1분 동안 'vehemence, vehemence…' 하면서 30번을 되뇐 것이 기억이 난다면 천재 중에서도 천재죠.

vehemence의 바로 앞의 1,199번 단어, 그 뒤인 1,201번 단어도 기억이 안 나기는 매한가지입니다. 철자도 발음도 이질적인 외국어 단어를 2초씩 30번 즉, 1분을 공부하는 것은 정말 적은 시간입니다. 그러니 이런 식으로 해서 기억이 나기를 기대하는 것은 그 자체가 무리입니다. 그러나 '영어탈피 방법'으로는 가능합니다. 말씀드렸다시피 결과가 증명하고 있습니다.

'영어탈피 방법'으로 하면 1번부터 9,000번 단어 모두를 외울 수 있게 됩니다. 그 원리를 보겠습니다. '영어탈피 방법'은 한 단어를 2초씩 한 번씩만 외우고 다음 단어로 넘어가는 구조입니다. 즉, 한 번씩만 보되 잊을 만하면 다시 봐주고, 또 봐 주는 방식입니다. 짧은 주기로 계속 기억에서 인출引出하는 것입니다. vehemence는 1,200번째 단어이므로 시작한 후 40분 만에 처음 만나게 됩니다. 하루 2시간 공부를 하는 것이므로 이 단어는 첫날부터 공부가 됩니다.

전체 단어가 9,000개이므로 모든 단어는 2.5일에 한 번꼴로 공부가 됩니다. vehemence도 당연히 마찬가지입니다. 그 과정을 적어 보겠습니다.

75일 전에 vehemence를 1회 공부함
72.5일 전에 vehemence를 1회 공부함
70일 전에 vehemence를 1회 공부함
67.5일 전에 vehemence를 1회 공부함
65일 전에 vehemence를 1회 공부함
62.5일 전에 vehemence를 1회 공부함
60일 전에 vehemence를 1회 공부함
57.5일 전에 vehemence를 1회 공부함
55일 전에 vehemence를 1회 공부함
52.5일 전에 vehemence를 1회 공부함
50일 전에 vehemence를 1회 공부함
47.5일 전에 vehemence를 1회 공부함
45일 전에 vehemence를 1회 공부함
42.5일 전에 vehemence를 1회 공부함
40일 전에 vehemence를 1회 공부함
37.5일 전에 vehemence를 1회 공부함
35일 전에 vehemence를 1회 공부함
32.5일 전에 vehemence를 1회 공부함
30일 전에 vehemence를 1회 공부함
27.5일 전에 vehemence를 1회 공부함
25일 전에 vehemence를 1회 공부함
22.5일 전에 vehemence를 1회 공부함
20일 전에 vehemence를 1회 공부함
17.5일 전에 vehemence를 1회 공부함
15일 전에 vehemence를 1회 공부함
12.5일 전에 vehemence를 1회 공부함
10일 전에 vehemence를 1회 공부함
7.5일 전에 vehemence를 1회 공부함
5일 전에 vehemence를 1회 공부함
2.5일 전에 vehemence를 1회 공부함

- 2~3일에 1회씩 30번을 외운 예 -

《 영어탈피 방법 》

공부 시작 후 75일이 지난 오늘 기준 vehemence는 2~3일 전에 마지막으로 봤습니다. 기억이 날까요? 아니면 기억나지 않을까요? 당연히 기억이 나게 됩니다. 2~3일 간격으로 잊어버릴 만하면 다시 봐 주고, 거듭하여 다시 봐줬습니다. 게다가 최근에도 계속 10일 전, 7일 전, 5일 전에도 봤습니다. 2~3일 전인 엊그제도 봤습니다.

'구식 방법'을 생각해 보세요. vehemence를 사람이라고 가정해 보겠습니다. 이 방식은 어떤 사람을 65일 전에 1분간 만 본 것입니다. 그러고는 그 후 65일 동안 단 한 차례도 다시 만나지 않고 나머지 7,800(=9,000-1,200)명의 각기 다른 사람들을 본 것입니다. 그때 그 사람이 기억이 나겠습니까? 잠깐의 그 기억은 다른 사람들에 섞여버리고 맙니다. 기억이 날 수가 없습니다. 그러나 '영어탈피 방법'은 단 2초라도 2~3일에 한 번씩 계속 봤습니다. 최근에도 계속 봤고 바로 엊그제도 봤습니다. 그 사람의 얼굴을 기억하지 못하면 그것이 더 이상한 것이죠.

기억은 단기 기억과 장기 기억이 있습니다. 단기 기억은 일시적인, 또 임시적인 기억입니다. 당장 순간만 쓰고 잊어버릴 것들이죠. 시험공부를 벼락치기로 하는 분들 있죠? 그날 잠깐은 기억나도 금세 잊히지 않습니까? '구식 방법'이 바로 그런 식입니다. '영어탈피 방법'은 잊을 만하면 계속 재소환을 하기 때문에 뇌리에 박히는 기억입니다. 장기 기억이 되는 것이죠.

'구식 방법'은 한 번 잊혀지면 다시 복구되지 않습니다. 기억의 끈이 거의 없기 때문입니다. 그러나 장기 기억으로 저장된 '영어탈피 방법'은 설사 잠깐 잊혀졌더라도 한두 번 다시 봐주면 기억 저편에서 다시 호출됩니다. 그리고 더욱 단단하게 기억됩니다.

'구식 방법'을 할 때, 30번을 반복하는 것이 아니라 90번을 반복하면 어떨까요? 그래도 마찬가지입니다. 30번을 하나 90번을 하나 그날 하루에 잠깐 일회적으로 하는 것은 별 의미가 없습니다. 1분을 3분으로 늘려 봤자라는 얘기입니다. 3배인 90번으로 늘리면 9,000개를 하는 총 소요시간은 75일의 3배인 225일이 걸리게 됩니다. vehemence는 오늘로부터 195일 전에 마지막으로 본 게 다인 것이죠. 6~7개월 전에 3분 동안 90번을 중얼중얼한 것이 무슨 의미가 있겠습니까? 한 단어를 30번씩 또는 90번씩 쓴다면 그 자리에서는 기억이 납니다. 그러나 65일 또는 195일 후에도 기억이 날 것이라는 기대는 버리십시오.

그러면 '영어탈피 방법'으로 90번을 하면 어떻게 될까요? 반복 주기는 2~3일 그대로 똑같습니다. 그런데 이번엔 90번을 주기적으로 반복을 합니다. 꿈에서도 나올 정도가 되는 거지요. 결론은 그렇게까지 할 필요가 없습니다. 30번 정도면 외워집니다. 빠른 경우 20번 만 해도 의미 있는 결과를 얻을 수 있지요.

연상법? 어원법? 그런 방법을 쓸 필요가 없습니다. 그냥 천자문 외듯이 하면 됩니다. 뜻은 물론이고 발음까지 정확히 외워집니다. current라는 이 단어, 그 발음과 뜻까지 하나도 빠짐없이 외워지고 공부됩니다.

'현재의? 아하, current.'

'경향? 아하, current.'

'전류? 아하, current.'

이렇게 말로 꺼낼 때도 바로바로 튀어나올 수 있도록 각각 잘 익혀집니다. 아웃풋까지 가능해지도록 공부해야 영어가 됩니다.
　영포자가 된 수많은 학생들, 대부분 단어 암기의 벽을 넘지 못하여 낙오했습니다. 단어만 잡아도 시험 볼 때 죄다 찍고 나오는 일은 없습니다. 그만큼 중요한 것이었습니다. 학교, 정말 너무했습니다. 연상법이니 어원법이니 하는 것이 왜 나왔겠습니까? 학교가 제 역할을 하지 못했기 때문입니다.

영단어 편애하지 마라, 어느 구름에서 비 내릴지 모른다

　영어탈피가 가지는 큰 특징이 또 있습니다. 책에 있는 모든 단어를 빠짐없이 내 것으로 만들게 된다는 점입니다. 또한 골고루 익혀진다는 점입니다. 서점에서 영어책을 고르다 보면 표지도 화려하고 본문도 컬러풀한 책들이 있습니다. 좋아 보이죠. 새 책을 살 때는 기분이 좋습니다. 무언가 내게 큰 것을 선사할 것으로 여겨집니다. 그런데 막상 공부하면 앞 몇 쪽만 손때가 묻고 뒤쪽은 잡티 하나 없이 여전히 뽀샤시 합니다.
　왜 그럴까요? fine의 뜻은 '뭐, 뭐, 뭐, 뭐'와 같은 식이라 진도가 안 나가는 것이 최대 이유입니다. 여기에 더하여 책에 있는 모든 단어를 알고자 하는 의지를 없애버리기 때문입니다. 시작할 때 이미 다 마치기는 어려울 것이라는 심리부터 작용합니다. 그런 심리를 역이용하는 책들이 '우선순위 OOO' 이런 식으로 이름 지어진 단어장들입니다.

어차피 끝까지 못 볼 거라면 앞에 있는 것이라도 알자는 식입니다. 파는 자와 소비자가 적당히 타협을 봤다고나 할까요? 파는 사람은 타협의 결과로 이윤을 챙깁니다. 그러나 소비자는 타협하는 그 자체가 고득점 포기, 영어 포기로 이어집니다.

무슨 얘기일까요? 영어탈피는 천자문을 외듯이 첫 단어를 시작하면 무조건 끝 단어까지 마칩니다. 그리고 다시 돌아와 그것을 반복합니다. 5천 단어라면, 이 5천 개의 단어 중 어느 하나 소홀하지 않게 눈 맞춤과 입맞춤을 합니다. 손때가 책 전체적으로 고르게 묻습니다.

영단어를 씨앗이라고 생각해 보십시오. 드넓은 들판에 5천 개의 씨앗을 뿌렸습니다. 특정 몇 개의 씨앗에만 비료를 퍼부으시겠습니까? 그러면 그 씨앗만 과잉 성장을 하게 되지요. 잘못하면 비료에 타 죽을 수도 있습니다. 자연의 섭리를 아는 농부라면 5천 개의 씨앗에 골고루 물과 비료를 줍니다. 많이 주지도 않고 꼭 필요한 만큼만 줍니다. 그렇게 하다 보면 모든 씨앗이 빠짐없이 잘 자라 풍작의 기쁨을 안깁니다.

이렇게 '골고루 농법'을 쓰게 되면 초반에는 성장이 아주 느립니다. 아니, 느리게 느껴집니다. 경험이 없는 농부는 이 단계에서 포기하고 좌절을 하죠. 노련한 농부는 피식 웃습니다. 누구나 겪는 당연한 것인데 아마추어 같은 행동을 하고 있기 때문입니다.

　중국의 극동지방에 '모소 대나무'라는 품종이 있답니다. 씨앗을 뿌린 후에 온갖 정성을 들여도 4년 동안 3cm밖에 자라지 않습니다. 모르는 이들은 도무지 이해를 못 합니다. 그러다 이 대나무는 5년째 되는 날부터 쑥쑥 자랍니다. 하루에 무려 30cm가 넘게요. 그렇게 짧은 시간 안에 너도나도 훤칠하게 15m 이상 자라게 됩니다. 대나무밭은 순식간에 울창한 숲이 됩니다. 최근 몇 주 만에 놀라운 일이 일어난 것 같지만 사실은 지난 4년 동안 끊임없이 땅속에 깊고 탄탄한 뿌리를 내리고 있었던 것입니다. 눈에 보이지 않았을 뿐 꾸준히 잘 성장하고 있었던 것이죠.

　"영어책을 끝까지 본 것도 영어탈피가 처음이고, 이렇게 여러 번 반복해서 공부한 것도 영어탈피가 처음이다." 이런 말씀들을 많이 합니다. 어떤 일이든 한 번으로 되는 것은 거의 없습니다. 그래서 농사도 공부도 그게 정상입니다. 그래야 어느 것 하나 빠짐없이 꼼꼼하게 내 것으로 만들 수 있습니다.

　"영어탈피는 다 좋은데 힘들어요." 이런 말씀을 하시는 분도 계십니다. 힘든 이유, 영어탈피 공부법이 다른 방법에 비해 어려워서일까요? 아닙니다. 꾸준히 계속 공부한 것이 영어탈피가 유일하기 때문입니다. 앞에만 몇 장 보다가 만 공부법들은 힘든 기억도 없습니다. 노력한 적이 없으니까요. 일종의 착각인 것이죠. 이미 시작한 영탈족 여러분, 이 글을 보게 되면 '아, 내가 처음으로 공부라는 것을 하고 있구나!' 이렇게 나를 칭찬하시기 바랍니다.

　2014년 교육감 후보로 나왔던 고승덕 변호사가 있습니다. 고시

3관왕으로 유명한 분이죠. 역대 사법시험 최연소 합격, 행정고시 수석, 외무고시 차석 합격. 가히 고시계의 전설이라 불릴 만합니다. 이분의 공부법을 일명 '콩나물 공부법'이라고 합니다. 영어탈피도 이와 같은 방법이라고 생각해도 됩니다. 그가 한 신문에 기고한 글입니다.

"예전에는 집에서 콩을 사다가 밑이 뽕뽕 뚫린 시루에 받쳐놓고 콩나물을 길러 먹었다. 하루에도 몇 번씩 지나갈 때마다 콩 위에 물을 붓는다. 물이 그냥 빠져나가는 것 같은데 며칠 있으면 싹과 뿌리가 나오면서 쑥쑥 자라 먹을 수 있게 된다. 공부도 이와 같다. 며칠 공부한 거로는 성적이 크게 오르지 않는 것 같지만 꾹 참고 한 달 두 달 하다 보면 자신도 믿기지 않을 만큼의 결과가 나온다."_한국경제신문

한국어 의존증, 이것만은 주의하라

영어탈피 1단계를 할 때는 딱 하나만 주의하면 됩니다. 열 번 정도 반복한 후에는 한국어 뜻을 보지 않으려고 노력해야 합니다. 전혀 안 보면 모르는 단어는 계속 모르는 상태로 남게 되겠죠? 따라서 한국어 뜻을 손으로 '가렸다 뗐다' 하는 식으로, 의식적으로 외우려고 노력을 해야 합니다.

머릿속에 잘 남게 하려면 무언가에 의존해서는 안 됩니다. 두뇌는 어딘가에 의존하게 되면 일을 하지 않습니다. 일을 하면 스트레스가 생기죠? 그것을 피하고 싶은 것입니다. 모르는 것을 처리하려면 스트레스가 생깁니다. 스트레스가 생긴다는 것은 공부가 되고 있다는 증거입니다.

스트레스를 받지 않는 경우는 두 가지입니다. 하나는 공부를 하지 않고 시간만 보내고 있을 때입니다. 한국어 뜻을 계속 봄으로써 의식적인 암기 노력을 하지 않는 경우도 이에 해당합니다. 다른 하나는 이미 공부가 다 되어 스트레스를 받을 일이 없어진 상태입니다. 후자로써 스트레스를 없애야겠죠? 그러기 위해서는 공부 과정에서 빚어지는 스트레스를 당연하게 생각하고 감수하는 태도가 필요합니다.

가렸다 뗐다를 반복하는 것은 일종의 시험을 치르는 행위입니다. 기억 저편에 있는 정보를 꺼내는 노력을 하는 것입니다. 영어탈피 1단계 방법은 계속 시험을 치르는 것과 같습니다. 내가 제대로 알고 있는지 아닌지, 계속 체크를 하는 것입니다. 물론 2단계 방법도 그러합니다. 그래서 소위 말하는 메타인지가 활성화되는 것입니다. 내 생각과 행위를 나 스스로 다시 관찰해서 부족한 부분을 찾아 보강하는 것입니다.

❋ 참고: 공부에 있어 메타인지의 핵심은 인지 과정에 있어 자신이 아는 것과 모르는 것을 자각하는 것, 그리고 스스로 문제점을 찾아내고 해결하는 것, 즉 자신의 학습 과정을 관리·조절하는 것으로 보면 됨.

쉽게 생각하십시오. 노래 부를 때 매번 가사를 보고 부르면 기억이 나던가요? 제대로 알고 있는지 아닌지에 대한 자각 과정이 없습니다. 알려는 의지가 생기지 않습니다. 메타인지가 활성화되지 않기 때문입니다. 가사를 보지 않고 부르려 애써야 자막을 안 보고도 노래를 부를 수 있습니다. 영어탈피를 할 때도 이점을 유의하십시오.

똑같은 도구를 이용했는데도 결과를 못 내는 경우가 있습니다. 도구도 사람도 그 원인이 아니라면 남는 것은 이용하는 방법이 잘못되어서입니다. 가장 흔한 게 가렸다 뗐다 하는 것과 같은 능동적인 암기 노력을 하지 않는 경우입니다. 계속 한국어 뜻에 의존하는 것입니다. 언어는 뜻을 가진 생명체입니다. 앵무새처럼 의미 없이 따라만 하는 것, 절대 피해야 합니다. 앵무새 되지 않기. 이것만 명심하시기 바랍니다.

작은 차이 같지만, 가렸다 뗐다를 한 사람은 90% 이상을 암기할 수 있지만, 하지 않은 사람은 30%밖에 암기하지 못할 수도 있습니다. 많이 반복했는데도 늘지 않는다면 십중팔구는 이런 경우입니다.

우선순위 단어장, 그거 우선순위 아니다

영어탈피의 중요한 특징을 하나 더 말씀을 드리겠습니다. 앞서 '우선순위 OOO'이란 책을 잠깐 언급했습니다.

4,015 등 | impart　(정보·지식 등을) 전하다, (특정한 특성을) 주다
4,016 등 | rum　　럼주, 럼주 한 잔, 이상한, 기묘한
4,017 등 | junk　　쓸모없는 물건, 쓰레기, 폐물로 처분하다

- O보카의 우선순위 예 -

　우선순위 단어장이란, 빈출도가 높은 순으로 단어를 정렬한 책을 말합니다. 이렇게 각 단어마다 번호를 붙였습니다. 사용 빈출도가 높은 것이 앞쪽으로 배열되는 것입니다. 4,015등은 impart, 4,016등은 rum, 4,017등은 junk라고 순서를 매겨 놓았습니다.
　'우선순위 OOO'이란 이름이 붙은 책, 집에 한 권씩은 있을 것입니다. 이 책의 저자는 자신의 경험에 의해 우선순위를 매겼다고 합니다. 학생들의 시험공부용으로 만든 것인데 별다른 특징은 없어 보입니다.
　또, 'O보카'라는 이 책은 재작년에 나왔습니다. 설명이 좀 많이 복잡합니다. 공학적으로 빅 데이터 분석 기법을 이용했다고 합니다. 10억 개가 넘는 단어를 통계적으로 분석했다고 합니다. 또 수백만 권의 책을 이용해 철저히 우선순위를 검증했다고 합니다. '완벽함'을 특히 강조합니다.
　이런 종류의 책은 단어들의 수록 순서 즉, 우선순위의 신뢰성이 생명입니다. 과연 '완벽한'이라는 말을 써도 될 정도인지 검토해 보겠습니다. 예문 하나도 없는 책을 스스로 '단어를 외우는 가장 완벽한 방법'이라고 자랑하는 'O보카'입니다.

AI의 시대에 '빅 데이터 분석 기법'을 써서 만든 교재라면 호평해야겠지요. 그런데 전혀 '좋아요'를 누를 수가 없습니다. 너무 크게 헛다리를 짚기 때문입니다. 이 책을 읽고 계신 여러분, 왜 저희가 혹평을 하는지 감이 오십니까? 사실 그 이유는 이미 앞에서 설명을 다 했습니다. '아… 그렇군!', 무릎을 치시는 분이 계셨으면 합니다.

　순서를 매기는 것은 기계가 했으니, 기계의 정확도를 의심할 생각은 없습니다. 문제는 정렬 기준과 조건을 무엇으로 했느냐입니다. 그게 핵심입니다. 철자만 같으면 같은 단어로 취급을 했는지, 아니면 철자가 같아도 뜻이 다르면 다른 단어로 취급했는지가 관건입니다. 기계가 정렬 기준과 조건을 정한 게 아닙니다. 사람이 정한 것이죠. 무엇을 기준으로 한 우선순위일까요? 책을 보면 바로 답이 나옵니다. 하나의 철자에 뜻을 여러 개 붙여 놓지 않았습니까? 네, 모두 철자 기준입니다.

　같은 방식으로 한국어 단어에 우선순위를 매겨보겠습니다. '타다'라는 철자를 가진 단어로 하죠. '자전거를 타다'의 '타다'는 빈출도가 높겠죠? 평소에도 늘 듣는 '타다'입니다. 그런데 '솜을 타다', '가야금을 타다'에서의 '타다'는 어떻습니까? 현저하게 덜 쓰입니다. '(솜을) 타다'. 요즘 학생들은 이런 단어가 있는 줄도 모를 정도죠. 그런데도 철자만을 조건으로 정렬하면 이 세 가지의 '타다'는 모두 같은 순위를 갖게 됩니다.

　fair(공정한)과 fair(박람회), 또 fair(살결이 흰), fair(맑게 갠)… . 이들의 빈출도 우선순위가 모두 같다고 하면 되겠습니까? 당연히 안 됩니다. fair(공정한)과 fair(박람회)은 '영어탈피 초급편'에 실려 있습니다. 빈출도가 높기 때문입니다. fair(살결이 흰)과 fair(맑게 갠)은 '영어탈피 중급편'에 실려 있습니다. 사용 빈도가 떨어지기 때문이죠. 오랜 시간을 들여 직접 하나하나 구분한 것입니다.

	A	B	C	D
5676	단어	뜻	빈출도	수록 책
5677	fair	(분배·대우 등이) 공정한(공평한)	상	초급편
5678	fair	(행위가) 온당한(타당한)	상	초급편
5679	fair	박람회	상	초급편
5680	fair	(수·크기·양이) 상당한(제법 많은)	상	초급편
5681	fair	(날씨가) 맑게 갠	중	중급편
5682	fair	(사람이) 살결이 흰	중	중급편
5683	fair	(무엇이) 올바른(이치에 맞는)	중	중급편
5684	fair	(양·정도 등이) 보통의(평균의)	중	중급편
5685	fair	(머리카락이) 금발인	하	고급편

- 영어탈피의 우선순위 검토 방법 -

빅 데이터 분석을 썼냐고요? 아니요. 사용하지도, 사용할 수도 없었습니다. 이건 사람이 직접 해야 합니다. 공부하는 책의 예문을 기계가 만들면 안 되듯이, 그 해석을 기계에 맡겨두면 안 되듯이, 이 또한 사람이 다 해야 합니다. 한 사람의 의견만으로 정할 수도 없습니다. 여러 사람의 의견이 모여서 결정됩니다. 영어탈피가 각 단어의 우선순위를 어떻게 매겼는지 아시겠죠? 우선순위를 왜 매기는지, 그 이유를 항상 생각해야 합니다.

우선순위 4,016 등 | rum: 럼주, 이상한, 기묘한

빅 데이터 분석을 해서 '완벽한(?)' 우선순위를 구축했다는 이 책을 다시 보겠습니다. 4,016등 rum이라는 단어를 보죠. 그렇습니다, 술 맞습니다. '럼주' 술 이름이니 정말 많이 보게 되는 것이죠. 소주나 맥주처럼 흔한 단어입니다. 그런데 그 옆에 또 다른 뜻이 쓰여 있습니다. '이상한', '기묘한' 이건 어떨까요?

rum^1
[명사] 럼주(酒)

rum^2
[형용사] 기묘한, 이상한, 괴상한

사전을 보면 rum^1, rum^2 이렇게 되어 있습니다. 1, 2가 붙는 이유는 앞서 말씀드렸죠? 어원까지 서로 다른 동형이의어라는 말입니다. 그러면 사용 빈출도는 어떨까요? 당연히 '럼주'와 '이상한, 기묘한'은 서로 같을 수가 없습니다. 술로서의 'rum'은 다 잘 알지만, '이상한, 기묘한'은 원어민도 다 알지는 못합니다. 사전에는 실려있지만 요즘에는 쓰이지 않는 단어가 많습니다. 술 이름 'rum'은 '영어탈피 초급편'에 실려 있습니다. 소주를 모르는 사람이 없듯이 그만큼 빈출도가 높은 단어입니다. '이상한, 기묘한'이라는 rum은 '고급편'에도 싣지 않았습니다. 그 정도로 안 쓰이는 단어라는 말입니다. 이렇듯 철자 모양을 기준으로 빈출도를 매긴다는 것 자체가 난센스입니다.

rum의 앞 단어와 뒷단어인 impart와 junk는 어떨까요? 순서를 매겨 놓은 것이 무의미하지요. 'O보카'는 우선순위를 빅 데이터 분석 기법으로 매겼다고 자랑합니다. 기계는 통찰적인 판단을 하지 못합니다. 그래서 사람에 의한 감수가 필요합니다. 이는 애초에 정렬 조건을 정해 줄 때부터 유의해야 합니다. 'O보카'는 1등 단어부터 꼴등 단어까지 그 순서가 맞는 게 없습니다. 기준이 없거나 흔들린 접근은 좋은 결과로 이어질 수 없습니다.

　영어탈피는 유일하게 우선순위가 반영된 책입니다. spring을 보겠습니다. 영어탈피는 '봄'이라는 뜻의 spring, 그리고 '용수철'이라는 뜻의 spring은 초급편에 실었습니다. '샘'이라는 뜻의 spring, 그리고 '벌떡 일어나다'라는 뜻의 spring은 중급편에 실었습니다. '휙 움직이다'라는 뜻의 spring은 고급편에 실었습니다. 훗날 한국어탈피가 나오게 된다면 '택시를 타다', '산을 타다', '설탕을 타다'와 같은 뜻의 '타다'는 '한국어탈피 초급편'에 실릴 것입니다. '가야금을 타다', '솜을 타다'는 고급편에 실릴 것입니다. 단어의 우선순위, 어떻게 반영해야 하는지 이해되시죠?

　사용 빈도에 따라 우선순위를 매기는 것은 여러모로 의미가 큽니다. 먼저, 수만 개의 단어를 한 번에 공부하는 것이 어렵습니다. 그러니 먼저 공부할 것과 나중에 차차 공부할 것을 구분할 필요가 있습니다. 시험공부를 할 때도 마찬가지입니다. 중학생이 토플에 나올 단어부터 공부할 일은 아닙니다. 회화든 시험이든 적중률이 중요합니다. 적게 공부하고 높은 점수를 얻고자 하는 것은 자연스러운 마음입니다. 필요한 것만 골라서 공부할 필요가 있는 것이죠.

수준별로 그에 맞는 공부가 되도록 책이 만들어져야 합니다. 그렇기에 철자가 같다는 이유 하나 때문에 동형이의어나 다의어를 모두 한군데로 몰아 놓고 같은 단어로 취급해 우선순위를 매기면, 결국 공부하는 학생들이 애를 먹습니다. 고득점의 불확실성은 도구만 잘 완비돼도 90%는 해소됩니다. 나머지 10%는 근성, 끈기 등 각자의 몫입니다. 이렇듯 도구의 중요성은 강조에 강조를 해도 부족합니다.

체계성과 과학성을 갖춘 단어 교재라면 당연히 그 용도에 따라 분명한 안내가 있어야 합니다. 예컨대 초등학생은 '어린이 영어탈피', 중학생은 '첫걸음편', 고등학생과 대학생, 취준생들은 '초급편', '중급편' 이렇게 선택하면 됩니다. 이렇게 우선순위가 제대로 반영된 도구를 이용했을 때 중복에 따른 고통 없이 효율적인 공부가 될 수 있습니다.

교육 당국에 부탁을 드립니다. 교육부 고시 제2015-74호 [별책 14]에 보면 '기본 어휘 목록'이 있습니다. 출판사들은 이 단어들을 이용하여 책을 만드는 경우가 많습니다. 차제에 이 부분도 수정·갱신이 필요하지 않을까 합니다. 모든 단어는 그 뜻이 다르면 각각 별개로 취급해야 합니다. 그랬을 때 당장 배울 단어와 나중에 배울 단어를 구분할 수 있습니다. 학생들이 쓸모없는 공부를 하지 않고 꼭 필요한 것들을 효과적으로 배울 수 있습니다.

수능, 공무원, 토익, 토플, 텝스, 편입 등 모든 시험 출제자분들께 부탁드립니다. 한중일 통틀어 사용 빈도에 따라 우선순위를 매겨 제작된 책은 영어탈피가 유일합니다. 시험 문제 출제에 있어 이 책을 기준으로 해 주시기 바랍니다. 현실에서는 쓰이지도 않는 단어가

불쑥 출제되지 않기를 바랍니다.

시험은 변별력이 관건입니다. 좀 더 나은 사람이 선택되는 것은 당연합니다. 그러나 공부 과정에서 불필요한 에너지 소모를 불러오게 만드는 방식의 문제 출제는 바람직하지 않습니다. 9급 공무원 시험이라면 초급편 수준에서 출제하면 됩니다. 경쟁률이 너무 높으면 좀 더 난도를 높여야겠지요. 그러면 중급편에서도 일부 출제하면 됩니다. 하지만 중급편을 건너뛰고 바로 고급편에서 출제를 해서는 안 되겠지요.

터무니없는 단어를 출제하지 않고서는 실력자를 구분해 낼 수 없다고 생각합니까? 그러면 차라리 시험 방법을 바꾸시기 바랍니다. 진짜 말이 되는 영어가 가능한지 아닌지를 면접하시기 바랍니다. 전문가와 2~3분만 대화를 나눠도 실력 확인이 바로 가능합니다. 나중에는 면접에 AI가 도입될 수도 있겠습니다. 방법은 찾으면 있습니다. 불합리한 것을 없애는 것은 미룰 일이 아닙니다.

영어탈피 제2단계 |
직독직해, 직청직해, 영작을 완성하라

어휘력의 완성은 문장 구사력이다

1단계를 마치면 바로 2단계로 넘어갑니다. 앞서 '어휘력의 정의'에 대해 이야기를 나눴습니다. 그러면 어휘력의 완성은 무엇일까요? 바로 '문장 구사력'입니다. 1단계 과정은 단어의 철자와 발음, 그리고 그 뜻을 공부하는 과정이었습니다. 이것만 달성해도 막강한 무기 하나를 얻습니다. 그렇지만 이것만으로는 문장을 자유롭게 구사할 수 없습니다. 각 단어의 사용법이 몸에 붙지 않았기 때문입니다.

병사 중에 홍길동, 장영실, 로빈훗, 허준이 있습니다. 장군이 병사들의 이름은 알지만 주특기를 모른다고 하겠습니다. 로빈훗은 활을 아주 잘 쏘는 특급 전사입니다. 그런데 톱과 망치를 쥐여주고 진지 구축을 시킵니다. 좋은 병사도 사용법을 모르면 그 장군은 지휘의 자리에 있을 이유가 없습니다. 졸전을 면치 못할 테니까요.

무엇이든, 대충 아는 것이 아니라 제대로 알 필요가 있습니다. 그래야 그것을 잘 사용할 수 있습니다. 제2단계의 목적은 직독직해, 직청직해를 완성하고 원활한 말하기의 기반을 조성하는 것입니다. 방아쇠만 당기면 되는 그 직전의 상태로 만드는 과정입니다. 문장 구사력을 완성하는 과정입니다. 각 단어의 사용법을 터득해 봅시다.

- 2단계의 목적

  어휘력의 나머지 한 축인 문법 정보 즉, 사용법을 익힌다.
  직독직해, 직청직해, 영작 능력을 완성한다.
  유창한 스피킹이 완성되는 그 직전까지 이끈다.

- 진행 방법

  1. 본문의 예문 전체를 읽고 이해할 수 있는 상태로 만든다.
  2. 예문 전체를 말로 영작이 가능한 상태로 만든다.

영어탈피는 각 책마다 자세한 '권장 학습 방법 설명서'가 제공됩니다. 지금 드리는 설명은 개략적인 것입니다. 실제 공부는 정식으로 제공되는 설명서를 따르시기 바랍니다.

자, 제2단계 과정에 들어가겠습니다. 예문을 공부하는 과정입니다. 이 예문들은 모두 1단계 때 공부한 단어들로 구성이 되어 있습니다. 공부 방법은 간단합니다. 알려드리는 대로만 잘 따라주면 됩니다.

영어탈피 제2단계 진행 방법

**2단계 전반전 |
모든 예문을 이해할 수 있는 상태로 만들자**

⓪ 문법 기초가 많이 부족하면 다음 과정을 선행합니다.
- '영어탈피 기초 문법 강의'를 짧게 듣습니다. 팟캐스트를 통해 제공하고 있습니다.
- '어린이 영어탈피'의 예문을 간단히 마칩니다.

나	이 노트북 누구 꺼야?	명 책상
너	어느 노트북 얘기하는 거야?	
나	내 **책상**에 있는 거 말이야.	
나	너 **다리미** 못 봤니? 못 찾겠어.	명 (옷을 다리는) 다리미
너	모르겠어. 지금 급해?	
나	어, 급해.	
나	아들아, 엄마 부탁 좀 들어줄래?	명 (각종) 쓰레기
너	네. 뭔데요?	
나	**쓰레기** 좀 버려 줄래?	

	나	Whose laptop is this?
desk	너	Which one are you talking about?
	나	The one on my desk.
	나	Have you seen the iron? I cannot find it.
iron	너	I'm not sure. Are you in a hurry?
	나	Yes, I am.
	나	Son, can you do me a favor?
garbage	너	Sure. What is it?
	나	Can you throw the garbage away?

'어린이 영어탈피'의 예문은 수식어를 최대한 없앤 구성입니다. 전체적으로 몇 번 반복하면 영어의 다섯 가지 문장 형식을 이해하게 됩니다. 이 책은 다이얼로그 형식으로 되어 있습니다. 묻고 답하기, 지시하기, 부탁하기, 기분 이야기하기 등, 전반적인 영어 구사의 틀이 잡힙니다. 기초가 많이 부족한 분은 이 책으로 시작하는 것도 좋은 방법입니다.

진행자: 어린이 영어탈피를 하고 나서 좋아진 게 무엇인가요?

KIM실장: 질문하는 거에 대한 문장 구조, 의문문의 형식 같은 게, 생각보다 그런 걸 접할 기회가 없었더라고요. 주로 학교에서 배우는 것은 평서문이었죠. 의문문을 쓸 일이 별로 없었어요.

진행자: 음…. 의문문을 쓰더라도 누가 쓰면 답변 정도로나 했지 질문을 직접 내가 해 보거나 할 그럴 기회는 많지 않았으니까, 그렇죠?

KIM실장: 네, 맞아요. 실전 영어를 할 때 의문문의 각종 구조가, 어떤 것은 Do로 시작하고 어떤 것은 Is로 시작하는, 뭐 그런 게 되게 헷갈렸거든요. 어린이편은 질문이 되게 많이 있어서 큰 도움이 됐습니다.

KIM실장 님은 현재 영어를 잘하십니다. 나중에 저희와 나눈 영어 대화도 들어 보시기 바랍니다. 요즘은 '중급편'을 이용하고 계십니다. 그런데도 한동안 '어린이 영어탈피'를 공부하셨습니다. 이론으로 문법 공부하는 것과 실제로 직접 문장을 구사해 보는 것은 천양지차입니다. 인터뷰에서 말씀하셨듯이 대부분의 사람들이 평소에 의문문을 구사해 본 경험이 거의 없습니다. 그러니 대화에 있어 기본 중의 기본인 묻고 답하기도 수월치 않게 되는 것이지요.

KIM실장 님은 스스로 부족한 부분이 무엇인지 정확히 알기 때문에 어린이편을 이용하신 것입니다. 결핍을 채우는 게 실력 향상의 지름길입니다. 지혜로운 것이죠. '대학생이 무슨 어린이편이야?'라고 생각하시나요? 대학생들 중 어린이편을 생략해도 될 분들 많지 않습니다. 그게 한국의 영어 교육이었습니다. 차근차근해야 총 소요 시간을 줄일 수 있습니다. 바른길이 곧 지름길입니다.

자, 초급편을 예로 들어 본격적으로 2단계를 진행하겠습니다.

❶ 영어 예문과 해석문을 1대1로 비교하면서 영어 문장을 해석합니다. 해석이 안 되는 부분은 연필로 체크를 합니다. 책 전체를 그렇게 합니다.

멍청한	dumb	dʌm	Are you just **dumb**, or is the machine really broken?
ㄹ) 받다	catch	kætʃ	Throw that eraser over to me, won't you? / OK. **Catch**!
발자국	footprint	fútprint	Look at th... sand. It's so cute.
개싸움	dogfight	dɑ'gfai,t	Did you watch the debate last night? / Yeah, it was a total **dogfight**.
를 젓다	paddle	pædl	I don't know how to **paddle**. Teach...
방귀	fart	fɑːrt	What was that just now? A **fart** or a thunder? / Dude, it wasn't me. I swear.

(헷갈리면 체크함)

체크 대상은 문법적으로 이해가 안 된 것일 수도 있고, 표현 방법이 생소한 경우도 있습니다. 모르는 단어가 보일 때는 체크합니다.

❷ 체크가 된 문장만 따로 공부해서 해석이 안 되는 문장이 없도록 만듭니다. 영어 문장을 읽고 한국어 문장처럼 해석이 되도록 취약 문장을 신경 써서 마무리합니다.

2단계 후반전 | 모든 예문을 영작하자

❸ 제공된 원어민 성우의 음원을 재생한 후, 예문을 보면서 말로 영작을 시도합니다. 좀 더 구체적으로는, 성우가 읽을 때 함께 문장을 읽고 이해합니다. 다음 문장이 나오기 전에 방금 읽은 문장을 말로 영작합니다.

❹ 제공된 원어민 성우의 음원을 재생한 후, 예문을 보지 않고 말로 영작을 시도합니다. 구체적으로는, 성우가 읽을 때 동시에 문장을

귀로만 듣고 이해합니다. 다음 문장이 나오기 전에 방금 귀로 들은 문장을 말로 영작합니다.

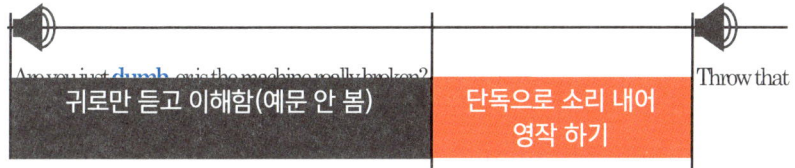

❺ 한국어 해석문만 보고 말로(입으로) 한-영 영작을 합니다.

네가 그냥 멍청한 거야, 아니면 기계가 정말 고장이 난 거야?	Are you just dumb, or is
거기 있는 지우개 좀 던져 줄래? / 응. 받아!	Throw that eraser over t
모래 위에 아기 발자국 좀 봐. 너무 귀엽다.	Look at the baby's footpr
너 어제 토론 봤어? / 응, 봤어. 완전 개싸움이더만.	Did you watch the debat

영어탈피는 왼쪽 페이지에 해석문이 오른쪽 페이지에 영어 예문이 배치되어있습니다. 영어와 한국어가 서로 마주 보게 구성이 되어 있습니다. 2단계 과정도 1단계 때와 마찬가지로 '한국어 의존증'이 생기면 좋지 않습니다. 무엇에 의존하게 되면 두뇌가 일을 하지 않지요. 답지를 보지 않으려고 노력해야 책의 모든 내용이 머릿속으로 들어옵니다.

참고로, 사람에 따라서는 ❺과정을 ❸❹과정 앞에 진행해도 좋습니다. 특히 토익 600점 이상의 기초가 있는 경우에는 이 방법을 권합니다. 기초가 없는 경우라도 '어린이 영어탈피'의 예문 영작을 선행하여 문장 구사력의 기초를 세운 후, 이 방법으로 진행하는 것도 괜찮습니다.

　이상의 제2단계 과정은 직독직해, 직청직해, 한-영 영작이 완료되면 실전 훈련 과정인 제3단계로 넘어갑니다.

　다음은 2단계를 진행하는 과정에서 염두에 둘 내용입니다. 2단계 과정을 진행하는 의의와 이유, 그리고 몇몇 주의사항을 보겠습니다.

나무도 보고 숲도 봐라, 그래야 모두를 정의할 수 있다

2단계 공부도 1단계와 마찬가지로 책을 전체 단위로 반복합니다. 이유는 1단계에서 자세히 설명해 드렸습니다. 여기에 더해 한 가지 이유를 더 설명하겠습니다.

　책을 전체적으로 반복하는 이유는 바로, 각종 단어와 문장의 규칙성을 파악하기 위함입니다. 특히 2단계 과정은 말 중에서도 문장의 규칙성을 깨닫기 위해서입니다.

한국인들도 한국어를 잘합니다. 보통 7세면 모국어는 완성된 것으로 봅니다. 어떻게 배웠습니까? 네, 무수히 많은 말을 듣고, 뱉어보면서 한국어의 규칙성을 몸소 체득한 것입니다. 영어를 배우는 것도 마찬가지입니다. 성인이 미국에 가서 아기들처럼 영어를 배운다고 생각해 보십시오. 그런 식을 우스갯소리로 '맨땅에 헤딩'이라고 합니다. 그럴 필요는 없습니다. 알맞은 도구를 이용해서 2단계의 핵심인 문장의 규칙성을 파악해 내면 됩니다. 스스로 터득할 수 있게만 하면 됩니다.

무언가의 규칙성을 파악하는 데 있어 가장 중요한 게 뭘까요? 바로 비교 대상입니다. '아, 한국어는 전반적으로 이런 규칙성이 있구나!' '아, 영어도 보통 이런 규칙으로 돌아가는구나!' 이걸 파악하는 데 있어 필수는 전체적으로 비교해 보는 것입니다.

유유자적한 삶을 꿈꾸는 분들이 많습니다. 조용한 숲에 들어가

자연을 벗 삼아 살고 싶습니다. 텐트 하나 달랑 들고 숲에 들어갔습니다. 미지의 세상에 온 것 같습니다. 그러나 그러다가도 얼마간의 시간이 지나면 동식물과 친구가 되어 나도 숲의 일부가 됩니다. 숲의 실체, 숲의 규칙성을 파악해 내게 됩니다.

 숲을 아는 방법은 돌아다녀 보는 것입니다. 첫날 텐트를 묶었던 나무, 그 나무 하나만 바라보고 있어서는 '나무'라는 것도 정확히 정의할 수 없습니다. 다른 나무들과 어떻게 같고 다른지, 식물인 나무가 동물인 다람쥐와는 어떻게 같고 다른지를 알 수가 없습니다. 다른 것들과의 공통점과 차이점을 알 수 없으니 당연히 '그 나무'마저 알 수 없습니다. 안다고 착각할 수는 있지만 그 나무를 정의할 수 없고, 누군가에게 설명할 수가 없습니다. 모른다는 얘기입니다. 남자만 사는 세상에서는 여자를 정의할 수 없는 이유와 같습니다.

 숲에서 살아남고, 숲의 모든 구성원들과 조화를 이루기 위해서는 일일이 매만져봐야 합니다. 숲에 있는 동식물, 그리고 계곡과 바위들을 살피다 보면 처음에는 몰랐던 것들이 하나씩 보이기 시작합니다. 넓게 보면 넓게 볼수록, 여러 번 보면 여러 번 볼수록 더 뚜렷해집니다. 숲의 규칙성이 파악되는 것입니다.

 영어탈피 공부법이 그렇습니다. 책 전체의 내용을 한눈으로 계속 스캔을 하는 것입니다. 한 번으로는 이해가 안 되기 때문에 반복적으로 스캔을 합니다. 반복의 힘이 더욱 강력해질 때가 있습니다. 서로의 차이를 드러나게 하는 환경을 만들어 줄 때입니다.

 예컨대 특정한 하나의 단어만 보고 있으면 다른 단어와 어떻게 같고 다른지에 대해 비교가 이뤄지지 않습니다. 그러나 배울 단어를 다 꺼내 펼쳐놓고 보면 일정한 규칙성이 있다는 것을 알 수 있습니다. 시작한 첫날은 잘 안 보이던 것들도 다음 날, 또 그다음 날, 5일 후, 10일 후… 갈수록 더 또렷해집니다.

명사는 보통 '~ment, ~tion, ~ship, ~er, ~ty, ~ness, ~ist…', 동사는 '~ate, ~en, ~fy, ~ise, ~ize…', 형용사는 '~al, ~ible, ~ive, ~ic, ~ful, ~less, ~ish…', 부사는 '~ly'로 끝나는 경우가 많다는 것을 자연히 알게 됩니다. 의미적으로도 그렇습니다. 반의어는 'un~, in~, dis~, non~, ir~, il~, de~, ~less…' 이런 형태가 많다는 것을 알게 됩니다. 또 'pre~, re~, fore~, ex~, extra~, hydro, semi~, inter~, mega~, pro~, uni~…' 이런 접두사일 때는 어떻다는 것 또한 자연히 알게 됩니다. 어원법이니 하는 그런 방법이 필요 없는 것이죠.

공부하기 전에 몇 안 되는 이런 특성을 알고 가면 더 쉽게 파악이 되지만, 결국 제대로 알기 위해서는 직접 다 만져보는 것, 그보다 나은 방법은 없습니다. 무엇을 얻는데 있어 반복은 피할 수 있는 것이 아니니까요.

문장도 마찬가지입니다. 특정 문장 하나만 놓고 분석을 하고 있어서는 안 됩니다. 다른 문장들과의 공통점과 차이점을 찾아내는 노력이 필요합니다. 공부는 단순 암기가 아닙니다. 이해가 되는 과정이어야 합니다.

Bạn bè bên cạnh lúc khó khăn là bạn đúng nghĩa.

앞서 봤던 베트남어 문장입니다. 단어 뜻도 아는 게 없고 문장 구조도 모릅니다. 머릿속에 붙잡아 둘 아무런 연결고리가 없습니다.

이해하려고 하면 스트레스만 받습니다. 'How are you? / Fine, thank you. And you?' 그러나 이 문장은 스트레스가 발생하지 않습니다. 너무나 잘 아는 문장이기 때문입니다.

알기 전까지는 스트레스는 감수할 수밖에 없습니다. 스트레스를 받을 때 나타나는 가장 흔한 현상이 있습니다. 바로 졸음과 피로감, 잡생각이 그것입니다. 피로감이 오면 회피하려고 하면 안 됩니다. 피로감은 곧 '네가 그만큼 공부를 안 한 거야. 그러니까 지금부터 공부해라.'는 말을 두뇌가 전하는 것입니다.

그러니 1단계의 과정을 통해 단어를 다 외워놓지 않으면 2단계가 얼마나 힘들겠습니까? 단어 암기는 정말 중요합니다. 문법책을 볼 때도 그 설명은 예문을 통해서 이뤄집니다. 문법 용어도 불편한데 예문을 이루는 단어도 모르면 급격히 피로해집니다. 한국어 문법은 별로 어렵지 않지요? '굳이'가 [구지]로, '같이'가 [가치]로 발음되는 것을 구개음화라 합니다. 바로 이해됩니다. 한국어 문법은 이미 한국어를 할 수 있는 상태에서 배우기 때문입니다. 영문법이 어려운 이유는 공부 순서를 거꾸로 해서이죠.

다행히 1단계를 끝냈기 때문에 예문을 이루는 단어는 모르는 게 없습니다. 이제 2단계를 진행해서 각 단어가 품고 있는 문법 정보까지 내 것으로 하면 됩니다.

펼쳐 놓기와 반복하기, 문장의 규칙성을 파악하라

영어 문장의 규칙성을 파악해 봅시다. 방법은 간단합니다. 모두 펼쳐 놓고 직접 몸으로 부딪치면 됩니다. 구체적인 진행 방법은 앞서 설명해 드렸습니다.

'영어탈피 초급편'의 숲을 이루는 것들이 무엇인지 잠깐 봅시다. 초급편의 첫 페이지에 있는 예문입니다.

Hi! Long time no see! / Yeah, how have you been?
안녕! 오랜만이야! / 그러게, 잘 지냈어?

Let's warm up, guys. / We've already done our stretches.
자, 얘들아 몸 풀자. / 저희 벌써 스트레칭 다했어요.

Are you just dumb, or is the machine really broken?
네가 그냥 멍청한 거야, 아니면 기계가 정말 고장이 난 거야?

Throw that eraser over to me, won't you? / OK. Catch!
거기 있는 지우개 좀 던져 줄래? / 응. 받아!

Look at the baby's footprints in the sand. It's so cute.
모래 위에 아기 발자국 좀 봐. 너무 귀엽다.

If you treat me to brunch, then I'll be your chauffeur for a day.
나 브런치 사주면 온종일 네 운전기사 해 줄게.

Did you watch the debate last night? / Yeah, it was a total dogfight.
너 어제 토론 봤어? / 응, 봤어. 완전 개싸움이더만.

What was that just now? A fart or a thunder? / Dude, it wasn't me. I swear.
방금 뭐였냐? 방귀야, 천둥이야? / 야, 난 아니다. 진짜 아냐.

다음은 '어린이 영어탈피'에 있는 예문입니다. 기초가 부족한 분은 이렇게 꾸며주는 말들 없이 담백한 문장으로 된 것부터 시작하면 됩니다. 성인이라도 기초가 부족하면 2단계 과정은 어린이편을 이용하는 게 현명하다는 말씀입니다. 즉, 초급편 등으로 1단계를 시작했더라도 영문법의 기초가 부족하면 쉬운 문장으로 된 교재를 잠시 이용하시기 바랍니다.

나: Wow! Is this your new bicycle? 와! 이게 네 새 자전거야?
너: Yeah. I bought it yesterday. 응. 어제 샀어.
나: How much was this? 이거 얼마 줬어?

나: Do you still live here? 너 아직도 여기 사니?
너: Nope. I moved to Busan. 아니. 나 부산으로 이사 갔어.
나: Really? When did you move? 진짜? 언제 이사했어?

이렇게 '어린이 영어탈피'만 전체적으로 공부해 주어도 기초 문법은 물론 기본적인 의사소통을 할 수 있는 기반이 잡힙니다. 평서문, 의문문, 명령문, 부정문, 청유문 같은 것들도 다 해결됩니다.

Let's~, What~, Isn't~, There is~, Is this~, How~, Would you~, Will you~, I need~, May I~, When~, I think~, Which~, I don't~, Can you~, Do you~, Are you~, Shall we~, Because~…. 흔히 패턴이라고

말하는 것들도 마찬가지입니다. 문장을 다 펼쳐 놓고 보면 일정한 규칙성이 보입니다. 책을 처음부터 끝까지 1회만 봐 줘도 가닥이 점차 잡힙니다. 그렇게 몇 번 반복하면 더욱 굳혀집니다.

문장 구조가 어렵게 느껴지는 것은 전적으로 경험 부족입니다. 진짜 실물을 놓고 다뤄본 경험이 너무 없기 때문입니다. 어떠한 일도 한방에 되지는 않습니다. 머리만 쓰지 말고 몸으로 부딪치기 바랍니다. 간단하고 가장 확실한 방법입니다.

'영어를 배운다'의 정의, 그 실체는 무엇인가

패턴 영어책을 이용하면 득이 될까요, 해가 될까요? 사실상 그 자체는 부작용이 없습니다. 하지만 특별히 득이 될 것도 없지요.

'패턴'이라는 말뜻은 일정한 양식을 말합니다. '틀'인 것이죠. '그것은 일정한 패턴을 보인다.' 이렇게 말합니다. 또, '그것은 일정한 규칙성을 보인다.' 이렇게도 말합니다. 사실은 '패턴'의 다른 말이 '규칙성'입니다.

말이 되는 것은 이 규칙성 찾기가 완료되었을 때입니다. 영어탈피 2단계는 바로 문장 구조의 규칙성 즉, 패턴을 찾아가는 과정인 것입니다. 그리고 그 패턴은 좁혀 찾아서는 안 되고 가급적 넓게 펼쳐 놓고 찾아야 합니다. 그래야 그 규칙성이 더욱 명확해 보이기 때문입니다. 물론 자신의 현재 수준보다 너무 높거나 반복 주기가 너무 길어지는 것은 좋지 않지요. 그래서 도구도 단계적 학습이 필요합니다. 어린이-첫걸음-초급-중급-고급, 이렇게 구분이 필요한 이유입니다.

　영어라는 언어의 규칙성을 찾아봅시다. 규칙성을 파악하는 것은 어려운 것이 아닙니다. '영어를 배운다'의 정의가 무엇인지만 알면 됩니다. '영어를 배운다'의 정의, 실체가 뭘까요? 특별한 게 아닙니다. 이미 알고 있는 한국어에 영어 동의어를 하나 더 추가하는 것. 바로 이것입니다. 동의어와 유의어는 편의상 같은 것으로 취급하겠습니다.

　'사랑하다'의 한국어 동의어로 '사모하다'가 있습니다. 영어 동의어는 love입니다. love를 배우는 것은 한국어 동의어 '사모하다'를 추가로 배우는 것과 다르지 않습니다. friend를 배우는 것은 '친구'의 한국어 동의어 '벗'을 배우는 것과 마찬가지입니다. 이미 알고 있는 단어에 같은 말의 다른 단어를 추가로 더 알게 되는 과정입니다. 물론 약간의 차이는 있습니다.

　　나는 당신을 사랑합니다.
　　나는 당신을 사모합니다.

　한국어 '사랑하다'와 '사모하다'는 이렇게 어순도 완전히 똑같습니다. 게다가 목적어에 붙는 조사 '을'까지 같습니다. 이렇듯 한국어 동의어들은 뜻만 같은 게 아니라 품고 있는 문법 정보도 거의 같습니다. 사용법도 같다는 얘기입니다. 그래서 어휘력을 ①단어의 철자·발음·뜻 + ②단어에 내재된 문법 정보라고 볼 때 모국어는

①만 추가해 주면 됩니다. 그냥 사전만 한번 찾아보면 그날로 새로 등록됩니다. 하지만 영어 동의어를 추가하는 것에는 작은 차이가 있습니다.

나는 당신을 사랑합니다.
I love you.

영단어 love가 들어간 문장을 보겠습니다. 일단 어순이 달라집니다. 서술어를 목적어 앞에 씁니다. 목적어 you에 조사를 붙이지 않습니다. 전치사를 사용하지 않았다는 얘기입니다. 참고로 한국어 '을'은 목적어 뒤에 쓰기 때문에 '후치사'라고도 합니다. 조사지요.

'3형식 문장'만 놓고 보면 한국어와 영어는 이런 정도의 차이가 있습니다. 영어와 한국어의 문법적 차이, 예컨대 love와 '사랑하다'가 가지는 문법 정보의 차이를 넉넉히 봐줘도 어순과 조사 사용 여부밖에는 차이가 나지 않습니다.

'영어를 배운다'의 정의, 실체를 정리하겠습니다. '영어를 배운다'는 것은 바로 '이미 알고 있는 모국어에 영어 동의어를 하나 더 추가하는 것'입니다. 풀어 보겠습니다. 이미 알고 있는 한국어에 대한 영어 동의어의 철자와 발음을 추가로 알고, 살짝 차이가 나는 문법 정보까지 추가하는 것, 그 이상도 그 이하도 아닙니다.

'저는 학교에 가요.' 이 말을 영어로 하면 'I go to school.'입니다. 각 한국어에 대한 영어 동의어는 각각, '저(I)', '학교(school)', '갑니다(go)'입니다. 일차적으로는 이것을 아는 것입니다. 여기에 살짝 다른 문법 정보까지 알면 됩니다. 어순이 약간 다르죠? '저는 가요, 학교에.' 또, 한국어는 주격 후치사 즉, 조사 '는'을 쓰는데 영어는 주어에는 아무것도 붙이지 않습니다. 한국어는 '학교' 뒤에 부사격 후치사 '에'를 씁니다. 영어는 '에' 대신 전치사 'to'를 씁니다. 이걸로 끝입니다.

영어와 한국어는 공통점이 90%다

영어탈피 2단계 과정은 문장 안에서 각 영단어에 내재된 문법 정보를 파악하는 과정이라고 했습니다. 한국어와 영어가 어떤 문법적 차이를 가지고 있는지 그 규칙성을 터득해 가는 것이죠. 여기서 주의할 점이 있습니다. 과연 두 언어의 차이점만 알아가는 과정일까요? 한국의 영어 교육은 늘 차이점을 강조합니다. 문법이 어떻게 차이가 나고, 또 독해는 역순, 점프 해석을 해야 하고…. 허구한 날 그런 식입니다.

사실 2단계 과정은 영어와 한국어의 공통점을 알아가는 활동의 비중이 훨씬 높습니다. 당연합니다. 공통점이 차이점보다 훨씬 더 많으니까요.

사랑하다 - 사모하다 - love

우선 품고 있는 뜻이 세 단어 모두 같습니다.

나는 당신을 사랑합니다.
나는 당신을 사모합니다.
I love you.

어순은 살짝 다르지만 똑같이 주어, 서술어, 목적어를 문장성분으로 하고 있습니다. 형식도 '3형식'으로 같습니다.

영어와 한국어 모두 주어, 서술어, 목적어, 보어, 부사어… 이런 식의 문장성분이 있습니다. 품사도 그렇습니다. 명사, 동사, 형용사, 부사, 대명사, 접속사, 감탄사… 이런 것들을 씁니다.

사실 어순이 다르다 하기도 좀 그렇습니다. 한국어는 조사 즉, 토씨를 중요시하기 때문에 어순이 좀 더 자유롭습니다. '나는 사랑해요 당신을.' 이렇게 'I love you.'와 똑같이 써도 됩니다. 서로 다른 게 아니라, 영어 어순이 한국어 어순 안에 포함되었다고 보는 것이 맞습니다.

어순을 지나치게 강조하는 사람들이 늘 하는 말이 있습니다. '영어는 어순이 틀어지면 내용이 바뀌어버린다.'는 말이죠. 엄청 겁을 줍니다. 한국어는 '내가 사랑해 너를.'도 되고 '너를 사랑해 내가.'도 되죠. '나'와 '너'의 순서를 바꿔도 내용이 변하지 않습니다. 토씨 중심어이기 때문이죠. 그런데 영어는 나(I)와 너(you)의 위치가 바뀌면 내용도 달라진다는 얘기입니다. 위치를 중요하게 생각하는 언어라는 말이죠.

I love you. 내가 너를 사랑해.
You love me. 네가 나를 사랑해.

보통 이런 예를 들어 강조합니다. 그런데 사실 영어도 조사를 굉장히 많이 씁니다. 여러분들이 알고 있는 전치사가 그것이죠. 한국어라고 위치가 중요하지 않은 게 아닙니다. 그냥 서로 작은 차이가 있을 뿐입니다. 침소봉대할 일이 아니란 말입니다.

'I love you.' 앞서 봤듯이 영어는 3형식 구조에서는 전치사를 쓰지 않습니다. 그런데 한국어도 사실 조사를 쓰지 않고 말하는 경우가 많습니다. '나는 당신(⟶) 사랑합니다.' 이렇게 '을'을 빼고도 말하죠. '나 밥(⟶) 먹었어.', '쟤가 나(⟶) 때렸어.' 흔히 그렇습니다. '나(⟶) 당신 사랑해.'와 같이 주격조사도 많이 빼고 씁니다. 이렇듯 적어도 3형식 구조에서는 영어와 한국어가 별다를 게 없습니다.

나머지 형식도 보겠습니다. 1형식 '주어+서술어', 'He laughed(걔가 웃었어).' 한국어와 같습니다. 물론 한국어는 표준 문법에서는 주격조사를 붙입니다. 그러나 '걔(⟶) 웃었어.'라고 떼고 말하기도 합니다. 2형식은 '주어+서술어+보어', 'He became a doctor.' 이런 형식입니다. 한국어도 어순을 바꿔 영어처럼 말할 수 있습니다. 대신 보격조사를 붙여 쓰죠. 물론 '걔 의사 됐어.'와 같이 붙이지 않고 말하기도 합니다.

4형식은 '주어+서술어+간접목적어+직접목적어', 'I gave her the book.'입니다. 어순 얘기는 더 안 해도 되겠죠? '나는 걔한테 책을 줬어.' 영어는 조사를 쓰지 않지만 한국어는 씁니다. '나(⟶) 걔한테 책(⟶) 줬어.' 이렇게 일부 안 쓰기도 하죠. 5형식, '주어+서술어+목적어+목적보어', 'She makes me happy.(걔가 나를 행복하게 해.)' 한국어는 조사를 붙이죠? 이런 사소한 차이 정도입니다.

굳이 차이를 강조하면 한국어 동의어끼리도 문법 정보가 완전히 일치하지는 않습니다. '친구'와 '벗'을 예로 보죠. '내 친구를 소개해 줄게.' '내 벗을 소개해 줄게.' 서로 취하는 목적격조사 '을/를'이 다르죠? 차이를 부각하려면 끝이 없습니다. 여러분, 이런 차이에 신경쓰십니까? 관심 두지 않습니다.

그런데 이처럼 별로 중요하지도 않은 것을 부각하는 사람들이 있습니다. 바로 '파는 사람들'입니다. 공통점이 아니라 차이점을 '부각'합니다. 왜죠? 자기들이 '부각'되기를 바라기에 그러는 것입니다. 그래야 이윤이 생기니까요.

이제 짝 어휘를 보겠습니다. '사랑하다'와 'love'는 둘 다 '나(I)'와 '당신(you)'과 짝을 이룹니다. '아름다운(beautiful)'과 '여자(woman)'를 볼까요?

안젤리나 졸리는 정말 아름다운 여자야.
Angelina Jolie is an astonishingly beautiful woman.

놓이는 위치가 어떻든 서로 평소에 어울리는 단어나 멀리하는 단어는 다 같습니다. 위치를 뒤죽박죽 섞어서 영어와 한국어의 문장 구조를 바꿔도 짝 어휘는 동일합니다. 어떻습니까? 영어와 한국어의 차이점, 별거 없습니다. 공통점을 80~90%로 보면 맞습니다. 기초 없이도 1년 남짓이면 꽤 잘하는 수준으로 발전하는 이유가 그것입니다. 노력도 중요하지만 그만큼 두 언어의 공통점이 많기 때문입니다.

영어와 한국어의 차이점은 10%, 그것만 알자

교과서도 그렇고 시중의 책들을 보면 인칭대명사 해석을 너무 기계적으로 해놓습니다. 그런 식으로 공부하면 실전 영어를 할 때 아주 불리합니다. 특히 스피킹에서 애를 먹습니다. 수앤유 님처럼 영어탈피를 통해 직접 몸으로 부딪쳐 배운 분들은 경험적으로 아는 것이 있습니다. 그 대표적인 게 '영어의 대명사 사랑'입니다. 한국어와 영어의 언어 습관이 이 부분에서 차이를 보입니다. he, she, his, her, him, they, their, them… 이런 것들에 대한 이야기입니다.

　너 엄마 봤어? 엄마가 집에 없어. 엄마에게 전화 좀 해 봐.

　한국어는 말할'때마다 매번 '엄마'라는 명사를 붙여 말합니다. '그녀'라는 말로 치환하지 않죠. 그런데 영어는 mom(엄마)을 한 번 쓰면 다음에는 보통 대명사 she로 대체해 버립니다. "Have you seen mom? She's not home. Can you call her?"

　그래서 영어를 배울 때는 한국적 표현 방식에 맞게 영어의 대명사를 풀어서 번역해 줘야 합니다. 영어탈피는 2세대 개정을 통해 대명사에 대한 잘못된 인식을 바로 잡아 드렸습니다. 짧게 설명하겠습니다.

　대명사 he를 '그'로만 해석하고 받아들이면 he를 제대로 사용할 수 없습니다. 원어민에게 he, she는 그냥 남성 또는 여성이라면 누구에게나 붙일 수 있는 말 그대로 '대명사'이기 때문입니다.

"Why did he buy that beat-up car? 그가 도대체 그 똥차를 왜 산 거야?" 이렇게 받아들이는 것은 바람직하지 않습니다. "애가/쟤가/걔가 도대체 그 똥차를 왜 산 거야?" 이렇게 이해하는 것이 맞습니다.

또, 어떤 he(남자)에 관해 이야기를 하는 상황이라면 다음과 같이 이해하는 것이 he에 대한 바른 이해입니다. "형은/오빠는/아빠는/매형은/형부는/그 택시기사는 도대체 그 똥차를 왜 산 거야?"

누구를 소개하는 경우에, "애 참 괜찮아. 같이 일해 봐." 이 말을 할 때도 '애'는 그냥 he를 써서 말합니다. "He's a good man. Why don't you guys do business together?"

이해되시죠? 영어탈피는 he, she, they 등의 대명사를 아주 폭넓게 해석해 놓았습니다. 그렇게 해놓아야 특히 스피킹을 할 때 대명사를 적절히 사용할 수 있습니다. 바로 옆에 있는 사람에 대해 이야기를 할 때 어떤 대명사를 써야 할지도 잘 모르셨을 것입니다. she는 '그녀'지만 '애'이기도 합니다. 영어탈피가 대명사를 어떻게 해석해 놓았는지 몇 가지만 보겠습니다.

애랑 같이 점심 먹을 건데, 너도 갈래?
I'm going to take her to lunch. Join us?

걔네? 걔네 결혼해서 행복하게 살고 있지. 왜?
Them? They are happily married. Why?

아빠가 날 굶겨 죽이려고 하나 봐. / 적어도 살은 빠질 거 아냐.
I think he's trying to starve me to death. / At least you'll lose weight.

선생님께서 우리 애의 성격에 대해선 뭐라고 하셨어?
What did she say about his personality?

말(스피킹)을 할 때, '얘, 걔, 쟤네들' 이런 표현에는 he, she, they를 쓰면 됩니다. '아빠, 엄마, 선생님, 삼촌…' 이런 말을 하고 싶을 때도 he, she를 쓰면 됩니다.

한 방송에서 "She knows me."라는 말을 "그녀가 날 알아." 이렇게 번역을 했더군요. TV를 보다 보면 이런 식 번역이 참 많습니다. '현아 씨가 날 알아.' 이렇게 번역하는 것이 바람직합니다.

또 다른 차이점도 살펴보겠습니다. 미국인들의 소유격 사랑도 그 이질감 중의 하나입니다. 한국인 입장에서는 '그거 좀 안 붙이고 말하면 안 되나?' 이런 생각이 들게 하는 것들이죠. 관사 the나 a, an도 그렇긴 하지만 소유격 관련해서만 예를 들겠습니다.

"가방 메. 집에 가자." 이렇게 흔히 말하지요?

그냥 "Get (—) backpack. Let's go home." 이렇게 말하면 얼마나 좋을까요? 그런데 영어에서는 기어이 your을 붙입니다. 참 귀찮은 일이죠? "Get your backpack. Let's go home." 어떡하겠어요. 로마에서는 로마법을 따르는 수밖에요.

성(性)도 그렇습니다.

"의사 선생님이 단것 먹지 말라고 충고했잖아."
"He advised you not to eat sweets."

　의사가 남자든 여자든 'he' 또는 'she' 하나로 통일하면 얼마나 좋습니까? 한국어에서는 '그'든 '그녀'든, 그냥 '그분'이면 되지 않습니까? 나중에 한국식 영어가 자리 잡으면 우리끼리는 하나로 통일하면 좋겠습니다. 농담 반 진담 반입니다.
　다른 영어 학습법에서는 이런 정도를 큰 차이라고 강조할지 모르겠습니다. 하지만 막상 공부를 해 보면 이런 문화 차이는 별문제가 되지 않습니다.

해석문이 기계적이면 흡수를 방해한다

영어 예문에 대한 한국어 해석문은 우리의 평소 말과 최대한 비슷해야 합니다. 그래야 흡수와 공감, 상호 호환이 잘 됩니다.

돌려 말하지 좀 마. 솔직히 좀 얘기해.
Stop beating around the bush. Be straight with me.

영어탈피는 이처럼 해석문을 최대한 평소에 우리가 말하는 말투로 적었습니다. 영어 공부는 내가 아는 한국어에 영어 동의어를 추가하는 과정이라고 했습니다. 'Be straight with me.' 이 말이 평소에 내가 하는 말 중에서 어떤 것인지가 와닿지 않으면 잘 익혀지지 않습니다. 어떤 상황에서 쓰는 말인지 바로 알 수 있도록 해석이 되어 있어야 합니다.

He's a very sociable fellow.
❶ 그는 매우 사교적인 사람이다.
❷ 걔 되게 붙임성 있는 애야.

같은 영어 예문을 써도, ❷번과 같이 평소에 내가 쓰는 말과 일치해야 영어 문장을 내 것으로 만드는 데 걸리는 시간이 짧아집니다. ❶번 해석은 일단 내 평소의 언어생활과 괴리가 됩니다. 지문에서 이 문장을 접하면 '그는 매우 사교적인 사람이다.'라고 해석은 할 수 있어도, 내가 누군가에게 '걔 있잖아, 되게 붙임성 좋은 애야.'라는 말을 하고자 할 때는 선뜻 떠오르지 않습니다. 스피킹이 잘 안 된다는 얘기만 할 것이 아니라 도구부터 잘 갖출 필요가 있습니다.

구동사, 숙어도 일반 단어의 우선순위를 따라라

영어에서는 구동사를 많이 씁니다. 'give up' 이런 식으로 '동사+불변화사'의 꼴로 되어 있습니다. 'I gave up everything for my family.(나는 가족을 위해 모든 것을 포기했어.)' 이렇게 사용합니다. 아주 많이 쓰입니다.

'포기하다' 하면 혹시 abandon이 생각나시나요? A로 시작하는 것이라 단어장 앞부분의 단어를 조금 외우다가 'abandon' 이 말뜻 그대로 '포기한' 분들도 꽤 많을 것입니다.

구동사는 어떤 것이든 자주 쓰이는 것으로 아는 분들도 계시더군요. 그렇지 않습니다. 영어탈피는 구동사도 빈출도를 고려하여 초급편-중급편-고급편에 각각 분리하여 배치했습니다. 꼭 필요한 것은 빨리 배워야 하고, 잘 안 쓰이는 것은 나중에 배우면 됩니다.

구동사를 일반 단어와 분리하는 것은 바람직하지 않습니다. 많은 분들이 일반 단어를 먼저 배운 후에 구동사는 나중에 공부합니다. 잘못된 방법입니다.

give up과 abandon이 완전히 같은 말은 아니지만 100% 동의어라 가정을 하겠습니다. abandon은 일반 단어라 먼저 배우고 give up은 뒤로 미뤄놨습니다. 그런데 일상에서는 give up이 훨씬 더 많이 쓰인다면 어떻겠습니까? 몹시 비효율적인 공부를 한 것이죠. 영어탈피는 이점을 고려하여 일반 단어들과 구동사를 함께 수록하였습니다.

예문이 부실한 책은 버려라, 두뇌는 압축을 싫어한다

영어라는 언어의 규칙성을 체득하기 위해서는 다량의 단어와 문장에 노출이 되어야 합니다. 그런 도구와 교육은 필수입니다. 그러나 한국의 교실에는 죄다 '압축시킨 것들'만 있습니다. 문장을 통해 규칙성을 몸소 경험해야 하는데 압축된 문법 이론만 주야장천 강의합니다. 철자가 같아도 그 뜻이 다르면 서로 다른 단어인데 그것들을 억지로 묶습니다. 압축해서 그중의 한 뜻을 기본으로 잡고 나머지는 유추하라고 합니다.

두뇌는 압축된 것을 싫어합니다. 고통스러워합니다. 다시 일일이 풀어야 이해가 되기 때문입니다. 공과대학 교재를 보겠습니다. 교수연구실에 보면 두꺼운 원서들이 즐비합니다. 교수님들이 보는 교재입니다. 그런데 학생들이 보는 수업용 교재는 다릅니다. 두께가 얇습니다. 원서가 요약된 것입니다. 얇으면 좋던가요? 절대 그렇지 않습니다. 두께가 얇은 이유는 교수님이 강의를 통해 채워 넣어줄 것이 감안되어 있어서입니다. 보통 그런 얇은 책은 해당 전공 교수님이 원서를 요약하여 재출판한 것입니다. 강의를 들어야만 이해가 잘 되는 구성입니다.

좋은 책은 독학을 통한 자기 주도 학습이 될 수 있도록 친절하게, 꼼꼼하게 설명이 되어 있어야 합니다. 교수님이 없어도 혼자 공부가 될 수 있어야 완성도 높은 교재입니다. 영어로 된 원서들은 보통

두껍습니다. 전체적으로 몇 번 정독하면 이해가 잘 되고, 공부가 마무리됩니다. 압축된, 그러니까 잘 이해되도록 부연 설명된 것들이 체거된 교재는 그것을 이해하기 위해 다시 압축을 풀어야 합니다. 고통스러운 과정을 통해 비밀의 열쇠를 푸는 과정을 거쳐야 합니다. 그 과정에서 피로감이 생깁니다. 졸음이 옵니다.

영어 교재도 마찬가지입니다. 예문이 없는 단어장은 최악입니다. 어려운 문법 용어만 가득한 문법책도 악당입니다.

2단계 과정을 마치며

중고등학교 6년 동안 문법 수업을 듣고, 독해 요령을 배웠습니다. 그런데 영어가 안 됩니다. 영어 단어 하나 원리에 맞게 배워본 적이 없습니다. 문장도 넉넉히 경험해본 적이 없습니다. 그러면서도 영어는 수많은 노출이 기본이라고는 말합니다. 생각은 그렇게 하면서 손은 패턴영어 300개짜리로 갑니다. 이런 모순이 없습니다. 영어가 안 되는 것은 그럴 수밖에 없는 인과관계가 정확히 작동된 것입니다. 우연이 아닙니다.

영어 문장의 규칙성을 파악하는 것은 한국어와 어떻게 같고 다른지를 알아내는 것입니다. 그래서 '영어를 배운다'의 정의와도 같습니다. 결국 2단계를 잘 마치면, 영어는 다섯 가지의 형식이 돌고도는 것임을 알게 됩니다. 극도로 압축된 5형식을 이론으로만 알고 있어서는 아무것도 할 수 없습니다. 그러나 숲을 보면서 나무도 일일이 만져보면 패턴이 머리에 자리 잡습니다.

초급편 예문이 1만 문장쯤 됩니다. 5형식이므로 한 번만 봐도 각 형식당 2,000번씩을 경험하는 것입니다. 그렇게 몸이 영어에 노출된다는 얘기입니다. 이렇게 몸으로 부대끼기 때문에 유학 가는 것보다 더 빠른 성과를 내는 것은 당연합니다. 장소가 중요한 게 아닙니다. 어디서든 임계량을 돌파했는지 아닌지가 중헌 거지요.

시험만 잘 보면 됩니다 / 고뤠요?

시험만이 목적인가요? 그렇다면 제3단계 과정은 하지 않아도 됩니다. 2단계를 끝내면 읽기(직독직해)와 리스닝(직청직해)이 잘 됩니다. 독해나 듣기 시험은 걱정하지 않아도 됩니다. 그런 정도는 여기까지만 해도 충분합니다. 잘 치른 후에, 그때 3단계로 넘어오십시오. 이왕 시작했으면 원어민 친구 몇 사람은 사귀어야 하지 않겠습니까?

전에 카페 회원들께 수능 듣기 시험 문제를 풀어 보고 그 결과를 알려달라고 했습니다. 몇 분의 답변을 보겠습니다.

Acoustics: 수능이 원래 이렇게 쉬웠었나요? 고등학교 다닐 땐 마냥 어렵게만 생각되던 영언데 격세지감을 느낍니다. 수능 듣기가 '쉬운 토익+쉬운 토플' 정도로 보이네요.

구름속의산책: 듣기 평가란 걸 쳐 본 적이 없는 학력고사 세대인 제가 쳐 보니 아주 쉽군요. 토익과 비교하면 훨씬 쉬운 거 같습니다. 발음도 또박또박 해주고 답도 한글로 된 게 많고, 단지 17번 문제만 조금 헷갈리네요. 다 언급된 거 같은데. -.- 다시 들어 보니 bitter 과 beetle이 헷갈렸네요.

버들: 그냥 우리말로 듣는 거랑 차이가 없네요. 지금 문제 풀이 듣고 있는데 실수만 없다면 다 맞을 것 같습니다. …… 다 맞았네요. 이렇게 쉬운 거였군요. 수능 영어 듣기가.

정상적인 방법으로 정직하게 실력을 쌓으면 특별한 기술이 필요 없는 게 영어 시험입니다.

Acoustics 님과는 영어 인터뷰를 할까 합니다. 시간 될 때 연락을 주신다고 했으니 목소리도 들어 볼 수 있을 것 같습니다. 엄청 바쁘게 지내시더군요.

구름속의산책 님도 버들 님도 다들 반가운 얼굴입니다. 버들 님은 전에는 환골탈태라는 닉네임을 쓰셨죠. 후기도 많이 남겨주셨습니다. 이 책에 실린 '모소 대나무 이야기'도 버들 님이 올려주신 걸 살짝 베껴 실은 것입니다. 배경 음악까지 깔린 가슴 뭉클한 글이었죠. 그러고 보니 이 책은 모두가 함께 쓰는 책이네요. 책이 나오면 언급된 분들께 한 권씩 보내드려야겠습니다.

시험을 목적으로 영어탈피를 하는 분들도 꽤 있습니다. 시험만이 아닌 그 이상으로 발전하길 늘 바라지만 먹고 사는 문제가 우선이지요. 가끔 감사 인사를 보내오는 분들도 계십니다. 노SH(이니셜 임)님께서 주신 메일입니다.

"유튜브에서 '그동안 영어를 헛공부 했다'는 취지의 영상을 접하고 충격을 받아 영어탈피를 시작했습니다. - 중략 - 현재는 경찰 영어시험을 가볍게 통과하여 재직 중입니다. 저에게 직장을 선물해 준 책입니다. 감사합니다. 지금은 관광경찰을 하고 싶고, 더 나아가 외사계에 들어가고 싶어서 계속 공부할 계획입니다."_노SH 님

공무원에 합격하신 인생사무니 님의 소식도 공유해 드려야겠네요. 조금 길지만 수험생 여러분께 타산지석의 교훈이 될 것으로 보여 전문을 싣도록 하겠습니다.

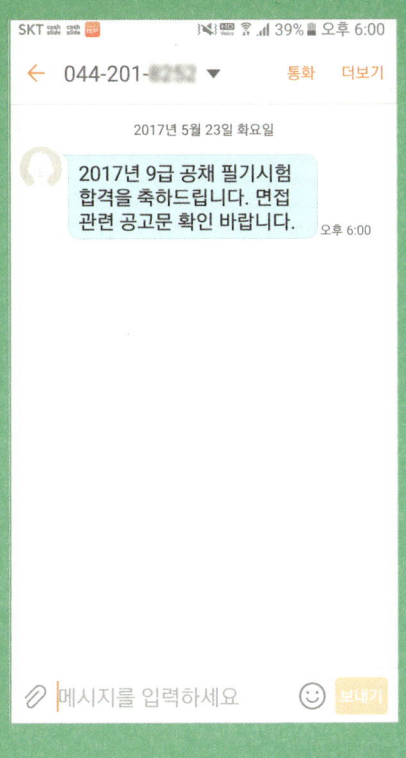

"안녕하십니까, 우공이산님. 정말 오랜만에 카페에 오게 되었네요. 작년 공무원 시험을 준비하면서 영어가 중학교 수준밖에 되지 않는 저에게 영어 과목은 너무 힘들었습니다. 그래서 우연히 유튜브에서 영어탈피를 알게 되었지요. 너무 급해서 개인적으로 문자도 보내고 1년 안에 할 수 있을지에 대해 자문도 하고 막 그랬던 기억이 나네요.

　보시다시피 어제 9급 합격이라는 문자를 받고 감격의 눈물을 흘렸습니다. 어머니 아버지도 너무 기뻐하시더군요. 아직 면접이 남아있지만, 필기 컷보다 15점 높아서 이변이 없는 한 최종 합격할 거라 믿고 있습니다.

　제 영어 실력은 수능 5등급이었습니다. 뭐 그냥 단어 빽빽이? 깜지? 이런 거 선생님이 시키는 거는 하는 그런 학생이었습니다. 대학교도 군대 다녀와서 등록금만 빨아먹는 게 싫어서 2학년 1학기 마치고 자퇴하고 공무원시험에 도전했습니다.

　다른 건 자신 있었는데 영어는 진짜…. 그래서 처음 한두 달은 영어만 했습니다. 영어만 거짓말 안 하고 10시간 넘게 했습니다. 1단계를 빠르게 마치기 위해서 반복 또 반복했습니다. 그렇게 어느 정도 반복하면서 2단계도 20회독 가까이 했습니다. 처음에는 2단계가 너무 힘들었는데 우공이산 님이 공무원 시험은 듣기 시험이 없으니 그냥 듣기는 하지 말고 하라고 조언도 해주셨지요.

그렇게 2단계도 반복하다 보니 자연스럽게 영어 문장이 한 번에 눈에 들어오기 시작했습니다. 그때부터 영어에 흥미를 느끼고 연말까지 2단계와 1단계를 병행했습니다.

그렇게 연말이 지나고 새해 시작부터는 기출과 문법 강의를 들으면서 공부했습니다. 문법을 배우고 나서 2단계 문장들을 보니 '아… 이래서 여기는 이렇구나'하고 깨닫는 기분이 정말 좋았습니다. 아, 그리고 시중에 파는 공무원 빈출 단어도 따로 외웠는데 겹치는 게 많아서 금방 마스터했습니다. 그렇게 시험 한 달 전에는 예상 모의고사 같은 거로 시간 체크하면서 연습을 했습니다.

경찰 시험도 연습 삼아서 쳐 봤는데 경찰 영어는 너무너무 쉽더군요. 정말 고1 수준이었습니다. 17분에 90점 먹었습니다. 이번 시험은 지문 난해한 거랑 문법 좀 틀려서 80점 맞았지만, 목표했던 거보다 잘 나와서 이렇게 필기 합격이라는 성과물이 나왔네요.

공부하면서 제일 짜증 났던 게 영어를 공부하기보단 시험 문제를 맞히는 공부를 해야 한다는 거였습니다. 이상한, 쓰지도 않는 단어들을 외우는 것 등등…. 요새는 가볍게 미드 같은 것도 보면서 듣기도 하려 하고 진짜 영어다운 공부를 면접 준비랑 하려고 합니다. 이젠 영어가 재미나요!

영탈족 여러분, 제가 드리고 싶은 말은 꾸준함, 반복인 것 같습니다. 영어탈피로 공무원 준비하시는 분, 그냥 힘들어도 고생하시는 부모님을 생각하시면서 버텨보세요! 갑자기 영어가 보이는 날이 올 겁니다. 마지막으로 우공이산 님께 정말 감사하다는 말씀드립니다."_인생사무니 님

수많은 축하 댓글 속에 저희도 축하의 인사를 건넸습니다. 그랬더니 이렇게 말씀을 주십니다.

"우공이산 님께 후기를 남기는 날이 반드시 오겠지 하면서 공부했습니다. 결국 이런 날도 오는군요. 최종까지 합격해서 선한 영향력을 끼치는 그런 공직자가 되겠습니다. 다시 한번 감사드립니다."

'선한 영향력을 끼치는 공직자'가 되겠다는 말씀, 어쩌면 당연할 수 있는 이 말씀이 신선하게 다가오는 건 왜일까요? 과정이 정직했기에 앞으로 하시는 일도 그러하시겠지요. 훗날 차 한잔할 수 있기를 바랍니다.

리스닝과 스피킹 무엇이 더 어렵나

3단계 과정을 설명하기 전에 잠깐 웃고 가겠습니다.

리스닝이 더 어려우신가요, 스피킹이 더 어려우신가요? 리스닝은 인풋(이해)이고 스피킹은 아웃풋(표현)입니다. 보통은 스피킹이 더 어렵다고 생각할 것입니다. 맞습니다. 고급 수준일 때는 그렇습니다.

寸鐵殺人, 이 한자어, 읽을 수 있는 사람과 쓰기까지 가능한 사람의 숫자를 조사하면 전자가 80%쯤 된다면 후자는 10%도 안 될 수 있습니다. 철자를 다 알지 않아도 평소에 '촌철살인'이라는 말을 들어봤고, 첫 글자와 끝 글자 정도를 알면 읽을 수는 있습니다.

그러나 쓰는 것은 정확히 알아야 가능한 것이죠. 당연히 아웃풋이 더 고난도입니다.

그런데, 초급 수준의 영어를 사용할 때는 어떨까요? 인풋이 더 어렵습니다. 읽기와 듣기가 더 어렵습니다. 왜인 줄 아세요? 이 두 가지는 글 쓴 자, 말하는 자, 그러니까 상대가 그 난이도를 결정하기 때문입니다. 원어민이 마음먹고 지적 어휘력을 한껏 뽐낸다고 생각해 보세요. 전문용어까지 써가면서 말하면 듣는 입장에선 정말 미치지 않겠어요?

그러나 스피킹은 다릅니다. 결정권이 모두 내게 있습니다. 쉬운 말을 쓰든 어려운 말을 쓰든, 혹은 틀리든 말든 내 마음입니다. 원어민과의 스피킹은 상대 원어민이 걱정할 일이지, 내가 걱정할 일이 아니라는 말입니다. 내가 틀리면 상대가 '다시 말해 줄래?' 이렇게 되묻죠. 아니면 온갖 수단을 동원해서 알아들으려 애씁니다. 자신이 알아듣기 위해서라도 원어민은 더 쉬운 말로 대화에 응합니다.

스피킹도 리스닝도 결국 실력의 문제입니다. 실력은 차차 쌓으면 됩니다. 영어탈피를 끝내면 리스닝 걱정은 하지 않아도 됩니다. 스피킹도 술술 터지기 일보 직전입니다. 게다가 스피킹 권한은 내게 있습니다. 차분하게 생각하면서 말하면 됩니다. 그러다 보면 속도는 자연히 붙습니다. 정확도도 마찬가지입니다.

3장

파전을 부치자
Now, explore!

영어탈피 제3단계 | 유창해지자

"고생했어." 쓰담쓰담

큰일의 성패를 가르는 게 뭘까요? 경중을 따져서 하는 우선순위 매기기가 아닐까요? 술보다는 일이 중요합니다. 사실대로라면 술을 멀리하고 일을 해야죠. 게임보다는 시험이 중요합니다. 공부를 해야 합니다. 그런데 이 단순한 우선순위가 잘 지켜지지 않습니다. 하기만 하면 되는데 하지 않죠. 많은 사람들이 술을 선택하고 게임을 선택합니다.

 큰일, 가치 있는 결과를 내는 데 있어 핵심이 무엇인지는 압니다. 알면서도 실천을 잘 안 할 뿐이죠. 술이나 게임은 짧게 한다거나 아주 가끔 해도 됩니다. 그러나 중요하고 가치 있는 일은, 공부는, 일부러라도 더 많은 시간을, 더 큰 집중력을 발휘해야 합니다.

아이러니하게도 '중'한 일에는 요령을 피우고 '경'한 일에는 초집중을 합니다. 진짜 중헌 것이 뭔지를 모르는 것이죠. 알면서도 대책 없이 외면합니다. 그래서 특별한 경우가 아닌 한 문제의 해결은 자기성찰이 답입니다. 1~2단계를 잘 마친 분들은 영어탈피를 최우선순위로 둔 분들입니다.

"고생했다." "그간 고생 많이 하셨어요." 쓰담쓰담, 토닥토닥. 큰일을 끝내고 나면 왈칵 눈물이 쏟아질 수도 있습니다. 슬퍼서가 아닙니다. 스스로 대견해서. 카타르시스가 느껴져서. 기쁨은 노력과 비례하니까요.

제2단계를 마치면 어느 수준이 되나

이 과정은 영어탈피 3단계 과정입니다. 마지막 피날레입니다. 목적은 유창하게 말이 되는 것입니다. '3단계'라고 별도 단계로 이름을 붙였지만, 사실 방아쇠만 당기면 되는 아주 짧고 단순한 과정입니다.

영어탈피를 2단계까지 마치면 직독직해는 기본적으로 됩니다. 한국어를 읽는 그 방식 그대로 영어를 읽을 수 있습니다. 직청직해, 리스닝도 됩니다. 원어민과의 실전 훈련을 통해 조금은 더 다듬어야 하지만 이미 잘 되는 상태입니다. 아웃풋 중에서 글쓰기도 이미 됩니다. 두 분 말씀을 들어 보겠습니다.

⚽ 영어탈피와 독해

진행자: 영어탈피를 끝내고 나서 후기를 써주셨잖아요. 거기 보면 "영어탈피 책이 아니라 다른 책에 있는 문장들을 봐도 직독직해가 된다, 그러니까 영어를 읽었을 때 바로 이해할 수 있다"라고 하셨는데, 영어탈피 하기 전에 지문을 보고 독해를 할 수 있었는지, 할 수 있었다면 어느 정도 가능했는지, 한번 여쭤보고 싶은데요.

수앤유: 영어탈피를 하기 전에는 그냥 간단한 동화 같은 것도 이해를 못 했어요. 그냥 간단한 단어가 사용된 것도 이해를 못 했고, 그냥 문법적인 것도 이해를 못 하니까 쉬운 단어가 나와도 해석을 못 하는 거죠. 단어는 제가 다 알고 있어도 그 단어가 이 위치에 있으면 어떻게 해석을 해야 하고, 관계대명사를 어떻게 해석해야 하고, 이런 거를 제가 하나도 모르니까 쉬운 문장조차도 해석을 못 했어요. 2단계를 끝내고 나니까 이제 이게 어떻게 쓰이는지 알게 되고 하니까 직독직해가 가능해진 것 같아요.

NewBrand: 2단계가 끝나는 시점부터 가능해진 것 같아요. 왜냐면 그때 그게 안 되면, 그러니까 MP3를 틀어놓고 하잖아요. 되게 짧은 간격으로 했던 거로 기억을 하거든요. 그거를 듣고 따라서 말하고, 그러면서 그런 문장들이 전부 다 이해가 되는 순간이 그 언저리였던 거 같아요. 그때가 직독직해가 편했던 시점인 거 같아요.

⚽ 영어탈피와 문법

진행자: 그리고 문법적으로도 거의 맞게 잘하시거든요. 그러면 문법은 영어탈피를 시작하기 전에 얼마나 알고 있으셨나요?

수앤유: 문법은 그냥 제가 그전에 공부한 적도 없어서 문법 지식이 거의 없었어요. 그냥 제가 처음에 영어탈피 2단계를 들어갔을 때도 문법을 거의 몰라서 이해를 못 하겠더라고요. '이 상태에서 따라 해도 문법을 제대로 사용할 수 있을까?' 이 생각이 들더라고요. 그래서 문법 공부를 하기는 해야 되나 이 생각이 들다가 그냥 야OO에서 배운 그런 문법들 있잖아요. 기본 should, would… 이런 게 어떻게 쓰는지 그런 것들을 최대한 생각하면서 그냥 따라 읽었어요. 따라 읽다가 영어탈피 2단계를 몇 번 하고 나니까 이제 감이 잡히더라고요. 문법 공부 따로 한 거는 없었습니다.

진행자: 그리고 저번에 인터뷰할 때 보니까 제가 말을 하면 거의 다 알아들으시더라고요, 되묻는 거 없이. 근데 그거는 이제 두 가지인 거죠. 한 가지는 문법적으로 완성이 되었다는 거고 다른 하나는 귀가 뚫렸다는 거예요. 리스닝이 된다는 건데, 문법적인 부분은 문장 구조라든지 콜로케이션collocation이라든지 이런 거죠. 영어탈피 예문을 통해서 문장구조를 터득하신 건가요? 아니면 그 전에 어떤 공부가 따로 있었나요?

수앤유: 저는 그전에 공부는 한 적은 없고 영어탈피 예문을 통해서 거기서 그냥 문법을 자연스럽게 익힌 거 같아요.

⚽ 영어탈피와 리스닝, 회화

진행자: 리스닝 파트를 그런 관점에서 본다면 이렇게 정확히 알아들을 수 있다는 거는 직청직해가 된다는 거거든요. 듣자마자 이해가 된다는 것, 지금 그런 상태잖아요? 그러면 영어탈피를 하기 전에 리스닝 실력은 어떠셨어요?

수앤유: 영어탈피를 하기 전에는, 유튜브에서나 다른 동영상을 통해서 영어를 듣게 되면, 처음에는 할 수 있다는 이런 생각을 가지고 듣는데, 듣다 보면 그냥 30초도 못 듣고 그냥 꺼버렸어요. 그때는 단어도 모르고 문법도 모르니까 이해를 못 했죠. 근데 영어탈피 2단계 공부가 3분의 2를 넘어가니까 이제 그때부터는 유튜브나 다른 영어 동영상 같은 거를 들어도 천천히 이해가 되더라고요. 그렇게 영어탈피를 마저 다 끝내고 나니까 이해되는 동영상이 상당히 많아졌죠. 그렇게 30초도 못 돼서 껐던 게 이제는 너무 빠르거나 이해 안 되는 문법적인 요소나, 관용구 그런 거 빼고는 잘 들을 수는 있는 거죠. 듣고 이해를 하니까 재미있게 볼 수 있는 거죠.

진행자: 실제로 본인이 말을 하는 데 있어 달라진 게 느껴지시나요? 영어탈피를 하기 전의 나의 회화 실력과 현재의 실력에 있어 체감될 만한 게 있으신가요?

수앤유: 너무요, 너무. 너무 달라요. 제가 영어탈피를 하기 전에는 외국인이 "How are you?"라고 물어보면, 어떻게 대답할지를 몰라서 얼어붙었거든요. 그런데 정말 많이 바뀌었죠.

어떤 얘긴지 아시겠죠? 회화 실력은 준비한 만큼 나옵니다. 무턱대고 원어민을 만나서 되는 일도 아닙니다. 미드나 영화를 본다고 되는 것도 아닙니다. 어휘력과 문장 구사력을 미리 완성해놓아야 하는 것이죠. 어휘, 문법, 독해, 리스닝은 앞서 말씀드린 2단계 과정에서 사실상 완성이 됩니다.

2단계를 끝낸 후에 아직 부족한 것은 스피킹입니다. 추가 훈련이 조금 더 필요합니다. 물론 2단계만 끝내도 차분하게 말을 하면 문법에 맞게 뱉어낼 수 있습니다. 그게 안 된다는 얘기가 아닙니다. 순발력 있게 대응하는 감각이 아직은 부족하다는 얘기입니다. 상대가 속사포처럼 쏘아대면 나도 노련하게 받아줘야 합니다. 3단계는 이것을 가능하게 하는 과정입니다. 말하는 요령을 탑재하는 과정입니다. 스피킹(말 뱉기) 전용 과정이라고 할 수 있습니다.

3단계 필수 과정 |
생명체와의 교감, 반드시 하라

도구로써 영어탈피는 강력합니다. 그러나 간접 체험이라는 한계가 있습니다. 이제 살아 있는 생명체와의 교감이 필요합니다. 사람과의 실전 대화를 할 때가 되었습니다. 풀어낼 꾸러미는 이미 준비가 되어 있습니다. 방법만 조금 터득하면 됩니다. 적응하는 데 살짝 시간이 필요합니다. 넉넉히 50~100시간 정도 보면 됩니다.

이 과정은 이전 1~2단계와 다른 점이 있습니다. 비용을 조금 들여야 합니다. 이전 영어탈피 공부 과정은 5~10만 원 정도면 되었습니다. 학원도 인강도 필요 없기 때문에 거저나 다름없었습니다. 그러나 3단계는 100~200만 원은 생각해야 합니다. 유학을 가면 수천~수억 원이 듭니다. 그에 비하면 이 또한 거저입니다. 작은 것에 연연하지 말고 통 크게 진행 바랍니다.

3단계 과정은 투트랙 방식입니다. 병진 방법입니다. '필수 방법'과 '병행 방법'을 함께 하는 것입니다.

- 진행 방법
    1. 필수 방법: 원어민을 접촉한다.
    2. 병행 방법: 위 필수 방법을 보강한다.

① 필수 방법

진행 방법은 간단합니다. 말할 상대를 찾아 실전 대화를 하면 됩니다. 방법은 많습니다. 해외로 나갈 필요 없습니다. 돈도 많이 들고, 한국에서 하는 것과 다를 바가 없습니다. 그냥 국내에서 원어민 또는 영어를 잘하는 사람을 만나면 됩니다. 다음과 같은 방법이 있습니다.

- 전화영어나 화상영어
- 실전 회화 전용 학원
- 유료 원어민 커피 타임
- 원어민 친구 사귀기
- 한국어를 배우고자 하는 외국인과의 언어교환
- 먼저 영어 탈피한 분들과의 동호회 맺기

6가지로 나눴지만 사실 똑같은 얘기죠? 그렇습니다. 차분하게 내 얘기를 들어주고 대화해 주는 환경이면 됩니다.

대부분 돈이 안 드는 방법을 생각합니다만 돈이 전혀 안 드는 방법은 없습니다. 오히려 돈을 조금 들이더라도 마음 편하게 제대로 훈련하는 것이 좋습니다. 예컨대 원어민 친구를 사귀게 돼도 상대의 시간을 나눠 쓰는 것입니다. 커피 한 잔이라도, 술 한 잔이라도 사야 합니다. 그렇지 않고 어떻게 맨날 만나 달라 할 수 있겠습니까?

어떤 사람들은 이태원이나 관광지 같은 데서 원어민에게 말을 걸라고 합니다. "만나서 반가워요. 제인이에요." "이거 얼마예요?" "시청 가는 길이 어디예요?" 3단계 과정은 이런 '합 맞추기' 수준을 목표로 하는 것이 아닙니다. 유창한 영어를 목표로 합니다. 당연히 차분하게 담소를 나눌 수 있는 환경이 필요합니다.

전화영어나 화상영어

'전화영어'는 따로 설명해 드릴 필요가 없겠죠? 가성비 좋은 곳 찾아서 하시면 됩니다.

실전 회화 전용 학원

'실전 회화 전용 학원'에 대해서 말씀드리겠습니다. 이 또한 잘 갖춰진 곳을 찾으면 됩니다. 문법을 가르쳐 주는 곳을 말하는 것이 아닙니다. NewBrand 님이 이런 학원을 이용했습니다.

학원, 처음엔 영어로 직접 말하는 시스템이라 잔뜩 기대하고 갈 것입니다. 하지만 기초가 없으면 학원에 다니는 일이 곧 고통입니다. NewBrand 님은 영어탈피를 먼저 하고 가셔서 문제가 없었던 것이죠. 2단계까지 잘 마치는 것이 모든 문제의 해결책입니다. 얘기를 좀 들어 보겠습니다.

진행자: 그러면 학원 등록 전에 했던 영어탈피로 어떤 도움을 받으셨나요?

NewBrand: 일단은 영어탈피로 문장을 계속 반복하잖아요? 반복해서 계속 말하잖아요? 그렇게 하다 보면 언어가, 문장이 어떻게 구성되어 있는지를 알 수가 있게 되죠. 스피킹과 리딩(읽기)은 굉장히 다르다고 생각을 하거든요. 왜냐면 머릿속에 있는 거랑 그것을 내뱉는 거랑 정말 다르거든요. 영어탈피는 그것을 말할 수 있는 그릇을 만들어 주는 거라고 생각을 해요. 자기 생각을 말로 하게 되는 훈련을 저는 그 학원에 가서 한 거죠. 근데 사실 거의 다 이미 만들어져 있었죠. 그냥 듣는 즉시, 그냥 수업하는 즉시, 다 스펀지처럼 쏙 받는 느낌이 있어서, 저랑 같이했던 애들이랑은 되게 달랐어요. 얘들한테 "너는 혹시 유학 갔다 왔니?" 이런 식으로도 많이 들었고, 그런 게 되게 좋았어요.

NewBrand 님은 학원에 갔을 때 '그냥 듣는 즉시, 그냥 수업하는 즉시, 다 스펀지처럼 쏙 이해됐다'고 말씀하십니다. 원어민을 본격적으로 만날 타이밍을 정확히 잡은 것입니다. 학원은 이런저런 표현을 배우러 가는 게 아닙니다. 그런 건 기초 회화 학원들에서 하는 것이죠. 실전 전용의 이런 학원은 이미 준비된 내 실력을 확인하는 곳입니다. 화약을 다 장전해놓고 마지막에 방아쇠를 당겨보러 가는 곳이죠. 영어탈피 1~2단계가 그래서 중요합니다.

유료 원어민 커피 타임

'유료 원어민 커피 타임'은 말 그대로입니다. 한국에 거주하는 외국인들이 제법 많습니다. 그들의 커뮤니티가 있습니다. 접촉 방법은 책에 쓰는 것은 부적절해 보이므로 카페에 오시면 알려드리도록 하겠습니다. 서로가 편한 곳에서 시간당 얼마씩을 책정하여 1~2시간씩 티타임을 가지면 됩니다.

유튜브를 보면 어떤 미국인이 '원어민에게 절대 영어를 배우지 말라'는 말을 하는 게 있습니다. 영어를 잘하면 가르치는 것도 잘할 것이라고 착각하는데 그렇지 않다는 얘기입니다. '목마른 놈이 우물 판다.'고 했습니다. 외국어 교육학, 그 필요를 느끼는 곳이 더 발전할 수밖에 없습니다. 미국보다 한·중·일 3개국이 연구를 더 많이 합니다. 외국어 공부법은 알아도 우리가 더 잘 압니다. 그러니 원어민과 접촉할 때는 상대가 알아서 잘 가르쳐 줄 것으로 생각하지 마시라는 얘기입니다.

영어탈피 1~2단계를 진행해 오다 보면, 그리고 끝내고 나면 내게 부족한 것이 무엇인지 스스로 알게 됩니다. 그것을 채우는 데 원어민 만남을 적극적으로 활용해야 합니다. 그런 부분을 감각적으로 채워줄 수 있는 사람을 만나야 좋겠죠? 복불복 가능성도 있습니다. 모르는 사람과의 만남이므로 당연히 주의할 것이 있습니다. 이력 등, 관련 신상 정보는 꼭 확인 바랍니다.

원어민 친구 사귀기

주변을 돌아보시기 바랍니다. 내가 준비되면 안 보이던 원어민도 보이게 되고 차차 저변도 넓어지지요. 늘 배려하는 마음이면 됩니다.

한국어를 배우고자 하는 외국인과의 언어교환

한국어를 배우려는 사람들과의 '언어교환' 방법을 쓸 수도 있습니다. 방식은 전화영어와 같다고 보면 됩니다. 수앤유 님께서 이용한 방법입니다. 물론 한국에 거주 중인 외국인이라면 만나서도 할 수 있습니다.

먼저 영어 탈피한 분들과의 동호회 맺기

가장 이상적인 방법은 영어탈피로 공부한 분들이 차차 모여서 함께 하는 것입니다. 먼저 유창해진 분들이 도와주는 것입니다. 외화 유출 없는 아주 좋은 방법입니다. 우리들의 만남은 단순히 영어만으로 끝나지는 않겠죠? 각박한 세상, 서로 돕고 살 사람들이 많으면 좋지 않겠습니까? 영어탈피가 새로운 인간관계, 그 지평을 넓히는 계기가 되었으면 합니다. 영어를 하면 자연히 인맥도 넓어집니다. 세계는 좁아집니다.

이들 '필수 방법'의 소요 시간은 평균 1일 1시간 2개월 정도로 보면 됩니다. '우와, 이제 나도 내 생각을 말로 할 수 있게 됐어. 내게도 이런 날이 오네!' 이런 생각이 드는 데 걸리는 시간입니다. 사람마다 물론 다르지만 수앤유 님이나 NewBrand 님, 두 분 기준으로 보면 그렇습니다. 적극성과 집중력을 얼마나 발휘하느냐가 관건입니다.

사실상의 스피킹 완성은 이것이면 됩니다. 기여도 측면을 놓고 보면 '필수 방법' 즉, 원어민 접촉을 70%로, 앞으로 설명할 나머지 '병행 방법'을 30% 정도로 보면 됩니다. 엄밀히 따지면, 다음 '병행 방법'에 50%까지 그 의미를 부여할 수도 있습니다만 말 트기는 반드시 사람과 직접 해볼 필요가 있습니다.

영어 말 트기가 안 되게 하는 치명적인 행동이 있습니다. 울렁증이라고 말하지만 이는 소심한 성격만의 문제가 아닙니다. 준비 부족입니다. 영어탈피 1~2단계는 말 트기의 마중물에 해당합니다. 재래식 펌프 아시죠? 물이 콸콸 쏟아지게 하려면 반드시 마중물을 먼저 부어줘야 합니다. 그런데 물만 부어놓으면 어떡합니까? 그 즉시 죽어라 힘껏 펌프질을 해줘야지요. 바로 원어민 접촉이 그것입니다. 원어민과의 만남을 피하면 방금 부은 마중물이 허무하게 밑으로 빠지고 맙니다. 다시 뜨러 가야 합니다. 하루 1시간의 펌프질, 원어민 접촉을 반드시 하시기 바랍니다.

3단계 병행 과정 |
놀면 뭐 하나, 재미있는 건 다 하라

그럼 원어민을 만나고 남는 시간에는 뭘 해야 하죠? 이 때문에 '병행 방법'이 필요합니다. 현지가 아니라 국내이기 때문에 아주 중요합니다.

② 병행 방법

병행 방법은 두 가지로 나눌 수 있습니다. 먼저 단기간에 스피킹 능력을 키우기 위한 우선 과정입니다. 이것을 병행 1방법이라고 하겠습니다. 이 과정은 위 '필수 방법'을 진행하는 2개월 동안 함께 해주면 됩니다. 나머지 병행 2방법은 시간이 남을 때 쓰는 방법입니다. 이 3단계 과정에서 꼭 해야 하는 것은 아닙니다.

◉ 병행 1방법

'필수 방법'의 비중이 70%, '병행 방법'의 비중이 30%입니다. 그중 20%의 역할로 생각하면 됩니다.

- '영어탈피 라이브 영어 회화' 병행
- 수시로 혼잣말하기
- 친구와의 대화 영작해서 말해 보기
- 한국어 방송 영작해서 말해 보기
- 한국어 대본 영작해서 말해 보기

영어탈피 라이브 영어 회화 이용하기

'영어탈피 라이브 영어 회화' 이 책은 원어민 남녀 두 사람이 자유롭게 수다를 떠는 내용을 그대로 엮은 것입니다. 대본을 주고 연기를 한 게 아니라 하고 싶은 대로 말한 내용을 그대로 받아 적은 것입니다. 이런 회화책은 우리 책이 유일합니다. 사실 영화 대사도 실제 회화가 아닙니다. 잘 다듬어진, 잘 짜여진 인위적인 대본입니다. 이 책은 살아 있는 실제 회화입니다.

원어민을 만날 수 없을 때 이 책과 원어민 음성을 자주 듣고 보십시오. 원어민은 말을 어떻게 시작하고 이어가는지 그 생생한 현장을 볼 수 있을 것입니다. '나의 언어'가 현실에서 통용될지 아닐지를 '확인' 하십시오.

다음은 이 책을 이용하신 KIM실장 님과 나눈 대화입니다. KIM실장 님은 개정판 '영어탈피 초급편'을 주교재로 쓰셨습니다.

진행자: 영어탈피 라이브 영어회화 편을 하시고 난 후에 어떤 게 도움이 되던가요?

KIM실장: 이런 종류의 원어민 실제 대화는 처음 들었어요. 그전에 영화로 하거나 미드 보면서 공부를 했었던 적은 있는데 이렇게 진짜 일반인이 막 혼자서 2~3분씩 이어가고 또 상대도 그렇게 하는 거는 처음 경험했어요. 확실히 책의 의도대로, 이 방식을 익히고 나니깐 말을 이어가는 그런 요령을 저도 모르는 사이에 익히게 되더라고요. 몸으로 익히게 되는 거 같아요. 직접 원어민들이 얘기하는 것을 들으니까 '아, 이렇게 말을 해도 되는구나' 이런 확인이 되는 거죠. 그전에는 유치원생들처럼

"너는 어땠어?" "나는 이랬어." 이런 식으로 그냥 한두 문장 정도로 대화가 끝나버렸는데, 이제는 제 생각을 더 길게 자세하게 표현할 수 있게 된 거죠.

다음은 '영어탈피 라이브 영어 회화' 편의 내용 일부입니다. 원어민 에린과 스티브가 즐겁게 여행 얘기를 하고 있습니다.

Ⓢteve 우리 일행 중에 미국 여자가 하나 있었는데 이 여자는 매운 음식을 별로 안 좋아했던 거야.

그 태국 아줌마가, "이봐요 아가씨, 매운 거 안 좋아해?"

그러니까 그 미국 여자가 "매운 건 넣지 말아 주세요." 이랬거든.

태국 아줌마가 "아, 넣지 말라고?" 이러더니

이 미국 여자가 "네, 넣지 말아주세요." 이러니까

"알았어. 그럼 쬐~끔만 넣어줄게." 이러는 거 있지. 이 여자가 뭐라든 끝까지 꿋꿋이 넣더라고.

Ⓔrin 태국 사람들은 음식을 맵게 안 하면 진짜 태국 음식이 아니거나, 아니면 그냥 이게 아예 먹을 게 못 된다고 생각하는 거 같아.

Ⓢteve 맞아. "아, 매운 거 넣지 마?" "네. 넣지 마세요." "아, 알았어. 그럼 쪼끔만 넣자." 좀 웃겼어.

Ⓔrin 태국 음식이 생각보다 매워. 진짜 태국 음식은 매워.

- 영어탈피 라이브 영어 회화 에린·스티브 편 ep.2 예 -

One classmate, an American woman, didn't really like spicy food.

The Thai lady would say, "You! You don't like spicy."

And the American would say, "No spices for me, please."

But the Thai would say, "No spices?"

And the American would answer, "No, no spices, please."

But the Thai lady would just say, "Ok, just a few spices" and she would still put some in anyway.

erin   I feel like they think it's not authentic, or it's just not food without the spice in it.

Steve   I agree. "No spices?" "No." "Oh... Okay, just a few spices." It was pretty funny.

erin   Thai food is surprisingly spicy, the authentic stuff.

수시로 혼잣말하기

'혼잣말하기'는 혼자 놀기의 진수를 보이는 것입니다. 이 방법의 장점은 우선 돈이 들지 않는다는 점입니다. 시간 구애도 받지 않습니다. 온종일도 할 수 있습니다. 주제 선정을 내 마음대로 할 수 있습니다. 단점은 평소에 안 해본 것이기 때문에 처음엔 되게 어색합니다.

무슨 말을 해야 할지 잘 생각이 안 날 수 있습니다. 그렇지만 꼭 해야 합니다. 방법은 다양하게 시도할 수 있습니다. 처음에는 몇몇 질문을 적어 보시기 바랍니다. 상대가 내게 하는 질문입니다. 다음과 같이 매일 몇 개씩 질문을 적고 답변으로 말을 이어가 보는 것입니다.

- 너 어제 뭐 했어?
- 그 영화 어땠어?
- 야, 어제 OO이가 사고로 크게 다쳤대.

한국말로 "너 어제 뭐 했어?"라는 말을 듣게 되면 어떻게 반응하시죠? "응, 지후 만났어." 딱 이 말만 하고 끝인가요? 그렇지 않습니다. 회화는 단답형이 아닙니다. 방금 봤던 '영어탈피 라이브 영어 회화'를 보십시오. 실제 원어민들은 저렇게 회화를 합니다.

자, 일단 두 사람의 대화를 보겠습니다.

"너 어제 뭐했어?" - "응, 지후 만났어. 와 지후 걔 살 엄청 불었더라. 완전 통통해. 걔 학교 다닐 때 엄청 말랐었잖아. 내가 막 업고 다녔다니깐? 어릴 때 약을 잘못 먹었다나 어쨌다나, 하여간 그랬다고 하더라. 근데 동작은 엄청 빨라. 내 아이스크림을

번개처럼 채가더라니까. 이놈이 옛날부터 좀 못됐어. '그래, 네가 다 처묵처묵해라.' 그러고 말았다. 그래도 참 열심히 살았더라. 고시원에서 3년을 살았대. 지금은 서울시 공무원이더라고. 걔가 근성은 좀 있기는 했어. 잘 됐다니깐 기분은 좋더라.………."

이처럼 상대의 말을 받아치고 이어가는 요령과 능력을 기르는 것이 3단계의 핵심입니다. 혼잣말하기는 '모든 주인공이 나야 나'입니다. 얼마든지 떠들 수 있습니다. 내가 말하는 비율이 100대1이어도 상관없습니다. 무조건 많이 말하면 됩니다. 입 밖으로 소리를 낼 수 없을 때는 마음속으로 하면 됩니다. 등하교나 출퇴근 때 아주 좋습니다. 지하철 안에서 가만히 눈을 감고 혼자 놀기를 하면 됩니다. 물론 이 혼잣말하기는 2단계 때도 가능하면 시도해 보시기 바랍니다.

방금 든 예는 내 이야기만 계속하는 방식이지요. 그런데 혼잣말하기는 상대 역할도 내가 할 수 있습니다. 내 역할도 하고 상대방 역할도 하면 됩니다. 밤새 할 수 있는 것이 이 혼잣말하기입니다. 처음엔 어색하고 잘 안 되더라도 적응이 될 때까지 시도하시기 바랍니다. 짧게 예를 들겠습니다.

"너 어제 뭐 했어?" – "응, 지후 만났어. 와 지후 걔 살 엄청 불었더라. 완전 통통해." – "정말? 걔 진짜 말랐었는데, 어떻게 그렇게 됐대? 와, 나 방금 소름 돋았어. 우리 학교 1등 갈비씨였잖아. 애들이 놀리고 그랬어. 참 애들도 못 됐어. 어떻게 몸매를 가지고 놀리냐? 자기들은 얼마나 날씬하다고?" – "그랬지. 약을 잘못 먹었다고 그러더라.

살이 너무 안 쪄서 한약을 지어 먹었대." – "뭐, 한약? 야, 그거 체질 봐가면서 먹어야 해. 우리 사촌 언니도 전에 고생했었어.………

정 힘들면 전화기라도 들고 해 보세요. 전화기 저편에 친구가 있다고 생각하면서요. 하려는 의지가 있으면 방법은 얼마든지 있습니다. 수앤유 님의 경험담을 붙여드리겠습니다. 선배의 말은 피가 되고 살이 됩니다. 나중에 여러분께서도 꼭 성공하셔서 도움 되는 말씀 부탁드립니다.

진행자: 혼잣말하기를 구체적으로 어떻게 했는지 알려주세요.

수앤유: 혼잣말했던 시기는 제가 영어탈피 2단계를 끝냈을 때 정도에 시작했거든요. 그때 이후로 문장을 만들 정도의 능력이 생긴 것 같다는 생각에… 그때는 처음 시작을 했을 때는 잘 안됐어요. 왜냐면 영어탈피를 하면서 말 뱉기에는 그렇게 신경을 못 썼던 거 같아요. 능동적으로 제가 최대한 노력을 하려고 했고, 날마다 그냥 회사에서 일할 때나, 아니면 돌아다닐 때나, 씻을 때나, 그냥 어디에 있든지 혼잣말하기를 하려고 했어요. 소재가 없어도 그냥, 어제 뭐 했는지, 그저께 뭐 했는지, 최대한 생각하면서 일단 그 상황을 누구한테 얘기를 해준다는 생각으로, 그런 느낌으로 얘기를 하다 보니까… 이제 얘기를 하면서 막히는 게 엄청 많더라고요. 막힐 때마다 제가 어떻게 얘기하는지, 그게 제가 생각했던 거랑 진짜 외국인들이 그렇게 얘기하는 거랑 다르잖아요. 그래서 찾아보기도 하고… 그냥 열심히 했죠. 능동적으로 하면서, 알아볼 건 알아보고 또 익힐 건 익혀두고, 그렇게 하다 보니까 하나하나 쌓여간 거 같아요.

진행자: 처음에는 좀 막히기도 했을 텐데요.

수앤유: 네, 엄청 막혔죠. 쉬운 것도 못 만들고.

진행자: 막혔을 때는 찾아보고 그러신 거예요?

수앤유: 찾아보는데… 영어탈피 2단계를 끝내고 나니깐, 찾아보면 그냥 스펀지처럼 흡수가 되는 거죠. '아, 이거구나, 그래서 이렇게 얘기하는구나.' 제가 영어탈피를 하기 전에 찾아봤으면 이해도 못 하고, 왜 이렇게 쓰이는지도 모르고….

진행자: 영어탈피를 안 했다면 그냥 읽고 까먹었을 텐데, 근데 공부를 하고 나서 이걸 어떻게 말하지? 생각하고 보니까 바로 학습이 됐다는 거죠?

수앤유: 그렇죠. 그냥 꽂히는 거죠. 잘 안 까먹게 되고.

수앤유 님도 처음엔 잘 안 됐다고 하시죠? 시행착오의 과정입니다. 시행착오는 시행trial과 착오error를 통해 문제 해결을 하는 교육학 이론입니다. 시행착오는 그 자체가 깨달음의 과정입니다. 피하는 것이 아니라 적극적으로 부딪쳐야 합니다. 변화를 바란다면 '실수'는 '필수'입니다.

친구와의 대화 영작해서 말해 보기

자 다음, '친구와의 대화 영작해서 말해 보기'는 친구와 나눈 대화를 녹음해야 합니다. 그 내용을 말로 영작해 보는 것입니다. 녹음은 먼저 양해를 구해야겠죠? '혼잣말하기'를 할 수 있으면 이건 안 해도 무방합니다.

한국어 방송 영작해서 말해 보기

'한국어 방송 영작해서 말해 보기'는 한국어 방송을 영어로 말해 보는 것입니다. 장르는 상관없습니다. 자기가 좋아하는 방송을 이용하면 됩니다. 물론 다양한 장르를 하는 것이 좋습니다. 오락 토크쇼 프로도 좋습니다. 유재석, 신동엽 씨가 나오는 프로들이 그 예입니다. 드라마나 영화도 좋습니다. '응답하라 시리즈' 같은 드라마도 재미있습니다. 유튜브에 보면 짧게 편집된 드라마 영상도 많습니다. 한국어 자막이 제공되면 더 좋겠지만 없어도 상관이 없습니다.

이렇게 이용하면 됩니다. TV나 유튜브를 켠 다음 등장인물이 한마디씩 할 때마다 일시 정지를 누르고 그것을 말로 영작을 하면 됩니다. 리모컨이나 마우스가 필요하겠죠? 한국어 대본을 영작할 수도 있지만 화면을 보면서 하는 것이 더 재미있습니다. 소파에 기대서 편하게 하시기 바랍니다. 손가락만 부지런히 움직이면 됩니다.

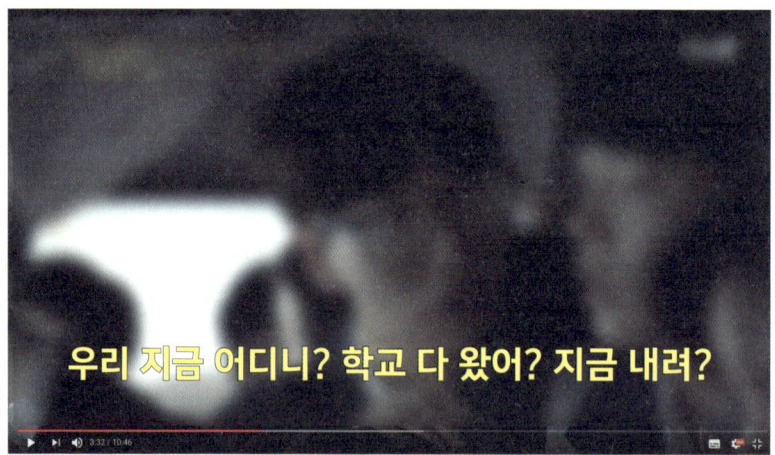

자, 해 보겠습니다. 배우가 "우리 지금 어디니? 학교 다 왔어? 지금 내려?" 이렇게 말했습니다. 일시 정지를 합니다. 바로 영작을 합니다. "Where are we? Are we here yet? Do we need to get off?" 계속 다음 대사를 영작합니다. 재미도 있지만 발화 속도도 계속 개선이 됩니다. 듣고 기억해서 말하는 길이도 계속 늘어납니다. 영어탈피를 통해 어휘력과 문장 구사력이 생기게 됐기에 가능한 훈련입니다.

다만 소리는 제대로 내시기 바랍니다. 발음도 영어탈피로 배운 그대로 하십시오. 문장의 억양은 각 단어의 강세만 배운 대로 내도 자연스럽게 표현됩니다. 연음에 너무 연연하지 않아도 됩니다. 발음 습관은 1단계 과정 때부터 잘 들여놓으십시오. 발음기호가 아니라 제공된 성우의 발음을 꼼꼼히 흉내 내는 것입니다. 당연히 감정선도 살려서 발화해야 합니다. 온전히 즐기시기 바랍니다.

참고로 3단계는 영어를 교과서로 배우는 과정이 아닙니다. 입으로 뱉어내는 스피킹 요령을 체득하는 것이 바로 이 3단계의 목적입니다. 따라서 영작을 할 때 작은 오류는 상관없습니다. '아, 영어로 말할 때도 이런 식으로 이어가는구나.' 그런 감각을 몸으로 일깨우면 됩니다.

"원어민들의 진짜 대화와는 좀 차이가 나지 않을까요?" 이런 질문을 하시겠네요. 네, 다소 차이가 있을 수 있습니다. 그래서 이 과정은 '병행 방법'입니다. 앞서 70%의 비중을 '필수 방법'에 두라고 했습니다. 또 교과서로서 '영어탈피 라이브 영어 회화'도 병행하기 때문에 작은 차이는 걱정하지 않아도 됩니다.

영어로 된 방송이나 영화를 이용하는 것도 좋습니다. 이때는 한국어 자막이 있어야 합니다. 짧은 영상이든 긴 영상이든 끝까지 한 후에 전체를 영어로 다시 들어 보는 것도 좋습니다. 내가 한 스피킹과 원어민이 한 스피킹의 차이가 느껴지겠죠?

한국어 방송도 좋고 영어 방송도 좋습니다. 재미없게 한 방송을 계속 반복할 필요 없습니다. 쇼 프로, 진지한 드라마, 다큐, 뉴스 등 지루할 틈이 없게 여러 장르를 넘나들기 바랍니다. 주의할 점은 액션만 있다거나 과묵한 방송은 비추입니다. 당연하겠죠?

◉ 병행 2방법

'필수 방법'의 비중이 70%, '병행 방법'의 비중이 30%입니다. 그중 10%의 역할로 생각하면 됩니다.

영어를 '사용'하는 방법은 인풋(읽기와 듣기)과 아웃풋(말하기와 쓰기)으로 나눌 수 있습니다. '사용'은 아웃풋만을 말하지 않습니다. 읽기와 듣기도 머릿속에 있는 정보를 끌어내 이해하는 과정입니다. 마찬가지로 '사용'하는 과정인 것이죠. 이 방법은 인풋을 보강하는 과정 정도로 보면 됩니다.

- 애니메이션 보기
- 뉴스와 다큐 보기
- 테드TED 강연 보기
- 오디오북 듣기
- 동화, 소설책 읽기
- 영화와 드라마 보기
- TV 토론 보기
- 아리랑국제방송 보기
- 뉴스 기사 읽기
- 팝송 따라 부르기

- 일기 쓰기
- 게시글 남기기
- 채팅이나 펜팔 하기

　이 과정에서 할 일들입니다. 아니, 하면 좋지만 안 해도 큰 상관이 없는 것들입니다. 사실 이 방법은 말을 트는 과정이 아니라, 영어를 즐기고 누리는 과정입니다. 영어가 된 상태에서 다양한 정보를 영어로 서핑surfing하는 것입니다. 3단계의 필수 과정이 아니라, 3단계 후에 늘 할 일입니다. 진행 방법은 따로 설명해 드리지 않아도 되겠죠? 그냥 듣고 보고 읽고 쓰면 됩니다. 이 과정은 '필수 방법'과 '병행 1방법'을 한 뒤에도 시간이 남으면 그때 하시기 바랍니다.

　쇠뿔도 단김에 빼라 했습니다. 이런저런 이유로 '필수 방법'을 미루지 마십시오. 다 왔는데 마지막에 지지부진 뒤로 미루면 실력은 정체되고 맙니다. 합격과 불합격도 1점 차이로 결정 납니다. 큰 차이가 아닙니다. 마무리를 잘해야 다 잘하는 것입니다. 자유의 문 앞에 섰습니다. 열어젖히기를 주저하지 마십시오.

갓난아기에게 날개옷을 입히지 마라

　성공하는 사람은 오늘 무엇을 해야 하는지를 정확히 아는 사람입니다. 내일 할 일과 오늘 할 일을 구분하는 사람입니다. 적기(타이밍)를 아는 것입니다.

시간은 한 길입니다. 여러 개의 길이 있어 두 배, 세 배로 시간을 쓸 수가 없습니다. 최대한 짧은 시간에 높은 수준의 영어를 하고 싶으십니까? 그렇다면 체계적으로 해야 합니다. 과학을 존중해야 합니다. 순서를 밟아야 합니다. 나중에 할 일을 엉뚱하게 지금 하는 것이 아니라, 오늘 이 시간 내가 해야 할 일이 무엇인지를 정확히 알아야 합니다.

영어 회화 비법서(?)라는 책들을 보면, 내용이 서로 겹치는 것이 매우 많습니다. 수년 동안 관찰한 결과, 어떤 말들을 하는지 기억나는 대로 적어보겠습니다.

- 처음부터 영어를 즐겨라.
- 영작을 해라.
- 영영사전을 봐라.
- 영어 뉴스를 들어라.
- 영어 일기나 편지를 써라.
- 늘 영어에 노출을 시켜라.
- 영어 채널을 봐라.
- 온종일 영어만 써라.
- 영어 스피치 클럽을 가입해라.
- 원어민 학원을 가라.
- 연설문을 듣고 따라 해라.
- 어학연수를 가라.
- 300문장만 외워라.
- 책을 한 권 외워라.
- 거울을 보고 말을 해라.

- 애니, 영화, 드라마를 봐라.
- 테드TED 강연을 들어라.
- 원서를 읽어라.
- 속독을 해라.
- 채팅을 해라.
- 펜팔을 해라.
- 팝송을 따라 불러라.
- 영어로 소개하기, 설명하기, 주장하기를 해라.
- 소리를 죽어라 따라 해라, 어느 날 갑자기 들린다.
- 울렁증 극복을 위해 원어민을 무조건 만나라.

보신 소감이 어떠십니까? 이런 것들은 하면 좋기야 하겠죠? 문제는 무엇을 언제 어떻게 해야 할지 그것이 빠져 있습니다.

수십 년 동안 영어 공부법을 주장한 사람은 수백 명이 넘습니다. 그런데 제목만 달라질 뿐 똑같은 내용의 반복입니다. 더 당혹스러운 것은 글쓴이가 이 중 몇 가지를 했는데 2~3개월 만에 말이 되는 기적을 체험했다는 이야기입니다. 이런 엉성한 접근으로 신비한 경험을 했다면 이는 아무에게나 일어날 수 있다는, 달리 말하면 여러분이나 여러분의 주변에서도 그와 같은 '기적 체험자'가 드물지 않아야 합니다.

1~2단계를 생략할 수 있다면 저희도 뛸 듯이 기쁘겠습니다. 그러나 그렇게는 영어를 할 수가 없습니다. 이들 저자가 숨기고 있는 것이 있습니다. 기초를 닦는 아주 오랜 시간이 그것입니다.

방금 나열한 수십 개의 방법들, 저희는 3단계에서 해야 할 일이라고 말하고 있습니다. 영어를 이제 시작한 사람들이 할 일이 아닙니다.

여러분들, 사실 꼭 필요한 무언가를 건너뛰고 있다는 것을 다들 알고 계십니다. 그중 첫째가 어휘력 쌓기입니다. 이것이 결핍되면 절대로 안 된다는 것을 알면서도 무시합니다. 그 틈을 호시탐탐 노려온 자들이 있습니다. 바로 '그들'입니다. 그들의 혀에 '기적'이라는 미끼가 빛납니다.

영어탈피 시리즈에 있는 말입니다.

He who wishes to fly must first learn to stand, walk, run, climb, and dance.
날기를 원하는 자, 우선 서고 걷고 달리고 오르고 춤추는 법을 배워라.

기본 중의 기본입니다. 목도 못 가누는 아기에게 "이 날개 달아 봐, 저 날개 달아 봐, 그러면 너 날 수 있어."라고 하는 것은 방법도 비법도 아닙니다. 몰라서 말한다면 아마추어이고 알면서도 그런다면 '사'자 붙은 사람입니다. S기꾼이거나 S이비이거나.

잘 자라서 어깨에 근육이 탄탄히 박혔을 때 "이것도 해 봐, 저것도 해 봐, 넌 이제 다 할 수 있어."라고 말해야 합니다. NewBrand 님과의 인터뷰 내용을 좀 더 붙여 드리겠습니다. 말씀드렸다시피 영어탈피 5개월, 원어민 접촉 2개월 만에 영어로 자기 생각을 말하는 것이 어렵지 않은 상태로 발전하신 분입니다.

진행자: 실제로 배워본 입장에서 무엇을 어떻게 하는 것이 가장 효과적이라고 생각하시나요?

NewBrand: 이게 그러니까, 아주 초보자랑 중급자랑은 좀 다른 거 같은데요. 초보자면 일단 단어를 많이 알아야 되는 거 같아요. 그리고 문장 구사력을 키우고, 그게 좀 익숙해지면 이제는 스스로 많은 매체를 접하면서 책이든, 사람들 만남이든 그게 필요한 것 같아요.

진행자: 실력이 아직 저조할 때는 단어 위주로 공부를 하고 그다음에는 이제 문장을 익힌 다음에, 그런 다음에 자기가 말을 해 보는, 그런 순서로 하는 게 좋다는 말씀이시죠?

NewBrand: 네, 근데 한국에서는 특히 요즘 들어서 이 두 번째 거만 너무 강조하는 거 같기는 해요. 예전에는 단어랑 그런 거를 많이 했지만, 사실 엄밀히 말하면 그것도 한 건 아니지만요. 모든 게 단계가 있는 건데, 그릇이 안 만들어진 상태에서 너무 뱉으려고만 하니까, 기초도 없이 아웃풋만 하려고 하니까 당연히 한계가 있는 거죠.

정말 중요한 말씀입니다. 자, 3단계 설명을 보면서 어떤 생각이 드십니까? '나는 애벌레 과정도 없이 우아하게 나비가 되겠다는 헛꿈을 꿨나 보다.' 이런 각성이 일었기를 바랍니다. 그래야 버려진 지난 몇 년을 잊고 탄탄하게 1~2단계를 마칠 수 있습니다. 그리고, 여기 3단계 과정을 만날 수 있습니다.

3단계의 의의, 아끼다 똥 된다

도구로써 영어탈피가 아무리 잘 만들어졌다고 한들 한계는 있습니다. 3단계가 필요한 이유죠. 수앤유 님과 NewBrand 님의 사례를 보듯, 시작 전 기초 수준에 따라 영어탈피를 마치는 시간은 다릅니다. 그러나 일단 마치고 나면 수준은 같아집니다. 어휘력, 문법, 독해, 리스닝, 스피킹 실력이 같아집니다.

  2단계를 끝내면 인풋과 아웃풋 중에서 직독직해, 직청직해, 영작은 모두 됩니다. 이제 말 뱉기인 스피킹만 조금 보강하면 됩니다. 사실 스피킹도 능수능란하지 않을 뿐, 상대가 배려해주면 대화는 이미 되는 수준입니다. 단지 실전에서 써보지 않아 아직 어색할 뿐입니다. 밥 짓기로 보면 뜸만 들이면 되는 상태입니다. 쌀은 다 익은 것이죠. 그래서 2단계가 끝나면 무조건 원어민을 접촉하라는 것입니다.

  NewBrand 님의 말씀을 통해 3단계의 중요성과 의의를 살펴보도록 하겠습니다.

진행자: 저희는 문법은 아주 기초적인 것만 따로 공부하고 나머지는 영어탈피 예문 안에서 문법을 몸으로 체득하라고 말씀을 드리잖아요. 거기에 대해서는 어떻게 생각하시나요?

NewBrand: 그게 맞는 거 같아요. 한국에서 문법 교육을 받아 보면, 이거를 되게 막 분해한다고 해야 하나요? 그러지 않아도 되는데 굳이 분해해서 배우는 경우가 많거든요. 왜냐면 답을 맞혀야 되니까 이해를 해야 되니까. 그런데 오히려 이렇게 말로 많이

해서 체득을 하면, 어떤 문제가 보이면 '아, 예전에는 이렇게 분석을 해서 이게 왔으니까 뒤에 to가 오고 with가 오고…', 그런 분석을 해서 풀었다면, 지금은 '아, 이게 왔으니까 그냥 당연히 이게 와야 된다.', 그렇게 푸는 차이가 있는 거 같아요.

진행자: 감이 생기는 거죠?

진행자: 네, 그리고 한국 사람들이 유난히 전치사를 어려워해요. 지금 NewBrand 님은 전치사도 잘 쓰시는데 영어탈피를 공부하는 속에서 전치사는 자연스럽게 잡히던가요?

NewBrand: 2단계까지 하는 과정이 상대랑 이렇게 interactive하게, 누군가와 대화식으로 문장을 만들었던 건 아니잖아요? 영어탈피를 끝내고 나서 나 스스로 스피킹을 하려고 할 때는 초반에는 조금 어려움이 있었어요. 그때 후기에도 썼듯이 일단 실수를 많이 했어요. 전치사를 빼먹는다든지 뭐 시제가 막 바뀐다든지 그런 문법적인 기본 실수들 있잖아요. 그런데 왠지는 모르겠지만 그런 실수를 하고 있는 상태에서도 틀렸다는 것도 스스로 알았어요. 그 사실을 아니까 나중에 실수를 잘 안 하게 되더라고요. 실수하는 게 금방 많이 줄게 되더라고요.

진행자: 말을 했을 때, 스스로 이걸 틀리게 말한 거를 알면서도, 그걸 인지하면서도 그렇게 말을 하다 보니깐, 다음에 말할 때는 좀 더 신경 써서 맞게 말해 보려고 하는, 그런 노력이 있으셨던 거죠?

NewBrand: 네, 맞아요.

  NewBrand 님이 경험자로서 아주 중요한 말씀을 하셨습니다. 3단계 과정 즉, 스피킹 훈련을 막 시작했을 때 전치사 같은 것이 틀리더라는 것입니다. 시제도 잘못 말하기도 하고요. 왜 틀렸을까요? 문법을 몰라서일까요? 아닙니다. 영어탈피가 끝나면서 문법도 다 익혔습니다.

"그런데 왠지는 모르겠지만 그런 실수를 하고 있는 상태에서도 틀렸다는 것도 스스로 알았어요. 그 사실을 아니까 나중에 실수를 잘 안 하게 되더라고요. 실수하는 게 금방 많이 줄게 되더라고요."

바로 이어서 이렇게 말씀하신 게 그 답입니다. 안 틀릴 수 있었다는 말입니다. 문법을 모르는 게 아니라 대화 요령과 여유가 없었던 것입니다. 시험 운전도 못 해 본 상태에서의 첫 비행이라 마음이 급하고 몽롱한 것입니다. 긴장되어 있는 것이죠. 경험 부족일 따름입니다. 대부분의 여러분들이 그렇듯이 말이죠.

전치사나 관사 같은 것들은 유학을 몇 년씩 해도 잘못 쓰는 경우들이 많이 있습니다. 그런 점을 참작하면 영어탈피가 끝난 시점에 이미 스피킹도 완성이 되었다고 보면 됩니다. 단지 2% 부족한 뭔가 개운치 않은 것이 남아 있는 것이죠. 방아쇠만 당기면 된다는 것을 스스로 느끼기에 발길이 원어민에게 향하는 것입니다.

본능 같은 것입니다. 화살은 시위를 떠나 봐야 화살로서 자신을 정의할 수 있습니다. 활을 만나지 않으면 막대기에 지나지 않습니다. 같은 이치입니다. 스피킹을 할 준비가 아무리 잘 되어 있어도 뱉어내기 전까지는 말이 아닙니다.

원어민과 첫 대화를 하면 긴장됩니다. 흥분도 되죠. 영어탈피는 일종의 교과서입니다. 교과서로 배운 말이 현실에서 통할까 하는 기대 반 걱정 반이 있습니다. 첫 마디를 던졌을 때 원어민이 알아듣고 반응을 보입니다. 카타르시스가 느껴지죠. 시험을 친 후에 ARS로 "귀하는 이번 OO 시험에 '합격'하셨습니다."라는 말을 듣는 것과 견줄 수 있습니다. 아드레날린이 분비되는 느낌이죠. 원어민과의 접촉은 불확실성에 대한 걱정이 확신으로 바뀌는 전환점이 됩니다. "너 이제 영어 돼."라는 '참 잘했어요' 도장을 받는 것입니다.

도장 한 번 받았다고 모두 끝나요? 그렇지 않습니다. 영어탈피 초급편 등을 끝내면 보통 15,000개 정도의 어휘력이 생깁니다. 그에 따른 문장 구사력도 함께 생깁니다. 진짜 현실에서 쓰이는지 아닌지를 확인받아야 합니다. 실전 대화를 통해 한동안 빨간펜 선생님의 동그라미를 계속 받아야 합니다. 임계량만큼의 실전이 필요합니다. 그게 50~100시간 정도입니다.

설령 조금 틀리면 어떻습니까? 강박적으로 100% 안 틀리기 위해 원어민 접촉이 필요한 게 아닙니다. 상대의 반응을 통해 내가 배운 영어가 잘 사용될 수 있음을 확인하는 과정이 필요한 것입니다.

15,000 단어 모두를 일일이 실전 경험해야 할까요? 그렇지는 않습니다. '와, 영어탈피로 공부했더니 진짜 대화가 되네.' 이런 확신을 느끼면 됩니다. '배운 대로 조립하니까 내 말이 통하네!' 이런 경험이면 됩니다.

병행 1방법에서 '영어탈피 라이브 영어 회화' 편 공부를 가장 앞에 배치했습니다. '책 사라는 얘기군.' 이런 생각 하신 분도 계실 수 있겠습니다. 잘 만들어진 책입니다. 값어치를 할 것입니다. KIM실장님은 인터뷰에서 이 책에 대해 이렇게 말씀을 하셨습니다.

KIM실장: 확실히 책의 의도대로, 이 방식을 익히고 나니깐 말을 이어가는 그런 요령을 저도 모르는 사이에 익히게 되더라고요. 몸으로 익히게 되는 거 같아요. 직접 원어민들이 얘기하는 것을 들으니까 '아, 이렇게 말을 해도 되는구나' 이런 확인이 되는 거죠.

이 책의 학습을 가장 위에 둔 것은, 이 책을 설계한 이유가 바로 3단계의 '병행 1방법'을 위해서이기 때문입니다.

언어는 상대의 말을 모방하면서 발전합니다. 상대를 통해 말하기의 요령을 이전받습니다. 피드백 받는 것입니다. 세 살 꼬마가 엄마를 초롱초롱하게 바라보는 건, 엄마의 모든 것을 닮기 위함입니다. '아이 보는 데서는 찬물도 못 마신다' 이 속담은 소설이 아니라 현실입니다. 아이는 엄마를 통해, 친구를 통해 자신의 언어를 확인받습니다.

3단계 과정을 설명할 때, 1~2단계 과정인 영어탈피에도 한계가 있다고 했습니다. 그 한계를 넘어서는 것, 바로 이 3단계 과정이 가지는 의의입니다. 이 의의, 이 3단계가 가지는 가장 중요한 가치와 역할이 바로 현실 통용성에 대한 '확인'입니다.

확인의 방법은 '피드백'입니다. 가장 확실한 방법은 당연히 '병행 방법'보다는 원어민을 직접 접촉하는 '필수 방법'을 진행하는 것입니다. 1~2단계를 정말 열심히 걸어왔습니다. 아끼다 똥 되는 일이 없었으면 합니다. 때를 놓치지 마십시오.

✤ 2장과 3장을 통해, 공부 방법에 대한 설명은 모두 해드렸습니다. 감은 오는데 헷갈리시죠? 무엇이 핵심인지만 아시면 됩니다. 실제 진행에 따른 구체적인 공부 방법은 따로 제공해드리고 있습니다.

4장

더

Food for thought

실전에서 발음은 어느 정도 신경 써야 하나

영어탈피로 공부했을 때, 기초가 있는 분은 6개월, 기초가 없는 경우에는 1년 남짓이면 저희와 1시간 이상 계속 대화를 나눌 정도가 됩니다. 그 한 시간 동안 단 하나의 발음도 틀리지 않을까요? 그렇지 않습니다. 원어민끼리 대화를 해도 발음이 샐 때가 있습니다. 하물며 이제 막 영어가 된 상황에서 발음 하나 안 틀리는 대화가 있을까요?

아는 단어지만 발음이 완전하지 않은 경우도 있습니다. 안다고 발음했지만 원어민의 발음보다는 못한 발음도 있습니다. 그런데도 다 알아듣습니다. 발음은 매끄러우면 좋지만 조금 투박해도 됩니다. 서로 알아들을 수 있을 정도만 되면, 오차 범위 안에만 들면 됩니다. 대신 강세는 많이 신경 써야 합니다.

한 다큐에서 반기문 전 사무총장의 목소리만 들려주고서 그의 영어에 대해 어떻게 생각하느냐는 질문을 했습니다. 원어민들은

90점대 후반의 높은 점수를 줬습니다. 아주 수준 높은 단어를 사용했고 문장 구조도 좋았으며 의사전달이 잘 됐다는 이유입니다.

한국인들은 40~50점으로 평가했습니다. 발음이 촌스럽게 들리고 너무 딱딱 끊어진다는 이유였습니다. 된장 발음이 아닌 버터 발음을 기대하고 있다는 얘기입니다.

자, 수앤유 님의 발음을 들어보겠습니다. 붙여드린 QR코드를 통해 직접 들어보십시오. 발음이 어떠신 것 같습니까?

- 수앤유 님의 영어 발음 -

수앤유 님과 반기문 전 총장의 목소리를 블라인드 테스트 형식으로 비교해 보면 대부분 수앤유 님의 손을 들어 줄 것입니다.

그러나 전체 실력을 놓고 봤을 때 수앤유 님을 반 전 총장보다 위라고 할 수는 없습니다. 영어탈피로 공부를 했고 멋지게 성공을 했지만 수십 년간 현장에서 영어를 한 분과 비교하는 것은 무리입니다.

발음을 지나치게 강조하는 사람들이 있습니다. '뜻은 몰라도 되니까 소리만 죽어라 들어라'고 하는 사람들도 있습니다. 그들의 선전, 잘 걸러 들으실 필요가 있습니다.

발음과 스펠링을 익히는 방법

발음에 대한 과도한 집착은 좋지 않습니다. 하지만 가능하다면 개선하십시오. 개선 방법은 발음이 안 좋은 이유를 알면 찾을 수 있습니다. 발음이 좋지 않은 두 가지 이유를 보겠습니다.

우선, 소리로 배우지 않고 문자로 배워서입니다. 한국어가 되는 일본 노인 중 일부는 '했습니다'를 [해스므니다]로 발음합니다. 신세대 일본인들은 당연히 [해씀니다]로 맞게 발음합니다. 지금은 원어민 음성이 지원되는 교재를 이용하기 때문입니다.

옛날에는 외국어 발음을 표현할 최선의 방법이 자국어 문자로 적는 것이었습니다. 가타카나, 히라가나를 총동원해도 최선이 [해스므니다]인 것이지요. 그래서 고안된 게 '국제음성기호'입니다. 일명 발음기호죠. 발음기호가 그나마 낫긴 하지만 그 최고치가 반 전 총장 정도라 볼 수 있겠습니다. 현재는 많은 실전을 통해 상당히 교정되셨겠지만 그런데도 아직도 원어민 발음과는 차이가 있습니다.

그래서 발음은 처음부터 발음기호가 아닌 원어민 음성으로 배우는 것이 필요합니다.

발음기호 읽는 법을 이미 알기 때문에 없으면 당장은 불안할 것입니다. 그러나 나중에는 그것이 발목을 잡습니다. 원어민의 발음을 최대한 성대모사 하시기 바랍니다. 그래야 아쉬움과 후회가 없습니다. 유학 안 가도 얼마든지 발음을 잘할 수 있습니다. 수앤유 님은 영어탈피의 부록자료인 원어민 음원을 이용했을 뿐입니다. 1~2단계를 하는 과정에서 익혔습니다. 학원 같은 데 따로 다닐 필요 없습니다.

진행자: 지금 발음이 상당히 좋으시거든요. 영어탈피를 시작하기 전에 다른 방법으로 공부를 한 적이 있으신가요?

수앤유: 그전에는 발음에 별로 관심이 없었어요. 영어탈피에서 MP3로 원어민이 읽어주잖아요. 그거를 그대로 따라 하려고 노력했어요. 1단계에서도 그렇고 2단계에서도 그렇고, 그대로 copy하려고 했어요.

진행자: 영어탈피를 하는 도중에 다른 발음 공부를 하신 거는 있나요?

수앤유: 아니요. 영어탈피밖에 안 했어요. 다른 방법을 찾으려 하지도 않았고, 그냥 영어탈피가 답이라고 생각했기 때문에 이거만 따라 했어요.

발음이 좋지 않은 두 번째 이유는, '철자법'을 익혀야 하는데 '발음법'을 배웠기 때문입니다. island의 발음은 [아일런드]입니다. 'S'가 묵음이 되기 때문이라고 배웠을 것입니다. 그러나 이 단어를 모른다면 [아이슬런드]로 잘못 발음할 수 있습니다.

　battery는 '-tt-'가 겹자음이므로 t는 한 번만 발음해서 [밷터뤼]가 아닌 [배터뤼]로, 거기다 '-tt-'가 강모음과 약모음 사이에 있으므로 [ㄹ]음가를 적용해 [배러뤼]라고 발음하라는 책도 본 적이 있습니다. '머리에 쥐가 난다.'는 표현은 이럴 때 쓰는 것인가 봅니다. '왜 다들 배운 대로 안 하고 엉뚱한 것을 고안해내지?!' 이런 생각과 함께요.

　숲을 봐야 합니다. 나무만 보기 때문에 이런 이상한 것들이 고안(?)됩니다. '철자법'을 국어사전에서 찾아보십시오. '맞춤법'과 같은 말이라고 나옵니다. 느낌이 좀 오시나요? 언어는 발음을 먼저 알고 나중에 맞춤법으로 교정하는 과정이 필요합니다. 그 반대로 하니 혼란이 오는 것입니다. 어떤 사물에 대한 이름표가 바로 '단어'입니다. 명찰인 것이죠.

　이 사물을 '나뭇잎'이라고 적습니다. 이렇게 철자 한다는 것이죠. 우리는 한글을 배우기 전에 이 사물의 개념부터 압니다. 그다음 이 사물을 발음할 수 있게 되지요. [나문닙] 이렇게요. 그것을 한국어 맞춤법에 맞게 교정을 합니다. 받아쓰기 시험이 그것입니다.

　발음을 못 하는 아이는 없습니다. 다들 정확하게 [나문닙] 이렇게 발음할 수 있습니다. 그런데 쓸 때는 가지각색이죠. '나문잎', '나뭇닙', '나묻잎' 등 틀릴 경우의 수가 제법 많습니다.

　미국 아이들도 똑같습니다. 선생님이 [배러뤼] 이렇게 불러 줍니다. 'barury' 이렇게 틀리게 쓰겠죠? 틀렸다는 지적을 듣습니다. "선생님

왜 틀린 거예요?"/ "발음은 그렇게 들려도 가운데 자음을 R을 쓰는 것이 아니라 [t]를 쓰고 또 [t]를 하나 더 써 줘야 하는 거야. 철자법 규칙이 그래." 이렇게 고쳐줍니다. 이게 정상 과정입니다.

발음을 귀와 입으로 배운 후, 또는 배우는 동시에 그것에 대한 맞춤법을 배워야 합니다. 마땅히 몸으로 배워야 할 발음을 철자 분석을 해서 '발음법'이라는 이론으로 배우려 하니 잘 안 되는 것입니다. 실전 훈련 과정이 없으니 발음이 개선될 기회도 없는 것이죠. 파닉스까지만 '발음법'으로 하십시오. 그다음에는 맞춤법(철자법) 교정으로 스펠링 공부를 하십시오.

beautiful : 아름다운

예컨대 영어탈피 1단계 과정에서, 원어민 성우가 beautiful을 [뷰리플]이라고 발음하면 그렇게 잘 보고, 듣고, 따라 하면 됩니다. 그런데 '잘 보니까' 내가 생각했던 것과 좀 다르죠? 발음만 생각하면 'butiful'인데 정답은 'beautiful'입니다. 묻지도 따지지도 마십시오. '미국 애들 맞춤법이 이런 거군.' 이렇게 받아들이면 됩니다. 그 차이를 반복하는 과정에서 발견하고 교정하면 됩니다. 여러 단어를 경험하다 보면, 예컨대 T라면, 이것이 어떤 위치에서 어떤 식으로 발음이 된다는 것을 점차 알게 됩니다. 그래서 1단계 때 한 단어에 집착하지 않고 비교와 대조가 될 수 있도록 모든 단어를 전체적으로 반복하는 것입니다.

영어식 사고의 실체, 그것이 알고 싶다

'영어식 사고'라는 말을 한 번쯤은 들어 봤을 것입니다. 전치사 강의를 하는 사람들이 특히 많이 쓰더군요. 그런 책들도 있습니다. "영어는 우리말과 비교했을 때 어순뿐 아니라 말하고 생각하는 방식 자체가 다르다." 이런 식이죠. 좀 더 분석적으로 표현하는 사람도 있습니다. "영어는 소유 중심, 제작 중심, 자기중심적 언어다."

앞서 한국어와 영어는 차이점보다 공통점이 훨씬 많다고 했습니다. 정말 차이점이 많다면 기초 있는 사람은 6개월, 없는 사람도 1년 전후로 배워낼 수가 없지요. 영어 공부법 정립이 쉽지 않기는 했습니다. 한·중·일 십수 억의 관심사였지만 아직도 이런 상태에 있는 것을 보면 말이죠. 영어탈피로 공부해서 영어가 된 분들에게 물어보셔도 좋겠습니다. 영어식 사고가 실제로 무엇인지를요.

언어 습관과 문화 차이는 당연히 좀 있습니다. 그냥 그런 정도입니다. 원어민들은 '한국어식 사고'에 관심 두지 않는데 영어는 왜 그렇게 특별한 언어로 만들지 못해 안달일까요? 지적 호기심일까요, 아니면 자신의 상품을 포장하기 위한 수단일까요?

2년 전에 '영어식 사고의 실체'라는 주제로 한 말씀을 드렸습니다. 많은 분들께서 후련해하시더군요?

선의의제3자: 와~ 제 궁금증을 확실히 해결해 주셨습니다. 영어 자체로 받아들인다는 의미가 아리송했었는데 답변을 읽고 나니 이해가 갑니다.

그레이스: 우공이산님 진짜 컴퓨터 같아여 ㅋㅋ

변창현: 저도 궁금했었는데, 후련한 느낌을 주셔서 감사드립니다^^

바보아빠: 와 진짜 대박이네요. 뭔가 찜찜한 것을 이렇게 글로 표현해서 이해를 시켜주시니 가슴이 뻥 뚫리네요. 진짜 컴퓨터 같아요. 우공이산 님.

spong: ^^ 저도 같은 의문이 들었었는데 의문 해결이 된 거 같습니다. 친절한 답변 감사합니다.

샨: 진짜 우와~~라는 말밖에 안 나오네요. 정말 감사합니다^^

꼬지모지: 아.. 정말.. 감동적인 답변이십니다.

함동: 요즘 유행어로 사이다 같은 답변이네요.

    팟캐스트에 방송으로 나간 내용을 짧게 요약해드리겠습니다. 한 분이 질문하셨습니다. "영어를 영어 자체로 받아들인다는 게 잘 와닿지 않는데, 이를테면 이런 느낌인가요? 어떤 영어 문장을 봤을 때, 애써 한국어로 해석하지 않아도 무얼 말하는지 안다. 문장을 읽었을 때 바로바로 한국어 뜻이 떠오른다. 제가 생각하는 게 맞나요?" 영어식 사고란 게 뭐냐는 질문입니다.

    결론을 말하면, 영어식 사고 즉, 영어가 되는 사람들이 영어를 받아들이는 느낌은 여러분이 한국어를 읽거나 들었을 때와 완전히 같은 느낌입니다. 한국어식 사고가 바로 영어식 사고라는 말입니다.

하나 묻겠습니다. 한국어로 된 책을 읽거나 들을 때 머릿속에서 어떤 '이미지' 같은 게 그려지나요? 영화 필름 같은 게 실제로 떠오르는 느낌이 있나요? 그런 거 없습니다. 영어를 상업적으로 이용하는 사람들이 하는 말일 뿐이죠. 어떤 게 느껴지는 게 아니라 그저 두뇌 내부적 작용만 있을 뿐입니다. 정보처리만 할 뿐이죠. 그럴 시간 자체가 없습니다. 그냥 즉시 받아들여질 뿐입니다.

질문을 보면, '문장을 읽었을 때 바로바로 한국어 뜻이 떠오른다. 그게 영어식 사고인가?'라는 말씀을 하십니다. '뜻(의미)'이라는 것은 곧 개념입니다. 개념이기 때문에 '뜻'은 한국어 뜻, 영어 뜻이 따로 없습니다. 굳이 정의한다면 각종 정보에 대한 '기억'이라고 할 수 있습니다. 이 '기억'은 사물이나 현상 등에 대한 직간접적인 경험의 총체입니다. '기억'이라고 하든 '개념'이라고 하든 여기에 이름표를 붙인 것이 '어휘'이자 '언어'입니다.

따라서 '읽는', 그리고 '듣는' 행위는 한국어 이름표로 보고 알든, 영어 이름표로 보고 알든 '기억을 다루는 행위'입니다. 그렇기에 당연히 영어식 이해나 사고가 따로 있는 게 아닙니다. 한국어를 읽고 듣는 것과 똑같습니다. 지금 여러분이 이 글을 읽고 있는 바로 그 느낌이 '미국인의 영어식 사고'와 같은 것입니다. 이미 다 알고 계신 것이죠. 상식입니다.

그런데 왜 이런 질문을 할까요? '영어식 사고'의 정의를 아는 게 중요한 게 아닙니다. 오히려 핵심은 그것이 되지 않는 이유를 아는 것입니다. 그것 때문에 질문을 하는 것입니다. '나는 왜 영어식 사고가 되지 않는가?' 이에 대한 해답이 필요한 것이죠.

　답은 간단합니다. 아직은 문장 구사력이 한국어만큼 여물지 않아서입니다. 그 속도도 한국어만큼 나오지 않기 때문입니다. 공부와 훈련이 덜 되어 있어서입니다. 이미 영어가 된 수앤유 님 등은 이런 질문을 안 하십니다. 이미 그 상태에 이르렀기 때문입니다. "읽을 때, 들을 때, 영작할 때 한글 뜻이 중간에 생각이 나는데 어떡해요?" 이런 물음은 영어탈피를 진행하는 속에서 점차 사라집니다. 영어라는 언어의 규칙성이 체화되고 터득되기 때문입니다.

　'속도' 얘기를 좀 더 하겠습니다. "저 석류 한 개 주시겠어요?" 자, '석류'의 개념 즉, '석류에 대한 그간의 기억'을 재생하는 데 얼마나 걸렸습니까? 석류의 이미지가 파노라마처럼 지나가는 게 아니라 그런 인식 과정의 느낌이 없을 정도로 순식간입니다.

　"Can I have a pomegranate?"

　이건 어떻습니까? 순차 해석이 안 된다고 생각하지 마시고, 써진 순서 그대로 이해해 보십시오.

　Can - I - have - a - pomegranate?

　무슨 말인지 이해되었지요? 하지만 한국어 문장인 '저 석류 한 개 주시겠어요?' 이것보다는 더 오래 걸렸을 것입니다. 중간에 한국어 '석류'라는 단어가 떠올라서가 아닙니다. pomegranate를 보면 석류로 이해는 되는데 그 떠오르는 속도가 한국어 '석류'보다는 현저히 느린 것이죠.

　뇌를 신경 써서 더 열심히 가동해야 하는 그런 부담이 생기는 것입니다. '아⋯⋯ pomegranate, 음⋯⋯ 그거, 내가 알고 있기는 한 건데 음⋯⋯ 그거, 그거 맞아, 그래 그거야.' pomegranate에 대한 기억, 그러니까 개념이 결국 떠오르기는 하는데, 한국어 단어 '석류'로 볼 때보다는 시간이 더 많이 걸리는 것입니다.

뇌가 아직 영어 쪽으로 단련되지 않았기 때문에 데이터 처리에 있어 일종의 버퍼링이 걸리고 있는 것입니다. 익숙한 상태가 아니라는 말입니다. 영어탈피 2단계, 그리고 3단계를 마치면 영어가 됩니다. 이런 버퍼링 현상이 없어지는 것입니다. 한국어로 듣든 영어로 듣든 둘 다 '순간의 속도'로 받아들여집니다.

한국말로 "엔진 오일 한 통 주시겠어요?" 이 말은 순간적으로 이해됩니다.

"Can I have a bottle of engine oil?" 영어로 들으면 조금 더 오래 걸립니다.

같은 말이라도 engine oil 대신 "Can I have a bottle of motor oil?"이라고 말하면 살짝 더 부담됩니다. motor oil도 어려운 단어는 아닙니다. 그렇지만 이미 외래어화 되어 있는 engine oil만큼 익숙하지는 않은 것이죠.

결국 '영어식 사고'가 안 되는 것은 특별한 게 아닙니다. '속도'를 극복하지 못하고 있을 뿐입니다. motor oil을 봤을 때 engine oil만큼 친숙하게 느껴지면 그게 해결입니다. 모든 영단어와 문장을 '텔레비전', '라디오' 같은 외래어처럼 느껴지게 공부하면 됩니다. 그래서 반복은 선택이 아니라 필수입니다. 강의나 이론으로 해결될 문제가 아닙니다.

독해와 듣기는 번역체가 아니라 마음체다!

He's a good swimmer.
걔는 수영을 잘해.

한 분이 질문을 했습니다. good이면 형용사니까 해석도 '걔는 훌륭한 영자(泳者)야.', 아니면 좀 더 풀어서 '걔는 수영을 잘하는 사람이야.'라고 하는 게 어떠냐는 것이죠.

자, 원어민은 이 영문장을 읽거나 들을 때 어떻게 받아들일까요? good을 '형용사적'으로 받아들일까요, '부사적'으로 받아들일까요? 결론은, 구분해서 받아들이지 않습니다. 뜨거운 물에 설탕을 타면 바로 녹아버리죠? 품사가 어떻든 그냥 두뇌에 녹아내려 버립니다.

읽기와 듣기의 실제 행위는 보이는 순서대로, 들려오는 순서대로 쭉 진행됩니다. 읽기라면 왼쪽에서 시작해 오른쪽으로 순독순해가 되는 것이죠. 읽기와 듣기는 글이나 말을 내 머리에 녹여 내는 행위입니다. '걔는 수영을 잘해.'라고 넣든, '걔는 수영을 잘하는 사람이야.'라고 넣든 그냥 녹여버립니다. 당연한 것이죠. 그런데 사람들은 영어는 그렇지 않을 것이라는 생각을 합니다. 이게 문제입니다.

"너 이 문장 독해 해 봐." 이러면 어떻게 반응을 하죠? 한국어 어순에 맞게 잘 정돈을 해 보입니다. '걔는-수영을-잘-하는-사람이야.' 이런 식으로 말이죠. "너 이 영어 소설 한국어 읽듯이 잘 읽을 수 있어?"라고 물으면 고개를 푹 숙이고 맙니다. 독해나 듣기의 실체가 무엇인지를 모릅니다. 그 정의와 실체에 대해 배운 적이 없으니까요.

'읽기'는 번역이 아닙니다. 번역은 번역가가 하는 것이죠. 다들 진짜 해야 할 '읽기'는 안 하고 번역을 하려 듭니다. 읽기나 듣기는 읽는 순간, 듣는 순간 전달되어 오는 개념을 순차적으로 두뇌에 녹여버리는 것입니다. 누군가에게 그것을 한국어 어순에 맞게 설명하는 것이 아닙니다. 내가 이해했으면 그걸로 끝입니다. 더 이상의 '추가 과정'이 필요치 않습니다.

'추가 과정'이란 한국어 어순이나 문법 규칙에 맞게 정리 정돈을 하는 것을 말합니다. 이 과정을 하게 되면 이것은 읽기와 듣기를 넘어 '번역'이 됩니다. 일상에서의 읽기와 듣기는 이해가 되었다면 그것으로 행위의 종료입니다. '추가 과정'은 본래 없습니다.

즉, 'He's a good swimmer.' 이것이 '걔는 수영을 잘해.'든, '걔는 수영을 잘하는 사람이야.'든, 이런 건 관심사가 될 수 없습니다. 한국어 규칙에 맞게 정돈할 필요가 없습니다. 읽기와 듣기의 행위는 이런 번역적 관심을 가지기 이전에 이미 끝났기 때문입니다. 그런데 왜 이런 질문을 하는 걸까요? '독해'라는 이 용어에 단서가 있습니다.

한번은 EBS를 보는데, 백인 강사가 지문을 열심히 해석해 주는 겁니다. 미국인이 한국인 선생님과 똑같이 이리저리 왔다 갔다 점프 해석을 하고 있었습니다. 그 모습이 어찌나 기이하던지. 그 모습을 본 분들이라면 '아, 진짜 영어는 한국어와는 달리 저렇게 역순으로 읽는가 보다. 참 힘든 언어네.'라는 생각이 더 굳어지지 않았을는지.

당연히 미국인도 한국인처럼 앞에서 뒤쪽으로 쭉 순차 읽기를 합니다. 역순, 점프 안 합니다. 그러면 그 백인 강사는 왜 점프 해석을 했을까요? 학생들이 한국인이라 한국어 어순으로 정돈을 해 준 것뿐입니다. 얼굴만 백인일 뿐, 그분은 한국의 수업 지침을 따르는 한국 강사인 것이죠.

한국의 교실 풍경을 보십시오. 점프 해석, 역순 해석을 합니다. 그러니 영어 '읽기'는 어딘가 한국어 '읽기'와는 다른 느낌으로 시나브로 박힌 것 같습니다. 독해讀解, '글을 읽어 이해하는 것'입니다. '읽기'의 한문체일 뿐인데도 독해는 한국어 '읽기'와는 뭔가 다른 것으로 느껴지고 있습니다. 미국인 강사가 저럴 정도이니 그 고정관념이 얼마나 깊겠습니까? 읽었으면, 바로 이해됐으면 읽기는 그것으로 됐습니다. 읽기는 번역체가 아니라 마음체인 것이죠. 마음 안에서 다 끝납니다.

학교 수업이 바뀌어야 합니다. 강의를 최대한 줄이고 각자 능력을 발휘할 수 있도록 하는 어휘력 확보부터 해줘야 합니다. 집에서 숙제로 해오는 것이 아니라 수업 시간에 해야 합니다. 수학은 분석력이 더 중요하다면 영어는 적응력이 중요합니다. 자전거를 배우듯 몸으로 터득하는 것이 필수입니다. 그런 환경을 조성해 줘야 합니다.

영어 교육의 패러다임을 바꿔야 합니다. 선생님의 역할은 가르치는 것이 아니라 보살피고 체크하는 것이어야 합니다. 교과서 잘 만들어 주고, 공부는 스스로 하게 해야 합니다. '내일 무슨 강의를 할까.', '어떻게 시험 문제를 잘 풀게 하는 팁을 줄까.'에서 벗어나십시오. 가르치는 것은 꼭 필요한 것만 하면 됩니다. 영어 선생님은 teach-er가 아니라 care-r여야 맞습니다.

진행자: 조금 무거운 질문인데요. 학교 영어 교육에 대해서는 어떻게 생각하시나요? 고쳐야 할 게 있다고 생각하시나요? 어떻게 고치면 좋을까요?

NewBrand: 교육청에서 원하는 영어랑 실제로 사람들이 원하는 영어랑 지향하는 바가 좀 다른 거 같아요. 교육청은 영어를 잘 독해하고 아카데믹하게 해서 다른 데 적용하는 그런 방향인 것 같아요. 근데 일반 사람이 원하는 영어는 사실 그런 거랑은 거리가 좀 있는 거 같아요. 사실 말을 자유롭게 하고 한국 밖에 나가서 원어민들과 자유롭게 소통하는 그런 거를 원하잖아요. 그렇기 때문에 학교에서 독해에 포인트를 주고 하는데, 사실 이렇게 독해를 잘하려고 해도 어느 시점을 넘어가면 스피킹도 해야 독해에 도움도 되고, 영작을 해야 독해에도 도움이 되는데, 독해만 잘하면 된다? 그런 포인트가 영어 전반을 망가뜨리는 거 아닌가, 그런 생각이 들어요.

영어, 학원과 독학 무엇이 중헌가!

오해하실까 봐 미리 말씀을 드리겠습니다. 강의 듣기는 정말 최소한만 하십시오. 득보다 실이 훨씬 큽니다. 전혀 듣지 말라는 얘기는 아닙니다.

무언가를 배우려고 할 때 가장 먼저 생각나는 것이 무엇일까요? '선생님'입니다. 바로 '강의 듣기'지요. 학원이든 인강이든. 강의를 듣지 않고 무언가를 이룬다는 것은 쉽게 상상하지 못합니다. 그런데 오늘 흥미로운 기사가 났습니다. 국내 최연소 박사 기록이 깨졌다고 합니다. 55년 만의 일이라는군요. 22세의 유효정 박사 이야기입니다. 헤드라인을 보겠습니다. "22세 최연소 박사 유효정, 학원 싫어 중·고·대학 독학" 학교도 학원도 아닌 독학이 한국의 기네스북을 바꿔 쓴 것입니다.

초등학교만 졸업 하고 나머지 과정은 전부 독학이었다고 합니다. 중요한 포인트가 하나 있습니다. 중1 정도의 어린 나이에도 독학은 얼마든지 가능하다는 점입니다. 안 될 것이라고들 생각을 합니다. '그렇지 않다'라고 결과가 말을 하는군요. 사실 공부 잘하는 아이들은 학교 수업만 듣지 않습니다. 따로 열심히 공부합니다. 독학은 학교를 다니는 학생들도 늘 하는, 그 효과가 증명된 학습법이죠. 그러니 '강의'를 듣지 않으면 무슨 큰 일이 날 것으로 생각할 필요가 없습니다. 오히려 강의라는 것을 꼭 들어야 하는지, 그 생각을 먼저 해 볼 필요가 있습니다.

학원을 영어로 뭐라고 하죠? academy? institute? 이것일까요? 적어도 여러분이 다니는 학원은 영어로도 '학원'입니다. H-a-k-w-o-n. 우리나라의 사교육 열풍이 만든 뼈아픈 신조어죠. 우리나라가 이렇게 된 것은 2000년에 있었던 헌법재판소의 '과외 금지' 위헌 결정 때문입니다. 그전에는 재수생 대상의 학원만 합법이었습니다. 그런데 업자들이 끈질기게 물고 늘어진 것이죠.

학원 하면 '강의'죠. 인강(인터넷 강의)도 마찬가지로 강의로 수익을 올립니다. 수익을 올리려면 어떻게 해야겠습니까? '강의 필수론'으로 여론을 몰아가야 하겠지요? 학원 한번 안 다녀 본 사람 없을 것입니다. 공부는 강의를 듣는 게 기본이라 생각하는, 막연한 기대도 있게 마련입니다. 잘 생각해 보면 학원들의 무차별적인 광고와 선전에 휩쓸리고 있다는 것도 아실 것입니다.

"한 달 만에 토익 950점을 만들어주겠다. 봐라. 그 증거다." 어떤 학생의 얼굴을 홈페이지에 걸어둡니다. 시험의 기본은 단어와 문법입니다. 무슨 수로 한 달 안에 공부를 끝낼 수 있겠습니까? 강의까지 들으면서 말이죠. 홈페이지에 사진이 걸린 그 학생은 아마 학원에 다니기 전 중고등학교 6년 동안 영어 공부를 열심히 했을 것입니다. 그 학원에서는 간단한 요령 몇 가지를 추가한 것이겠죠. 한두 달 만에 착착 900점씩 만들어 준다면 학교를 다닐 필요가 있을까요? 도가 지나친 허위 광고의 전형입니다.

공무원 학원도 마찬가지입니다. 올해(2018.05.19) 9급 공무원 시험의 전국 평균 경쟁률이 14:1이었습니다. 14명 중에서 한 명 붙은 것이죠. 대구는 26:1이었습니다. 제대로 공부하지 않고서는 합격할 수 없는 구조입니다. 전국 기준 7%의 합격률입니다. 100명 중 고작 7명만 공무원이 되었습니다. 나머지 93명은 탈락이었습니다. 그러나 학원들은 전부 자기네 학원에 다니면 척척 붙는다고 선전 합니다.

무엇이 맞는 것일까요? 분명한 것은 하나 있습니다. 학원에 다녔건 어쨌건 100명 중 93명이 떨어진다는 점입니다. 붙은 7명이 모두 학원에서 배운 족집게 능력으로 합격했다고 가정을 해도 학원이 해줄 수 있는 것은 고작 7%의 합격률입니다.

합격한 사람은 누구일까요? 가장 효과적인 교재를 선정한 후

묵묵히, 꾸준히 공부한 사람입니다. 불합격에 대한 공포가 사람들을 학원으로 이끕니다. 그래서 울며 겨자 먹기로 강의를 듣지만, 합격의 길은 강의 듣기가 아니라 자기 주도 학습에 있습니다. 요행이나 요령에 기대지 않고 진검 승부를 펼친 사람만이 7%에 든 것입니다.

학원은 점수 몇 점은 올려줄 수 있을지 몰라도 말이 되는 영어가 되게 하거나 직독직해가 되는 능력은 길러주지 못합니다. 바로 '강의' 때문입니다. 강사의 실력이 좋다 아니다 얘기가 아닙니다. 진짜 영어 실력은 강의를 통해 얻어지는 것이 아니어서 그렇습니다. 영어는 언어입니다. 시행착오의 과정을 통해 몸소 체득해야 합니다. 반복과 피드백이 핵심입니다. 다른 대안은 없습니다.

선생님들이 아무리 강의를 잘해도, 단어 하나도 대신 외워줄 수가 없습니다. 칠판 가득 강의를 하지만, 학생 입장에서는 몹시 수동적인 시간을 보내고 있는 것입니다. 듣고 있는 것처럼 보이지만 그 시간에 학생의 머리는 회전을 멈춘 것과 별다르지 않습니다.

뭔가를 들었기 때문에 뭔가 공부가 된 것으로 착각을 합니다. 머리에 안착 된 것 하나 없는데, 강의 시간에 졸지 않았다는 것으로 보람(?)을 느낍니다. 그러나 그건 공부라 하기 어렵습니다. 차라리 그 시간에 영단어 하나, 영작 하나라도 스스로 하는 게 효과적입니다.

수앤유 님 얘기를 잠깐 들어보겠습니다.

진행자: 영어탈피를 공부하는 동안 학원에 다니신 적이 있나요?

수앤유: 학원은 일단 한 군데도 다닌 적이 없고요. 제가 작년에 대학을 들어오면서 영어과를 갔는데, 느낀 거는 '아, 여기서 이런 식으로

공부를 해서는 아무것도 얻을 게 없겠구나!' 싶었어요. 그래서 그냥 저는 '그 시간에 영어탈피를 공부할 수 있으면 얼마나 좋을까?' 그런 생각을 했어요. 오히려 그 시간에 영어탈피를 더 했으면 아마 더 빨리 끝냈을 수도 있었는데…하는 이 생각만 남죠.

진행자: 학교에서 어떤 식으로 가르친 거에 대해 그렇게 느끼셨어요?

수앤유: 학교에서 가르쳐주는 것은 그냥 뭐 문법적인 거, 그냥 주입식 교육을 하는 거죠. 별로 집중이 안 됐어요. 그냥 '이런 식으로 해서는 발전할 수 없겠구나. 영어탈피를 알게 된 게 정말 행운이구나.' 이 생각만 했죠.

이렇게 말씀을 하는 이유가 있습니다. 영어를 마스터 해 봤기 때문에 무엇이 핵심이고 무엇이 아닌지를 잘 아시기 때문입니다.

영어탈피를 알고 계시는 한 블로거께서 의미 있는 글을 포스팅했더군요. '제목: 운전자는 기억하고, 조수는 기억하지 못하는 이유' 요약하면 이렇습니다. 업무 때문에 양주시 전역을 다니셨답니다. 운전은 그 지역 분이 해주었고 이분은 조수석에 앉으셨죠. 다시 출장 올 수도 있고 해서 정신을 집중해서 도로들을 기억하려 했는데 소용이 없었다고 합니다. 반대로 직접 운전을 해서 출장을 다닐 때는 길이 잘 기억이 나더라는 것입니다.

훗날, 그 현상이 궁금하던 차에 뇌과학책 몇 권을 읽어보고서 그 이유를 알게 됐다고 말씀하십니다. 일이든 공부든 수동적인 것이 아니라 능동적, 주도적으로 해야 기억이 잘 된다는 것. 운전자는 목적지에 도달하기 위해 주변 상황을 적극적으로 파악하는 정보처리를 하는데, 조수석에 앉은 사람은 잘해야 전방 주시 정도라는 것. 즉, 운전자가 단위 당 정보처리량이 월등히 많기 때문이라는 것이죠.

강의하는 사람이 운전자입니다. 매일 강의를 합니다. 매일 매일 끊임없이 발전합니다. 누가요? 수강생이 아니라 강사만 실력이 는다는 얘기입니다. 내 실력을 늘리는 방법은, 강의를 끊고 가방 둘러매고 도서관에 가는 것입니다.

"그래도 문제 풀이 요령은 알아야 하는 것 아닙니까?" 이런 말씀도 하십니다. 맞습니다. 한국은 시험의 나라입니다. 어렸을 때부터 숱한 시험을 치릅니다. 집에서는 학습지와 자습서를, 학교에서는 중간고사, 기말고사를. 국어, 수학, 사회, 과학, 역사, 영어에 걸쳐 질리게 풀어왔습니다.

학원 다녀서 추가로 더 배우지 않아도 문제 풀이 신경은 충분히 활성화되어 있습니다. 그런 DNA가 생겼을 정도입니다. 따라서 초중고·대학을 나온 사람이라면 더 많은, 더 독특한 기술이 필요한 게 아니라 진지하게 제대로 공부하는 것이 요구될 뿐입니다.

두 분의 후기를 붙여드리겠습니다.

먼저 Acoustics 님의 후기입니다. 짧게 올려주셨습니다.

"현재 900점대 중반, '망했다.' 생각했는데도 점수 잘 주는 것 같군요. 토익 문제집 안 사고, 학원 안 다니고, 동영상 강의 안 보고도, 한 건 영어탈피뿐이라 노하우 이런 건 없습니다. 연말연시 술자리 많은데 모두 건강 잘 챙기세요."

다음은 choiys700 님의 후기입니다. A4용지로 7장이 넘어갈 만큼 길게 써주셨습니다. 전문은 카페에서 보시기 바랍니다.

"오늘 방금 발표가 났네요. 후기는 어제 미리 써놓았죠. LC 480, RC 400, 총 880점이 나왔습니다. 토익 시험이 다가와서 영어탈피(2단계 9회독)는 잠시 접어두고 토익 시험을 준비했습니다. 학원이나 인강 없이 그냥 시중에 인기 있는 RC/LC 핵심 요약집 각각 한 권씩 샀고요. 모의고사도 시중에 나와 있는 것으로 두 권, 합해서 총 9회 모의고사 있는 것을 구입했습니다. 핵심 요약집은 2번 정도 봤고요. 모의고사는 7번을 치러 봤습니다. - 중략- 영어탈피는 점수 따기 목적의 영어가 아니고, 또 점수 따기 영어는 또 시험이 지나면 남는 것이 별로 없는 것에 반해, 영어탈피는 영어의 기본인 단어부터 공부하면서 실력으로 쌓일 수 있는 훌륭한 최고의 교재라고 생각합니다. 긴 글 읽어주셔서 감사드립니다."

Acoustics 님과 choiys700 님께서 이 점수를 얻는 데 있어 어찌 영어탈피만 이바지를 했겠습니까. 학창시절을 비롯해서 계속 자기계발을 하시다가 영어탈피를 만난 것이죠. 두 분 후기의 핵심은, Acoustics 님은 문제집도 안 사보고 시험을 치렀다는 것이고, choiys700 님은 문제집은 풀어 봤지만 역시 학원이나 인터넷 강의 같은 건 따로 듣지 않았다는 점입니다.

중·고·대 10년 동안의 경험으로 출제자가 어디에 함정을 파는지, 그 경향성까지 쭉 꿰고 있는 것이죠. 영어 시험 문제지를 조금만 관심 있게 보면 유형 분석은 금방 됩니다. 문제를 구성하는 내용을 이해할 실력이 문제인 것이죠. 실력이 문제인데 수강료를 버려가며 형식 파악에만 주력하니 7%의 합격자에 들 수가 없는 것입니다. 주변만 돌아서는 중심의 뜨거움을 알 수 없습니다.

　이제 소요 시간 얘기를 해 보겠습니다. 학원의 시간과 독학의 시간은 같은 수레바퀴 위에 있습니다. 가끔 보면 독학에 투자하는 시간은 '노가다'로 생각을 합니다. 그런데 인강을 듣는 시간은 넉넉히 잡습니다. 몇 년 동안 학원과 인강을 전전하면서도 그 시간이 아깝다는 생각은 잘 하지 않습니다. 태블릿에 강의를 담아서 파는 상품도 있고, 어떤 건 강의 개수가 수백 강이나 됩니다. 시간으로 환산하면 엄청나게 긴 시간입니다. 한 번만 들어서 되나요? 여러 번 들어야 합니다.

　영어탈피처럼 독학으로 공부하면 시간 계산이 철저해집니다. "저 이 방법으로 500시간이나 공부했어요." 이런 말씀을 합니다. 공부한 시간을 기억하고, 후기로써 기록도 남깁니다. 독학은 스스로 주도를 하는 만큼 성과는 크지만, 스트레스도 친구로 받아들여야 합니다. 이해가 안 되는 문제를 붙잡고 사투를 벌일 때도 있습니다.

　그런데 학원이나 인강에 들인 시간은 그 시간이 아무리 길어도 소비한 시간으로 생각을 잘 안 합니다. 실제 성과는 별것 없는데 공부를 했다는 착각 속에 살기 때문입니다. 남이 풀어주는 것을 보고 고개를 끄덕끄덕합니다. 마치 자신도 풀 수 있는 능력이 생긴 것처럼. 막상 시험장에 가면 스스로 할 수 있는 게 별로 없습니다. 일종의 쌍방 과실이니 탓하기도 무엇 합니다. 강의 듣는데 들어간 시간 따윈 생각하면 속만 상하지요. 잊는 게 상책입니다. 사람은 가장 관대한 대상이 바로 자기 자신이기에.

학원, 인강, 태블릿 강의…. 몇백은 쉽게 듭니다. 비싼 돈 들여 나의 소중한 공부 시간을 허비하는, 그런 아이러니를 범하고 있지는 않은지 냉철히 살펴보십시오.

학원은 스스로 따로 공부하지 않는 한 다녀도 불합격, 안 다녀도 불합격입니다. 꼭 필요한 최소한의 것만 강의의 도움을 받으십시오. 특히 영어는 아주 기초적인 문법만 알면 됩니다. 나머지 어휘력, 문장 구사력 등은 모두 자기 주도 학습의 영역입니다.

속편 미리보기

속편이라는 게 전편의 뒷이야기를 다루는 게 보통입니다. 그러니 전편이 나가고 바로 속편을 쓴다는 게 특이해 보일 수 있겠습니다. 영어 공부법에 관한 핵심 내용은 모두 말씀드렸습니다. 영어 배우는 것만이 목적이면 이 책만 잘 읽어 보시면 됩니다. 물론 잘 실천해야겠지요.

5년이라는 시간이 결코 적은 시간은 아니었나 봅니다. 독자들과 소통했던 많은 일이 기록 영화처럼 느껴집니다. 여러 다양한 주제에 관해 이야기를 나눴더군요. 300쪽 넘게 적었는데도 아직도 해드릴 얘기가 너무 많습니다.

후속편은 영어탈피가 지나오는 과정에서 알게 된, 또 고민하게 된 여러 담론을 다룹니다. '학교 영어 교육', '내신 제도', 'EBS와 수능 연계' 등, 조금 무거운 주제들도 있습니다. 재미있는 주제들도 많습니다. '중국어의 성조가 과연 4성조가 맞는지', '한글 창제의 진짜 의의가 무엇인지' 같은 것들입니다. 그냥 알아 두면 좋은 영어 알쓸신잡도 올려드릴 것입니다. '현재완료와 과거시제의 구분법', 'the의 발음 [더]와 [디] 어떤 게 맞는지', '승무원 토익 커트라인 550점의 함정'과 같은 내용이 그것입니다. 아울러 공무원이나 수능, 토익 시험 문제를 영어탈피적 관점에서 분석도 해드립니다.

어떤 내용이 실릴지 간략하게 적어드리겠습니다. 물론 이대로 실리는 것은 아닙니다. 더할 내용도 있고 또 추려낼 것들도 있습니다.

'대략 이런 내용인가 보다'라고 알고 계시기 바랍니다. 다음 정렬은 무순無順입니다.

- 전치사는 어떻게 배워야 하는가?
- 영어 어순이 어렵다? 왜 그렇게 느끼게 됐는가.
- 영어 선생님, 미래의 영어 선생님
- 영어 단어, 얼마나 알아야 할까?
- '영어 마을'이라는 블랙코미디
- 공부할 때 정체기slump가 오면?
- 영어 상품 고를 때 주의점
- 개천에서 용이 나는 방법
- 학교 영어 교육의 문제점과 그 대안
- 영한사전 vs 영영사전
- 비슷한 영단어 바꿔 써도 되는지.
- 사교육 없는 나라로 가는 방법
- 승무원 토익 커트라인 550점의 함정
- 학교 내신제도의 허와 실
- 시험 제도의 문제점과 개선 방향
- 숙제homework를 없애라.
- 유치원 영어 교육, 필요한가?
- EBS 영어 교육 독인가 약인가.
- EBS와 수능 연계 바람직한가.
- 실용 영어 표현 책들의 함정
- 사교육 시장의 추한 민낯
- 영어 교과서 현재와 미래

- 기능 좋은 학습기, 어학기, 태블릿의 아이러니
- take 등의 기본동사 해결법
- 영어 공부로서의 독서의 장단점
- 미국 영어와 영국 영어의 차이점
- 수능, 토익, 공무원 문제 분석
- 영어는 기술인가 기능인가?
- 테솔 자격증의 실태와 전문성
- 이미지를 이용한 공부법에 대하여
- 배움의 자세, 불필요한 고집
- 외국어 공부, 왜 반복이 필수인가?
- 시험공부로서의 영어탈피
- 구동사에 대한 오해, 그리고 이해
- 문법 교육의 허와 실, 개선 방향
- 언어 습득의 원리, 모국어와 외국어의 관점에서
- 중국어의 성조는 몇 개인가, 4성조가 맞는가.
- 위대한 세종대왕, 한글 창제는 문법 혁명이다
- 사지선다형 뜻 맞히기 어플의 문제점과 한계
- 기타, 영어 알쓸신잡

영어탈피 시리즈 소개

영어탈피 초급편(중고등학생·토익700·스피킹)

영어탈피 초급편은 영어탈피 시리즈 중 가장 중심이 되는 책입니다. 이 책을 떼면 현지에서 바로 생활이 가능할 정도의 언어 능력을 갖추게 됩니다. 성적으로 보면 수능, 9급 공무원은 80점, 토익은 700점 정도를 기대할 수 있습니다. 교재의 구성과 특징은 2장에서 자세히 설명해 드렸습니다.

본문 미리보기

영어탈피 중급편(수능·토익·공무원·편입·토플·텝스·아이엘츠·오픽)

영어탈피 중급편까지 마치게 되면 원어민도 인정할 정도의 유창한 회화가 가능합니다. 수험 목적일 경우에는 수능, 토익, 7급 공무원, 편입, 토플, 텝스, 아이엘츠, 오픽에 이르는 모든 시험에서 만점 또는 고득점을 기대할 수 있습니다. 교재의 구성과 특징은 초급편과 같습니다.

본문 미리보기

영어탈피 고급편

영어탈피 고급편은 전문가용으로 손색이 없는 최고 수준의 책입니다. 2019년에 출판 예정입니다.

    초급편, 중급편, 고급편은 단어와 문장이 전혀 겹치지 않습니다. 우선순위를 일일이 반영하여 초급-중급-고급으로 나눠 실었습니다.

영어탈피 첫걸음편 (중학생·초등고학년·스피킹 기초)

영어탈피 첫걸음편은 중3 수준으로 보면 됩니다. 선행 학습이 된 초등 고학년도 활용할 수 있습니다. 일반인도 이 기준으로 활용하면 됩니다. "우와, 너 영어 좀 하네?" 이 말을 듣기 위해서는 '초급편'까지는 마쳐야 합니다.

    고등학교 때 영어 성적이 중상위 정도 되었다면 바로 '초급편'으로 시작하면 됩니다. 그러나 그 미만일 때는 일단 초급편으로 시작해보되, 벅차게 느껴지면 '첫걸음편'을 간단히 하고 오는 것이 좋습니다. 대신 짧은 시간에 마무리하시기 바랍니다.

본문 미리보기

어린이 영어탈피(초등단어/초·중학생·생초보 기초회화)

이 책에는 아주 기초적인 단어가 1,800개 수록되어 있습니다. 예문은 아주 짧은 단문으로 되어 있으며 개수는 5천 개입니다. 두 사람이 주고받는 즉흥 대화입니다. 대화에 있어 가장 기본이 되는 묻기, 답하기, 지시하기, 부탁하기 등, 매우 다양한 상황이 망라되어 있습니다. 단어만 놓고 보면 초등학생 전용입니다. 그러나 예문의 구성 때문에 이 책은 용도가 아주 다양합니다. sun2side 님께서 평가하신 말씀입니다.

"어린이편 쉬워 보이지만 이런 수준의 표현이라도 더듬지 않고 자동 반사로 튀어나오는 사람 많지 않다고 생각합니다. 만약 1초 안에 구사가 가능하다면, 수년간 맹목적, 수동적으로 원어민 회화를 해 본 입장으로서, 현재 어느 학원 원어민 회화 상급생들보다 회화 구사 능력에서 절대 뒤지지 않는다고 생각합니다."

'초급편' 또는 '첫걸음편'을 이용한 경우에도 예문 공부는 이 책을 함께 해 둘 필요가 있습니다. 보통은 초급편이나 첫걸음편의 1단계를 끝낸 다음에 함께 이용합니다. '어린이 영어탈피'는 어린이만을 위해 설계한 것이 아닙니다. 어린이도 쉽게 배울 수 있게 설계된 것입니다. 초등학생이 사용할 때는 맡겨만 두지 마시고 엄마가 함께 해 주는 것이 좋습니다. 아이도 엄마도 함께 발전합니다.

본문 미리보기

영어탈피 라이브 영어 회화

이 책은 앞서 3단계 과정에서 '병행 1방법'으로 활용토록 한 교재입니다. 말씀드린 대로, 대본 없이 원어민 남녀 두 사람이 편하게 수다를 떠는 내용을 그대로 엮은 책입니다. 3단계 실전 훈련 중 간접 훈련으로서 매우 유용합니다. 자세한 내용은 이미 살핀 3장의 설명으로 갈음합니다.

본문 미리보기

출판 예정 도서

영어탈피는 현재 영어 공부에 관련된 도구를 사실상 모두 완비하였습니다. 이상의 도구만 잘 활용하여도 수앤유 님 등이 이룬 결과를 그대로 낼 수 있습니다. 그러나 '도구'의 역할이 본래 효율성 증대에 있는 만큼 아래의 교재도 잘 활용하면 좋습니다. 2019년에 출판할 예정입니다.

- 영어탈피 복합어편
- 영어탈피 이디엄편
- 영어탈피 문법편

이 책에서 설명하고 있는 학습법은 비단 영어에만 국한되지 않습니다. 모든 외국어에 같은 방식으로 적용됩니다. 영어 외 출판 예정 도서입니다. 단 하나의 교재도 허투루 만들지 않겠습니다.

- 중국어탈피 각 시리즈
- 일본어탈피 각 시리즈
- 기타 제2외국어탈피 각 시리즈

영어탈피와 소통 하기

영어탈피 카페

https://cafe.naver.com/talpi

네이버 카페 이름 검색에서 '영어탈피'를 검색하세요.

영어탈피 팟캐스트 방송

http://www.podbbang.com/ch/12123

스마트폰에 '팟빵' 어플을 설치한 후, '영어탈피'를 검색하세요.